现代服务工程人才培养系列教材

服务科学、管理和工程

〔美〕Bill Hefley　　Wendy Murphy　　著

陈　刚　译

科学出版社

北　京

图字：01-2011-0923

内 容 简 介

本书是世界各国服务产业从业者和学者从各自不同的领域出发，就全新服务科学发展进程中三个主要方面内容展开的讨论。第一部分是服务科学、管理和工程学科篇，主要是服务科学、管理和工程在学术界定位和发展意义的讨论；第二部分是服务科学、管理和工程教育篇，包括将服务科学概念引入到课程教学的实践中，以及服务科学的课程设置和研究等；第三部分是服务科学、管理和工程研究篇，诸如服务科学的进程：基础、发展和挑战问题等。

本书读者对象包括服务产业工作人员、高级管理人员、经理，大专院校教师，服务科学研究人员，服务外包律师，财务分析师，统计师，系统设计师，政府服务产业管理人员等。

Translation from the English language edition：

Service science，Management and Engineering edited by Bill Hefley and Wendy Murphy

Copyright ⓒ 2008 Springer Science＋Business Media，LLC

All Rights Reserved

图书在版编目(CIP)数据

服务科学、管理和工程/(美)赫夫利(Hefley, B.)等著；陈刚译.
—北京：科学出版社，2011
（现代服务工程人才培养系列教材）
ISBN 978-7-03-032505-1

Ⅰ.①服… Ⅱ.①赫… ②陈… Ⅲ.①管理工程学 Ⅳ.①C93-05

中国版本图书馆 CIP 数据核字（2011）第 205004 号

责任编辑：赵彦超 汪 操/责任校对：郑金红
责任印制：徐晓晨/封面设计：王 浩

科 学 出 版 社 出版
北京东黄城根北街 16 号
邮政编码：100717
http://www.sciencep.com

北京建宏印刷有限公司 印刷
科学出版社发行 各地新华书店经销
＊

2011 年 10 月第 一 版　开本：B5(720×1000)
2018 年 1 月第二次印刷　印张：21
字数：406 000
定价：128.00 元
（如有印装质量问题，我社负责调换）

译 者 序

改革开放以来，中国经济 30 年的高速发展，正在帮助人们摆脱生活"温饱"不足的困扰。1979 年开始的改革开放，起初只是依靠"包产到户"来保持和激发农民的生产热情，以增加粮食产量，解决中国人民的吃饭问题。温饱问题一旦解决，经济发展的动力就被新的需求取而代之。中国正处于经济结构转型的关键时刻，中国人不再愁吃忧暖，而新需求的层次在人们的潜意识中不断上升、提高。物质需求不再受到人们迫切的追逐，取而代之的是对个人社会地位的安全和稳定、人际交往、文化娱乐等方面的关注，随之而来的精神和心理需求大大增加，这些正是服务产业未来市场之所在。服务产业将会随着这些市场的不断开拓而飞速发展。以北京市为例，2010 年北京市服务产业的比重已经达到 GDP 的 76.9%，先于其他城市达到发达国家的平均水平，成为中国后工业化时代经济模式转型的突出代表。服务市场的开放将是今后几十年中国经济发展不可逆转的主要发展趋势。有人预测：2013 年中国服务业就业人口将会达到 2.9 亿，2013 年起服务业将成为中国的第一大就业行业。然而，中国对于密切关乎民生的服务产业缺乏深刻的理解和认识，习惯于消耗自然资源的有形产品制造业的思维方式，受制于行政管理体制的分割，无法深入开展跨行业、跨学科的服务产业研究，也就很难进行服务产业的科学规划。翻译本书的目的在于帮助服务产业从业人员、经理、大学教师、科学研究人员、政府中服务产业的管理人员理解和认识国外"服务科学、管理和工程"学科、教学和科研的进展情况。

2004 年在 IBM 公司、牛津大学的积极倡导下，基于服务产业的服务科学、管理和工程研究开始出现，7 年以来发达国家已经有数百个企业、大学和研究机构将"服务科学、管理和工程"作为一门全新的复合、交叉、边缘学科，从产业发展规律出发，在学科建设、教学培养方案、科学研究方向等方面进行全方位的资源配置、战略规划和科学研究。

《服务科学、管理和工程》一书是 2006 年 10 月由 IBM 公司的美国 Palisades 会议中心收集的"服务科学、管理和工程——21 世纪教育"大会科研文章的汇编。它包括了 14 个国家 56 个研究单位的 55 篇论文，该书已经被美国 Springer 出版社列为"21 世纪教育系列丛书"。

《服务科学、管理和工程》分为三个篇章的内容：第一篇章是服务科学、管理和工程学科篇，包括服务科学、管理和工程在科学界的合法性讨论；管理学、社会学和工程科学三位一体的服务科学；服务运筹学和教育；服务科学、管理和工程设计者的观点；服务科学中的经验心理学等内容。第二篇章是服务科学、管理和工程教育篇，包括将服务科学概念引入到课程教学的实践中；为服务系统工程定义课程；在欧洲教育服务经理的评估；美国北卡罗来纳州立大学的服务科学、管理和工程课程设置和研究；将服务科学引入课程体系中等内容。第三篇章是服务科学、管理和工程研究篇，包括服务科学的进程：基础、发展和挑战；美国国防部服务供应链的机遇和挑战；全球信息经济、服务产业化和美国加州大学洛杉矶分校的 BIT 项目；服务科学建模的数据支持设计；流程和服务融合影响评估；大学与工业协作促进健康计划服务；怎样解决服务科学、管理和工程中的问题；服务科学的模型、背景和价值链等内容。

　　本书在杭州师范大学杭州国际服务工程学院的支持下，由本人和多位服务科学研究专家和教授共同翻译，在此我衷心地感谢参与翻译的蔡峻、陈蕾蕾、虞歌、梁锡坤、杨欢耸、陈翔、洪立斌、王岩和姚瑶诸位同志。同时，还要感谢杭州师范大学科研处对本书翻译和出版的资助。另外，国家服务外包人力资源研究院和科学出版社责任编辑为本书的出版付出了辛勤劳动，在此一并表示感谢。

　　当然，鉴于本书翻译时间紧，译者学识水平所限，书中定有不少缺点及失误，敬请广大读者批评指正。

陈　刚

2011 年 8 月

前　言

如果查看去年（2006 年）IBM 的业务情况，那么可知其服务的产值已经超过总产值的 50％，而系统（硬件）和软件产值分别占总产值的 25％ 和 20％。服务收入构成了公司利润的约 33.3％。一个非常简单的原因，系统（硬件）和软件利用技术的优势和工程原理改进质量，扩大规模，并获得较高的生产效率和利润率。而另一方面，传统意义上的服务是劳动密集型，不易扩大经济规模，很难满足不断变化的质量要求，也就达不到较高的生产效率和利润率。

世界上许多商业还是摆脱不了上述模式。尽管服务正在不断扩大其产值的市场份额，但它们仍比产品的生产更具有劳动力密集度，因此利润率不高。

另一种方法来理解服务业的重要性是将经济分为三种业态形式——农业、工业和服务业。目前美国和英国大于 75％ 的劳动力分布在服务业，20％ 左右的劳动力在工业，而农业只占有个位数的比例。其他发达国家，例如日本、德国和法国，从事服务业的劳动力超过三分之二。巴西、俄罗斯和韩国的比例也超过50％。这些国家工业和农业的劳动生产率都有了快速的增长，而服务业的劳动生产率还远远落在后面。

几年前在 IBM 公司技术部门内部启动了一个重大创新活动，试图更好地认识服务的特性，主要是特别关注 IBM 全世界范围内客户业务劳动生产率的改进。我们想把服务引入各种各样的学科之中，比如工程、科学以及管理学科等，这些学科无论在农业、工业等经济领域的应用，还是在信息产业的系统和软件之中都已经获得巨大的成功。因此，当时我们把这种新的活动不十分准确但广泛地命名为"服务科学、管理和工程"或"SSME"。随着时间推移，现在我们决定使用"服务科学"这个名称。

到底什么是服务？十分有趣的是，在许多企业以及在经济领域中处于绝对地位的服务，正在变得越来越重要，然而其本身却没有被很好地认识。不久以前，有经济学家定义"服务"是在交易中被购置并且是"看不见、摸不着的东西"①。

除了"看不见、摸不着的东西"外，我们都同意"服务"是有关人与组织互相协作完成的任务，其例子有提供医药处理、产品销售和解决方案并确保客户满

---

① Lane，P. World Trade Survey：The wired trade organization. *The Economist*，*v* 349，Issue 8088，pg. S16，October 3，1998.

意等行业。正当我们不断实现标准化和自动化后台办公室的运营时，毫不奇怪，与人有密切关联的前台办公室以及面对面的市场活动，即"服务"，已经变成了任何商业活动中占据份额最大、成长最快的组成部分。不仅在服务产业的商业活动中，而且还包括在通常的工业和农业的商业业务中。由于每一个业务活动都离不开市场，并涉及人们，包括雇员、客户和伙伴等，那么从这个定义上来讲，任何商业活动或多或少的都是服务。

提高服务的劳动生产率在经济上是迫切需要的。就现实而言，如果没有大幅度改进服务产业的效率，而要想提高一个地区或国家的生活水准，甚至增加企业的利润率基本上都是不可能的。撇开经济性不讲，为什么现在是合适的时机来建立新的服务科学学科？不妨追溯一下四十多年以来信息技术演进的历史。

起初信息技术应用在自动化办公处理大量重复和标准格式的任务之中，比如财务交易、薪资发放和资产管理等。这些任务的机械重复性使得有可能开发出数据处理的应用功能，这样完成任务就无需大量的人工劳动，除非出现意外问题。

随着时间推移，信息技术开始进入到互动式的应用范围，人们可以自己完成原先需要他人协助才能完成的任务。例如 20 世纪 70 年代出现的 ATM 自动取款机，人们无需去银行排队取钱，而可以自动得到自己储蓄在银行的钱。1980 年文字处理软件的诞生，人们无需秘书就可以自行完成并编辑文章。

90 年代在网络上出现的可以自行完成的一系列功能，曾被人有争议地称之为"商业应用杀手"，过去许许多多的事情比如必须去办公室或到商店，或者至少在上班时间打一个电话才能做的事，现在可以像变魔术一样轻松完成。似乎突然之间，只要有一个浏览器以及与互联网的连接，你就可以不出家门查找寄出包裹的踪影，了解缴税详情，发现世界上任何城市的气候状况，甚至购买一本新书。

远远不止于办公自动化、个人的生产效率和自我服务，我认为信息技术最近的进步正在运用各种新技术大幅度地提高服务的生产效率，引领人类到达工作环境革新的新阶段。

各种服务最基本的形式是人和人之间的互动，比如，健康护理医生和患者、教师和学生、理财师和客户。很难应用信息技术到类似的服务之中，因为这些工作的基本特征是人和人之间大量的沟通和交流，非结构性，变化无常，无论计算机有多么强大，模拟这样的互动也几乎都是不可能的。

但是在过去几年中，随着各种互联网传感器的发明，移动装置和无线通信促成网络协作平台的形成以及社会网络联系的更加广泛，这些技术革新已经使得我们能够更好地应用信息技术到以人为中心的社会系统之中，使得服务经验更加高效和优质，夏能使客户和服务供应商满意，进而使人们生活得更加紧密。

　　本书是系列丛书《服务科学：服务经济的研究和创新》的第一本，也是 IBM
于 2006 年举办的"服务科学、管理和工程——21 世纪教育"会议的文章汇编。
这次会议旨在收集和分享全世界对服务科学的思考，并且以此推进和发展这个新
的学科。读者可以从本书中发现三个方面的内容：新学科的出现、计划和发展中
的相关教育资料以及相应科学的研究进展。

Irving Wladawky-Berger

IBM 技术和战略副总裁

2007 年 9 月

目　　录

服务科学、管理和工程研究篇

结　束　语

执 行 摘 要

服务科学、管理和工程（SSME）学科在很短时间内已经获得了引人注目的成果。三年前，还没有人听说过 SSME。而在 2006 年 10 月 IBM 的 Palisades 会议中心已经收集到为召开 SSME 大会而写的大量文章，它们是来自于 14 个国家 56 个研究单位的 55 篇论文，目的就是试图定义这个学科，描述教育的前景和讨论与服务科学、管理和工程学科相关的科学研究问题。我们到底是怎么走到一起来的？

我们第一次听到"服务科学"这个词，是来自于 2004 年初加州大学伯克利分校的教授 Henry Chesbrough[3,4]。他当时提醒我们，第二次世界大战后 IBM 奠定了计算机商业基础[1]，而在 60 多年前，也正是 IBM 帮助建立了"计算机科学"的学科。Chesbrough 教授建议 IBM 同样要对自己的服务商业赋予科学的关注[2]。2004 年三项公共事件开始了这个历程：首先是 4 月份 IBM 在加州圣何塞的奥梅顿研究所召开的"全球可扩展企业时代的业务"会议，Chesbrough 教授召集一个突发性的会议专题和一些教授集体讨论开创"服务科学"的概念，在座的大多数人都持怀疑态度；第二次是当年 5 月份 IBM 研究部在纽约州约克镇的哈茨召开的"需求商务的架构"会议，IBM 研究部的主管 Paul Horn，IBM 服务商业咨询研究院的主管 Ginni Rometty 都以描述"服务科学"的需求作为会议的开场白。这次会议最后形成一本以此为题目的白皮书[10,11]；第三次是当年 11 月，在加州圣何塞的 IBM 奥梅顿研究所召开的"21 世纪的服务创新"会议，来自于许多相关学科的科学研究和教育人员围绕服务创新的特殊研究课题和教育的方向在一起讨论。最后，服务科学的范围还包括工程和管理的领域，由此我们就开始沿用一个更为广泛的题目"服务科学、管理和工程"，即 SSME。

尽管这里谈的都是很新的服务科学，实际上早就有很多在服务的特殊方面深入的文献研究。其中有从不同学科的角度，如市场学、运筹学、管理学、工程学和计算学等许多其他学科的角度来讨论服务的关系。例如甚至早于 Shostack 在服务市场学上的经典论文[14]，就已经有许多服务市场学方面深刻的思考、研究和教学[7]。同时还有些历史悠久的传统领域特别关注服务的运营和管理。例如，与服务运营相关的因素会影响客户忠诚度和服务导向的论述[8]。更近的是有一些从工业工程的角度来专注服务工程的课题[17]，还有些从计算科学的角度来研究服务计算的课题[13]。当然，还有老传统从经济学上进行服务的思考[5]。我们将不会在这里一一回顾这些内容。只是想强调，上述这些努力大都是在不同领域中独立完成的。

在 IBM，我们亲身感受到在服务商业实践中新技能以及不断创新的迫切需求。但还没有看到任何打破单一的标准学科界限的行动。知识密集的服务活动关键是依靠人们在一起工作（组织），同时使用作为工具的技术来创造价值。所谓服务创新就是创造有效的、高效率的以及保持人和技术的高配置，进而为客户（后台活动）或与客户（前台活动）创造价值的过程。一个服务组织也许可以通过投资，或增加教育，或改进组织，或改变激励政策来改善服务质量。一个服务组织也许可以通过投资，或提升雇员和客户使用的技术，或提供后台办公，或增加功能加快系统效率来优化服务活动。一个服务组织也许可以通过投资，或促进客户、服务供应商、合伙人和雇员之间的价值取向，或改变风险-奖励机制鼓励更好的关系和长期的价值观来保证优质服务。但是没有任何一个组织可以做到所有这一切，取得经久不衰、持续不断的改善，或者有效不间断的创新。最近我们重新审视这个价值由人、技术和组织共创的服务系统，它们由内部和外部通过价值取向和分享信息紧密地联系在一起，作为最基本的分析单元来理解知识密集的服务活动[15]。最终，我们不得不选择打破学科的壁垒，来努力实现对服务系统和服务创新综合和全面的理解。

在国家经济和企业效益的层面上，认识到知识密集型服务活动快速发展的重要性。"服务科学、管理和工程"学科号召工业界、教育界以及政府全面地关注服务系统的创新。服务系统取决于人、技术和商业价值的完全融合，这个思想已经成为社会的共识。也正是由于这种理解，大家进一步认识到服务的教育必须是跨学科的教育[12]，要综合社会科学和认知科学、技术、工程、商业和管理等各方面的知识。一个卓有成效的服务创新专业人士很容易使用一种组织、技术和商业价值的混合语言进行沟通交流。其他许多人则开始认真地回应"服务科学、管理和工程"的呼唤，努力发现服务产业中跨越学科的许多研究和教育的新课题[6,9,16]。基于信息技术的服务业也开始认真地对待这个新兴学科，形成服务研究和创新的项目，建立工业界和教育科研界组成的联盟，提高服务科学研究的层次和水平。起来越多的国家纷纷设立研究和推进服务系统创新的项目，或者通过立法推动新兴服务科学的研究。

本文的最后，我们要说我们都只是服务产业的学生而已，随着信息技术日新月异的发展，新型商业模式的不断涌现，全球化的蔓延以及人口统计趋向的变化，服务系统正经历着快速的演进。尽管我们也许能够指出某些发展趋势和正在出现的问题，也许还可以大声疾呼采取行动，但是建成一个坚实的服务科学基础和获得服务相关问题的解答还需要更多的时间。本书的发表标志着人们正在朝向更深入地理解和认识服务系统以及服务创新方面迈出很重要一步，而且仅仅是"万里长征"的第一步。是否还需要二十年的时间呢？让我们拭目以待。

Jim Spohrer，Paul Maglio
IBM 奥梅顿研究中心

参 考 文 献

[1] Aspray，W.，B. O. Williams. Arming American scientists: NSF and the provision of scientific computing facilities for universities, 1950-1973. *IEEE Annals of the History of Computing*，1994，16 (4)，60-74.

[2] Baba，M. L.. Industry-university relationships and the context of intellectual property dynamics: The case of IBM. In F. Yammarin & F. Dansereau (Eds.)，*Multi-level Issues in Social Systems*. New York，NY: Elsevier，2006.

[3] Chesbrough，H.. A failing grade for the innovation academy. *Financial Times*，Sept 4，2004.

[4] Chesbrough，H.. Toward a science of services. *Harvard Business Review*，2005，83，16-17.

[5] Delaunay，J. & Gadrey，J.. *Services in economic thought*. Boston: Kluwer，1992.

[6] Dietrich，B. & Harrison，T.. Serving the services: The emerging science of service management opens opportunities for operations research and management science. *ORMS Today*，June 2006.

[7] Fisk，R. P.，Brown，S. W.，& Bitner，M.. Tracking the evolution of the services marketing literature. *Journal of Retailing*，1993，69，61-103.

[8] Heskett，J. L.，Jones，T. O.，Loveman，G. W.，Sasser，W. E. J.，& Schlesinger，L. A.. Putting the Service-Profit Chain to Work. *Harvard Business Review*，1994，72 (2)，164-174.

[9] Hidaka，K.. Trends in services sciences in Japan and abroad. *Science and Technology Trends*，*Quarterly Review*，2006，19，35-47.

[10] Horn，P.. The new discipline of services science. *Business Week*，Jan 21，2006.

[11] IBM Research. Services Sciences: A new academic discipline? Report on the Architecture of On Demand Business Summit，Yorktown Heights，NY，2004. Available at http: //www. almaden. ibm. com/asr/SSME/facsummit. pdf

[12] Maglio，P. P.，Srinivasan，S.，Kreulen，J. T.，& Spohrer，J.. Service Systems，Service Scientists，SSME，and Innovation. *Communications of the ACM*，2006，49 (7)，81-85.

[13] Papazoglu M.. Service-oriented computing: Concepts，characteristics and directions. In *Proceedings of the Fourth International Conference on Web Information Systems Engineering*，2003.

[14] Shostack，G. L.. Breaking free from product marketing. *Journal of Marketing*，1997，41，73-80.

[15] Spohrer，J.，Maglio，P. P.，Bailey，J.，& Gruhl，D.. Steps toward a science of service systems. *Computer*，2007，40，71-77.

[16] Spohrer，J. & Riecken，D.. Special Issue on Services Science，*Communications of the ACM*，2006，49 (7).

[17] Tien，J. M. & Berg，D.. A case for service systems engineering. *Journal of Systems Science and Systems Engineering*，2003，12，13-38.

会议摘要：来自于 Palisades 的观点

综　　述

2006 年 IBM 的"服务科学、管理和工程——21 世纪的教育"会议通知是 4 月份公布的，我们通过电子邮件、网站公告邀请有兴趣的科研和其他人员投稿。

由于 IBM 全球服务是世界上最大的信息技术服务组织，它率先认识到在服务商业环境中大学毕业生需要新的技能应对当今出现的商业和技术问题。因为服务产业的关键是依赖人们的协同合作和运用技术为其他人提供增值服务，需要完全不同于传统的技能和方法。这些新的技能包括综合各种传统学科领域的知识以得到有效的全球解决方案（而不仅仅是某一地方的局部有效方案）。"服务科学、管理和工程"就是一种方法，它集成了各种各样包括工程、社会科学和管理领域在内的学科知识，恰当地专注于服务业的教育和科学研究。

世界上许多大学正在开发服务导向的课程和结构设置；另外一些则将现行课程的重点增扩了服务教学内容。然而还必须采取更为有力的措施开发真正的交叉学科——"服务科学、管理和工程"。本次会议的目的是分享信息和学习当前服务科学、管理和工程的现状，推进该学科的发展。

会议的具体目标是：

——通过交流正在执行或计划执行的服务科学、管理和工程学科的课程教学和研究成果，并加以论证，努力获得重大的成果。

——联合产业界的实践者和教育界的教授以及大学管理者共同努力开创多功能、跨学科、服务导向的课程设置和研究工作。规划"服务科学、管理和工程"学科在学术界的合法地位。向教育界和政府建议应对可能遇到的障碍和挑战。

全球范围的教授被邀请提供服务科学、管理和工程学科所有方面的建议书，其中涉及的问题十分广泛，诸如：

——科学、管理和工程在服务产业中扮演什么角色？体现在哪些场合之中？为什么需要它们？它们又是怎样起作用的？

——服务科学、管理和工程学科在全球和你自己单位中处于什么位置？

——你如何看待服务科学、管理和工程学科的发展？你希望它成为什么样的学科？

——你在服务科学、管理和工程学科的主要研究问题是什么？你怎样描述它们？

　　——你开创了什么样的服务科学、管理和工程学科课程？或你计划创造些什么课程？

　　——你优先考虑的有关服务科学、管理和工程学科的三大问题是什么？

　　——你做了何种服务合作研究项目和教育课题？

　　——在你单位开展的业务可能在服务科学、管理和工程学科中扮演什么样的角色？

　　——政府如何在服务科学、管理和工程学科建设中发挥作用？

　　——你如何看待服务科学、管理和工程跨学科发展的社会意义？

　　从 2006 年 10 月 5 日到 10 月 7 日，254 位来自全球 21 个国家的政府官员、企业家和教授聚集在纽约位于 Palisades 的 IBM 研究中心讨论服务科学、管理和工程。这是一个由 IBM 的研究部、大学关系部和政府关系部联合承办的会议。会议的目的是论证跨学科服务科学、管理和工程学科的形成理论。包括怎样引入服务科学、管理和工程到当前的课程之中，以及到正在进行或计划的科学研究之中。联合产业界的实践者和教育界的教授以及大学管理者共同努力开创多功能、跨学科、服务导向的课程设置和科学研究工作，规划"服务科学、管理和工程"学科在学术界的合法地位，向教育界和政府建议应对可能遇到的障碍和挑战。另外，就演讲者而言，聆听者还包括大学界和 IBM 以外的各阶层领导人员，包括来自于基金投资机构、政府部门和高新技术研究和产业部门的官员。

　　欢迎仪式在 10 月 5 日晚举行，IBM 创新和大学关系部副总裁 Gina Poole 致欢迎词。

　　10 月 6 日早晨由 IBM 研究部副总裁 Robert Morris 的演讲开始。他为两天的会议安排了议程并提出了会议的期望。主讲嘉宾 IBM 创新和技术部执行副总裁 Nick Donofrio 的主题发言是关注国家研究生层面服务科学、管理和工程学科的教育战略需求，建议立即采取行动创建它。还有来自于不同大学的代表和政府官员的论坛，讨论启动新的投资方向。考夫曼基金的总经理和董事长 Carl Schramm 发言强调在他最近的著作中的许多论点涉及正在向服务转型中的经济，以及个人、政府、产业和教育在其中的作用[1,5]。IBM 基础设施管理服务部总经理 Val Rahmani 和与会听众分享了服务科学实际应用的观点。IBM 技术和战略部副总裁 Irving Wladawsky-Berger 以论述服务系统和复杂计算工程系统的关系结束了第一天的大会发言。大会还公布了来自全世界 30 多个大学关于进一步强调服务科学教育和科学研究重要性的书面发言。

　　大会的第二天由全国研究生委员会主席 Debra Stewart 的演讲开始，她的题目是"服务科学——驱动未来经济令人兴奋的领域中培训和研究工作的总动员"。

当天还包括大学代表的继续发言。最后的内容是商业伙伴的论坛，讨论了实验性学习和获取能力的需求，以及服务市场上应用和执行服务特殊性思维的需求。

大会最后由原 IBM 计算科学研究部副总裁 Stuart Feldman 做总结。他十分明确地表达了服务业需要的人才类型：不仅是 T 型知识人才，更准确地是 Π 型知识人才。也就是说这些人不仅要在复合的知识领域中有深度，同时还要具备对更为广阔领域知识的大量了解。

内部信息和大会成果

会议进行地十分令人兴奋，也许是因为第一次人们对服务的研究和理解成为了独特并能够辨识的课题。当然，不会每一个人都同意这样的做法。但是共识正在形成，政府、企业界、教育界联合起来发现新的问题，激励智慧，最终达到获取经济成果的目的。

从至少以下 5 个方面正在形成知识界的推动力：

1. 运筹学、数学和优化；
2. 工业工程、系统工程；
3. 计算机科学、信息技术、信息管理；
4. 流程学、物理学、复杂性；
5. 商业、组织科学和社会科学。

正如 Stuart Feldman 指出的，真正令人兴奋的事应该发生在以上这些学科的融合和交叉之中。

许多大学的教授论证了跨学科服务科学、管理和工程的形成理论，报告了怎样引入服务科学、管理和工程到课程，以及正在进行或计划之中的科学研究之中。若干规划草案提出了"服务科学、管理和工程"学科在学术界建立合法地位的步骤，向教育界和政府建议应对可能遇到的障碍和挑战。有些报告建议产业界的实践者怎样和教育界的教授以及大学管理者共同努力开创多功能、跨学科、服务导向的课程设置和研究工作，还有的报告提议教育界和政府部门如何采取联合行动。

在信息引爆点上

会议的论文报告分布范围从服务研究项目发展的详细描述到呼吁应用基金和资金支持此项研究的重要影响和必要性。我们在此归纳了若干发展服务科学和教育的关键因素：

——创新是文化，不是一个部门。

——服务创新是考验大学、政府和工业界领导力的试金石；

——开展服务创新的要求是因为服务看起来不能够创新；预想的必要措施是：

　　——综合技术和社会的研究领域；

　　——大学毕业生的教育和培训；

　　——理解服务创新如何捕捉，是通过知识产权形成还是其他途径？

——政府和组织的提倡和支持是催化剂。

——全球的经济正处于一个新的引爆点。

　　——技术的进步是引爆的燃料，包括无处不在的网络和崭新的开放态势，从分享个人信息到分享技术和交易的细节；

　　——商业的设计进入到水平和集成运营模式，对于组织而言可以不断进行动态的转变而不至于造成重大影响；

　　——产值的增加和客户的利益将是公司的关键价值所在；

——对行业专家以及在 1～2 个行业很专业，同时又具有相关广泛行业通识专家的持续旺盛需求。对能够将产业特殊知识和商业流程专项进行扩展应用的卓著技能者的需求。

——评估新的制度机构。通过企业资本主义的创造和增值重新改造经济发展前景。公司重造和新的制度建设，比如风险投资、基金组织和研究机构都充满了挑战。

——服务课程和研究的现状，通过一批在硕士水平上的教学试点以及此类项目开发和评估的案例来论证。

——需要综合的研究项目，这样可以形成更多连贯的前后一致和标准的定义，通用的语言。还可以建立在一些正在开发的新试验上，防止只关注生产率和效率的倾向。

——需要可以培训和雇佣的人才。

　　——对于服务领域研究生教育的迫切要求；

　　——服务没有被认为是一种商业功能，而简单地被认为是个人的技能和要求。服务没有很好地列入文档管理，因此服务创新很困难。

专 题 讨 论

我们还确定了一些讨论专题，取之于交叉或重叠的讲演以及大厅里非正式的讨论。

　　——有关服务的观点

　　社会互动和关系管理是服务的核心内容。我们需要增加对社会科学贡献的关注，以利于服务的创新。一般对于服务科学、管理和工程的理解还是太片面，我们需要增加对社会科学研究的公共资金支持。例如，在美国有自然科学基金持续资助物理、生物和工程，但是资金远远不足以支持心理学、社会学、设计和商业。

人们已经发现传统的管理和工程学科框架很难定义服务和服务管理。许多服务系统还是太死板和僵硬；有必要辨认和检查服务系统中的例外和变数，确认它们是否应该成为规则以及反馈到服务设计之中。仅是单向的优化系统是不可能达到目的。

我们需要在研究中使用不同水平的检查，比如微观水平和运营水平。在微观水平的检查中能够确定该服务网络和其他网络是相同的还是有差异。它们是怎样形成的？我们如何预测它们的形成？这些是否和创新过程相联系？创新的空间能否被特征化？在运营水平的检查中能够确定有多少选项的商业模式，可以削减成本、增加收入和提高利润。

——复合学科

服务科学的交叉学科性质是最根本的特性，但并不是完全随意性的。跨学科的公信力和可信度如何创建和持续？迫切需要在自然科学、工程、社会科学、管理和其他学科之间建立桥梁，专门积累经验。

——高等教育的挑战

——需要改变高等教育的结构：竖井式还是任期制。通常教授的任职是在一个领域中获得任期资格。现在我们在什么地方发表论文，我们怎样才能发现合适的读者群？当前也许有些被接受的研究和发表的论文内容是跨学科的，但是今天大多数刊物还是关注在论文的深度而不是广度上。陈旧的奖励、刺激、基金和资源的结构需要重新评估，或代之于完全支持和扶植跨学科的研究活动的新框架。

——所有层次的学位需要调整。开始的服务科学、管理和工程学位主要位于研究生的硕士水平。怎样才能将服务科学、管理和工程的学位普及到任何层次，尤其是在本科学士学位？

——经验的教学和实际问题的教学。有些教授经营小公司，他们具有实际经验和解决问题的方法。然而，这现象在大学里并不普遍。因此需要设立试验内容，可以通过这些实际内容的课程学习使得学生能够积累经验，巩固网络能力，锻炼洞察能力和拓展自身价值。作为善于学习的熟练雇员，其思维空间的创造性和执行力的品味是值得大力推荐的。

——加速高等教育改进的因素

已经成立了这个加速高等教育改进项目的开发和研究中心。重新定义美国大学的进程已经开始。产业界和大学联合努力为实现大学无法满足的需求而工作。服务研究和服务应用正在平行取得进展。

短时间内取得的重大进展

毋庸置疑，当前在服务科学、管理和工程中快速取得成就的主要方法是利用已经完成的部分成果加以再加工和分类标识。简单地提高此类工作效率就是直接把所完成的工作拿来再加工整理并发表。下面罗列的就是重新整理的服务教育和研究的创新方法和面临的挑战：

——设计学科和设计课程。设计学科是加工并创造条理清楚、合乎逻辑的研究和实践成果为原则性的模式；设计课程是创造一系列学习内容获取学位或认证。

——在实现上述设计过程中，必须明确的关键步骤包括：

——设计学科是从确定关键的领域开始；设计课程是从规定重要的题目开始；

——先要制定目标；然后寻找实现目标的支撑力量。只是以完成的成果是无法获取基金支持的；

——一定要正确地关注市场，而不必首先考虑市场。

——运用"回到根本"的研究方法将服务复杂的现实创造成为一个简单而又实用的模型。但是要注意一种简单形式的创造往往需要非常深入的研究分析和对科学基本原理的熟练把握。

——创建能力模型

——有关跨行业的基本行业要素，诸如业务流程、信息工程、信息架构和技术；

——项目工作中的基本行业特征分析，诸如案例和行业特征模型的知识；

——开发新类型交流互动的专门经验，这些综合了科学、工程、社会科学、管理以及反映核心价值不断演进和取得一致的学术规范内容；

——引领一个服务的讨论平台。

为此，考虑到科学研究的长周期性、产业实践的短周期性以及知识传播纵横交叉的特点，我们要从改变过去并审视当前模型的应用性出发，直到发现什么是我们面临的新问题为止。例如，纵观批发商业活动的历史，进一步深刻地理解此项活动是如何在全世界展开的，又怎样演进并影响着我们的现实思维。或者，研究各学科类别的演变来确定全球社会地理范围内服务和服务创新之间的相关关系。

轮到你的机会

许多与会者以各种方式参与这次会议活动。例如：

——开展与服务科学、管理和工程有关的课程建设、项目计划以及实施；

——撰写基金申请计划书；

——和他人合作开始服务教育的材料开发；

——形成特别的服务科学、管理和工程兴趣小组；

——组织为研究生和本科生开设新选修课程的讨论；

——建立企业、教育和国家经济开发机构有关服务科学、管理和工程的联合开发中心。

本 书 介 绍

本书汇集了会议中许多充满活力的主题和内容。由于随着服务科学的兴趣日趋浓厚，已经在其他地方演讲和出版过的有关论述没有列入本书之中[2,3,4,6]。本书中的论文是按服务科学、管理和工程学科的发展和成熟情况分类的，包括服务科学、管理和工程的教育供给、课程设置的进展以及服务科学、管理和工程的科学研究。这些分类只是本书内容的组织方法，许多论文也容易根据不同目录分门别类，就如科学研究分类直接着影响教育学科分类一样。

服务科学、管理和工程学科的发展与成熟是本书中第一篇章系列的论文内容。这些文章论述了发展服务科学、管理和工程的基本理解，还说明了什么才能够组成具有学术意义的学科。有一些文章直接地说明各种现存的学科对服务科学的贡献，比如运筹学和设计学等，还有论文指出对服务科学、管理和工程学科进行成熟性的努力和需求。

本书第二篇章是有关服务科学、管理和工程教育进展和课程设置的内容。许多年以来，已经有不少课程和专业涉及服务市场，尤其是在本科层次。这些课程大多数都在商学院或管理学院开设，其中的例子包括客户服务、呼叫中心、服务质量和组织综合课程。一些大学早就建立了研究中心，专门促进服务市场的研究和增加相关知识内容。今天服务市场课程和项目已经开设在硕士层次上，同时还有和服务管理和服务工程相关的系列课程。几乎所有这些课程的设计都毫无例外的是复合学科的形式，既有来自于包括管理、商业、工程、计算机科学以及其他领域院校合作的教授，也有这些复合专业的综合知识内容。某些教学项目已经从产品制造和运营管理领域扩展到产品和服务——两者在生产和运营流程中不可分割的内容。更有一些大学，把认知科学、经济学、创新学和企业家融合创造为一门跨学科课程——服务科学。无论如何，与会者公认在服务的教育中硕士学位的培养是十分迫切的。很多大学一方面延伸现有课程进入服务领域，另一方面正在从一片空白基础上设计全新的服务跨学科课程。

服务科学、管理和工程的科学研究属于本书的第三篇章。尽管分散，但现在大多数的服务研究（书中论文所涉及的）主要是从成熟的理论方法出发，诸如排序理论、图像、网络流、Petri 网络（系统建模工具）、马尔可夫过程以及仿真模拟，典型地并且狭窄地专注在增加全员劳动生产率和工作效率方面。将来大多数的服务研究将集中在特别的课题上，而不是在高水平、重大的挑战上。有人建议必须发现新的方法进行服务科学研究。有些论文概括了研究问题和方法，而另一些旨在创造新的研究模型和工具。许多讨论谈到要扩展服务工程研究，进入管理和社会科学领域。一致的结论是综合的服务研究方法将会改进将来研究成果的效用。

总之，深入而广泛地专注于服务的教育和研究工作已经取得了令人瞩目的进展。许多服务的教育和科研机构已经成立，尽管大多数还只是在某一个方面的合作。令人欣喜的是，我们看到了正在发生的转变——呈现出包括一系列管理、商业、社会科学、计算机科学和工程等许多方面的合作。毫无疑问，今天的现实迫切需要跨学科的服务研究，人们正在认识这种需求并不断付诸努力。

Wendy Murphy，

Cheryl A. Kieliszewski，

Paul Maglio，Bill Hefley，

Nirmal Pal，Ioannis Viniotis

参 考 文 献

[1] Baumol，W. J.，Lithan，R. E.，& Schramm，C. J.. *Good Capitalism，Bad Capitalism，and the Economics of Growth and Prosperity*. New Haven：Yale University Press，2007.

[2] Rafiq Dossani and Martin Kenney. The Next Wave of Globalization：Relocating Service Provision to India. *World Development*，2007，35（5）：772-791.

[3] Marjatta Maula. Managerial and Research Perspective on Knowledge-Intensive Services. Paper presented at *The European Conference on Knowledge Management（ECKM）*，Barcelona，6-7 September 2007.

[4] Javier Reynoso. The Evolution Of Services Management In Latin America：Building A New Academic Field. In Christopher Lovelock（ed.）. *Services Marketing，4th edition*，2001，Prentice Hall，USA.

[5] Carl J. Schramm，*The Entrepreneurial Imperative：How America's Economic Miracle Will Reshape the World（and change your life）*. New York：Collins，2006.

[6] James M. Tien and Daniel Berg. On Services Research and Education. *J. Systems Science and Systems Engineering*，Vol. 15，No. 3，pp. 257-283，Septentber 2006.

服务科学、管理和工程学科篇

服务科学、管理和工程在科学界的合法性：重要的思考和基本的行动

Jane Siegel　Shelley Evenson　Bill Hefley
（美国卡内基—梅隆大学）
Sandra Slaughter
（美国佐治亚理工学院）

在世界高等教育领域中合法化服务科学、管理和工程学科是孵化一门新兴学科非常必要的措施，需要进行缜密的思考和付出专业化的努力。就服务科学而言，它覆盖了相当广泛的各个高等教育领域，文中将给以详细论述。从信息系统、设计、战略管理服务和外包等例子出发，采取的 7 项主要行动将加以阐明和解释，以便于建立服务科学的公信力。需要探索高度跨学科领域的高等教育工作者可以使用本文来策划一门课程，可以在他们特定的学科内，或建立全球化服务科学的学术基础上，大力推进服务科学的发展。

引　　言

服务科学、管理和工程学科正在逐步提高其社会的知名度，并吸引着许多著名大学研究人员、教授、产业界和政府人员的关注。美国一些顶尖大学已经组成并设置这个领域硕士层次的课程和学位[1]。这些学校的领导者认为服务科学的学科应该被鼓励发展并被接受为一门科学学科。这种新学科的成立过程其实是有先例的，例如计算机科学和人—计算机互动这两门学科成立的演变过程，就可以作为服务科学、管理和工程学科合法化的范例。在过去的经验基础上，本文将讨论服务科学、管理和工程学科目前要实现合法化所面临的许许多多的巨大挑战。作以下分析和假设：

1. 赞同并定义能够代表或与服务科学、管理和工程学科相关联的一系列学科。

2. 规范研究课题并确定基金资源来推进服务科学、管理和工程学科理论和实践的科学研究。

3. 投资从本科到博士各层次课程和学位教学的开发、交付和评估，鼓励和

帮助具有创造性和能胜任开拓新学科的专业人士的加入，这些人士能够从高等教育界和产业界为服务科学、管理和工程的发展作出贡献。

4. 在学术声誉高、受众多关注的杂志和书籍中寻找并开发相关学科以及较新的"服务科学、管理和工程"专著的出版机会。

5. 在专业的协会中，比如 ACM（美国计算机学会）和 IEEE（电气和电子工程师协会），确定和建立服务科学、管理和工程特殊学术小组、分会和其他合适的组织。

6. 在服务科学、管理和工程的学术团体中创建有资助的荣誉席位，以招揽最优秀和最卓越的人才。在世界范围内努力提高工作在这个新领域中的大学教授的知名度和地位。

7. 不断扩展学术领域，长此以往被全世界公认的服务科学家和服务工程师的职业将会诞生。

以上每一个设想和需要采取的行动都将会在下文中详细地描述。

定义服务科学、管理和工程的学术领域

服务科学、管理和工程包括大量的现存学科，以及正在形成的新的研究探索和教育探索领域。当前的服务科学、管理和工程学科通常囊括：

1. 行为和社会科学，例如人类学、经济学、市场学、工业和组织心理学；

2. 计算机科学和工程；

3. 设计学，例如工业和服务设计；

4. 信息系统；

5. 知识发现、数据挖掘；

6. 运筹学、运营管理；

7. 信息和技术的安全；

8. 系统工程和软件工程。

最近，跨学科领域和交叉学科领域发展很快，以支撑服务产业的教育需求。这些新出现的领域可参见参考文献［2］，卡内基—梅隆大学拥有非常成功的历史，在许多颇受尊重和公认的交叉学科中都有重大的贡献和深远的影响。这些学科包括：

——计算、组织和社会学科；

——电子商业技术；

——工程和公共政策；

——人—机交互；

——信息网络；

——信息安全；

——知识发现、数据挖掘；

——软件工程；

——超大规模信息系统。

目前必须寻找一个能够代表服务科学、管理和工程学科，并与政府和产业界有良好关系的领袖，启动并着手确定该学科的边界，准确地定义学科范围，从而积极地推进服务科学、管理和工程学科的合法化。

同时还必须付出巨大的努力来实施服务科学、管理和工程学科的边界确定和科学定义，当前迫切需要制定服务科学、管理和工程跨学科研究项目的内容：

——调查和了解全球、国家和企业三个不同层次的根本性变化[3]；

——衡量服务产业对经济发展的影响；

——明确服务产业对个人、组织和社区的重要影响；

——鼓励创新和社会发展以改进人们生活质量；

——继续努力认识并充分利用信息和通信技术带来的巨大机遇。

设立服务科学、管理和工程的研究项目

有两个方面必须考虑：第一要设立一个得到产业界和政府广泛支持的研究项目；第二是制定战略方针和行动计划确保重大项目能够获得持续的研究支持。

上一节已经列举服务科学的若干领域，在这些领域中教授们提出的研究课题包括：

——国际服务管理的应用研究；

——按需求实行服务交付的自动化；

——更深入理解相关利益者的需求和问题；

——全球化和标准化的影响作用；

——组织学习和创新（包括有效团队的研究）；

——学习历史；

——隐私权和信息安全；

——流程管理和实现；

——流程和绩效模拟；

——服务软件；

——服务作为具有新型行为特征的复杂综合系统；

——信息技术和社会的研究。

为了对服务科学各种相关课题进行深入、持续和重要的研究，必须要求有来自于政府、基金界和产业界巨大并持续长年（5～10 年）的资金支持。当年的计算机科学就是得益于美国自然科学基金的帮助，才真正开始严格意义上的大规模科学研究。计算机科学在高等学术界获得重大基金支持的其他例子还有获得美国国防部高级研究计划局（DARPA）、美国国家航空和宇宙航行局（NASA）和美国国家卫生研究院（NIH）的支持，也包括福特和洛克菲勒基金会的支持。由于服务科学对全球经济特殊的重要性，故不仅要获取美国自然科学基金的帮助，更重要的是要争取主要基金会，如盖茨基金会以及其他 IT 业界领袖资源来扶持这个领域的科学研究。

课 程 开 发

2006 年 7 月《美国计算机协会通讯》发布了服务科学的系列文件，描述了当前许多服务科学、管理和工程跨学科和创新方式的课程建设的现状。2006 年卡内基—梅隆大学开始了第一期研究生层次由 6 门课程组成的 IT 服务管理项目，设立了信息系统管理硕士学位。这 6 门课程是服务运营和管理、服务组织能力和流程改进、外包管理、IT 项目管理、合同以及谈判技巧。设计学院还开设了一门本科的课程——服务设计。图 1 是服务管理硕士学位的图示：

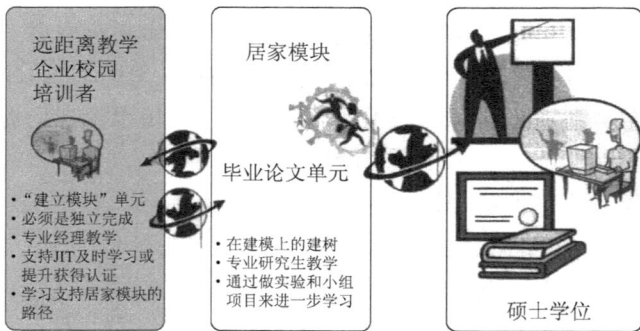

图 1　计划中的卡内基—梅隆大学服务管理的硕士学位

开发全球性有效的服务科学、管理和工程的课程是高等教育界所有大学面临的繁重任务。卡内基—梅隆大学最近提出由自己主导来推进全世界大学、产业界和政府中有远见的领袖之间的合作，并率先在研究生层次上开设服务科学的课程[4]。一流大学应该联合起来呼吁这种新型需求。

抓住出版时机

在学术界确立合法化的地位最关键的因素可能在于使用科学方法发表知识性的论文，这些论文都是经资深同行审阅后在专业刊物上发表的。服务科学文章发表的渠道十分广泛和分散。有影响力的相关刊物有：《管理学会期刊》、《行政管理科学季刊》、《美国计算机学会通讯》、《决策科学》、《设计观点》、《欧洲信息系统期刊》、《IBM 系统期刊》、《电气和电子工程师协会会报》、《互动》、《信息研究》、《信息技术期刊》、《管理科学》、《制造和服务运营管理》和《斯隆管理》。

服务科学社团需要确定是自己出版一份全新的杂志或出版系列丛书来聚焦服务科学、管理和工程领域缜密而严肃的研究成果，还是在著名的出版物以及具有高度学术影响力的期刊上来发表自己的学术著作。

建立专业社团

这里有三种设想：（1）建立特别兴趣小组（SIG）、分会或其他形式的组织，促进专业人士的交流对话并扩大其影响；（2）举行研究成果的报告会议和专业会议，促进学术研究的交流和发表；（3）创建荣誉和奖励制度以表彰服务科学领域杰出的学术研究成果。

目前已经有许多著名的学术组织设立了有关服务科学、管理和工程的会议和奖励项目，比如电气和电子工程师协会（IEEE）的服务导向计算和应用的国际会议、运筹学和管理科学研究所年会。还有最近举行的，如 2006 年管理和信息技术的人机互动会议、2006 年服务导向的计算国际会议、卡内基—梅隆大学设计会议以及服务科学和艺术会议。

表彰服务科学、管理和工程学术贡献的奖励已经存在，但是缺乏像"图灵奖"和其他很有影响力的奖项，这些奖项的授予会快速提升从事服务科学、管理和工程科学研究的大学教授的荣誉和成就感。

关于专业机构和学术组织的认可，以及参加国际会议、报告会的荣誉和奖项授予等影响作用的分析表明，服务科学、管理和工程的领军人物需要制定科学研究的战略计划并寻找各种资源支持该计划的执行，提高服务科学、管理和工程专业研究人员的知名度和国际影响力。

捐赠和荣誉称号

在服务科学、管理和工程的学术界设立教授的荣誉称号几乎和缜密的科学研究以及雄厚的论文发表一样的重要，因为卓越的研究成果提升学术界的地位，吸引更多的同行注目，获得大量的慈善机构的捐赠。获得这些资源，可以专门用于激励服务科学、管理和工程学术界的教授，使得这些科学研究工作更专注，更努力于自己的科研和教学。科学、管理和工程学术界的领袖应该发现、积极推动和吸引潜在的、来自于 IT 以及服务产业界的捐赠者。

结论：基本活动的总结

为了获得服务科学、管理和工程在学术界的地位和声誉，作者认为下列七项基本活动是必需的：

1. 积极地确认并实施服务科学、管理和工程在学术界的合法化工作；

2. 争取学术界、产业界和政府对重大服务科学、管理和工程研究项目的支持，制定战略规划和行动计划保证大量的和持续的研究资金支持；

3. 创建全球大学合作团体，设立全世界有效的课程来支撑服务科学、管理和工程所有方面的教学活动；

4. 确定最佳学术声誉的出版渠道，专注缜密的服务科学、管理和工程科学研究，赢得出版社编辑部的青睐；

5. 分析选项和制定计划以获得全球专业界对服务科学、管理和工程学术地位的认可；

6. 发现和吸引潜在私人捐赠为服务科学、管理和工程界设立学术荣誉称号，为服务科学、管理和工程设立预留款项；

7. 吸引顶尖的服务科学、管理和工程学术研究者参与本文所呼吁的所有活动。

参 考 文 献

[1]　Maglio, P. P. , Srinivasan, S. , Kreulen, J. T. . and Spohrer, J. . Services Systems, Service Scientists, SSME, and Innovation. *Communications of ACM*, V. 49, No. 7: 81-85, ACM, July, 2006.

[2]　Bitner, M. J. and Brown, S. W. . The Evolution and Discovery of Services Science in Business Schools. *Communications of ACM*, V. 49, No. 7: 73-78, ACM, July, 2006.

[3]　Rouse, W. B. and Baba, M. L. . Enterprise Transformation. *Communications of ACM*, V. 49, No. 7: 66-72, ACM, July, 2006.

[4]　Hefley, B. Educating and Innovative Services Science Workforce. Position paper for *Workshop on Education for Service Innovation*, National Science Foundation, US Department of Commerce, and IBM Research, Washington, D. C. , April 18, 2006.

三位一体的整体性：管理学、社会学和工程科学

Richard C. Larson

（美国麻省理工学院）

　　服务产业在发达国家经济中约占 75%。为了更好地设计和运营今天和将来的服务系统，我们需要培养新型的服务工程师而不仅是专注制造的工程师。这样的工程师能够综合三种科学——管理学、社会学和工程科学的知识来分析研究服务系统。在麻省理工学院新的研究中心——工程系统基础中心（MIT-CESF），我们的新服务研究工作表明了服务科学是如何地需要三位一体融合的分析方法。我们在许多商业服务中有意选择了一些非典型的服务类型加以广泛的研究，比如供应链服务。

引　　言

　　麻省理工学院工程系统基础中心成立于 2005 年 9 月 1 日，当时是由工程系统系（ESD）的主管 Dan Hastings 教授创建的。这是工程学院的一个交叉学科部门，包括工程学院的 17 个系的教授，还有来自于斯隆管理学院以及人文、艺术和社会科学院的教授。当时的工程系统系专注研究包括人和技术的复杂混合系统。我们的研究和教学使用"维恩图解"交互法，其中重叠的圆形分别代表工程、管理和社会科学。

　　工程系统基础中心（CESF）旨在推进一个叫工程系统的新基础学科，这里的"工程"作为一个动词，是一个目标的意思。同时我们更希望把它理解为是一种诠释或澄清行为。

　　服务系统的设计和运营需要"维恩图解"中全部三个圆的综合考虑。狭义的、纯技术的方案不能满足服务系统。由于我们应用所有的科学方法来分析和合成服务系统，所以这里选择的"科学"，当然不仅是"社会科学"，也是"管理科学"和"工程科学"。具有变化特质的工程科学是一门基础学科，首先是由麻省理工学院在 20 世纪 60 年代引入本科工程教学之中的。

　　工程系统系的教授中一直在热烈地讨论工程系统的基本观点是否可以从与"前后结果无关"的环境中导出，或者从旨在发现"前后结果"的研究中得到的

结果中推导引申出来。工程系统基础中心正在着力研究真实系统，在假设旨在发现"前后结果"的研究成果可以产生一些新的基本观点的条件下进行。在运筹学和优化控制的研究领域中这已经是发现基本新观点的主要历史现实。

在此，我们将简单地浏览工程系统基础中心第一年的服务研究成果。继续的研究课题是工程系统系在"维恩图解"中全部三个圆（工程、管理和社会科学）的综合分析思考。

工程系统基础中心的服务研究项目

重大基础设施的需求管理项目

我们起始于基础设施交通拥堵的研究。基础设施系统是相连的网络，通过网络从一个地方到另一个地方提供服务和产品，其中包括运输网络、电信网络和相关的辅助设施。每一个网络都是具有固定能力的系统，可以应对无论是以天为计的需求模型，还是以周为计的需求模型。通常需要周密的统计学计算的需求模型，甚至以小时计算的需求模型我们都必须很好的掌握，但这些还会涉及其他相关影响因素，比如短期的气象情况，或长期的经济情况。

一个基础设施系统的设计和建设很复杂，造价也十分昂贵。一旦建成，其寿命平均 20 年以上（如电信系统），甚至 100 年（如水务系统）。随着人口增长和经济发展，对基础设施改进的需求也日益增加。最终为了满足新的供应能力，系统就必须要进行升级。然而，由于巨大成本的考虑，升级的计划往往不得不延迟。为了解决这个矛盾，一种"需求峰值"的管理方法应运而出。也就是采取"削峰填谷"的方法平衡服务的需求。这也是本研究的焦点内容。

在此举一些例子：在伦敦和新加坡拥堵时段付费进入城市中心；在高速公路附近的快车道收费；峰谷时段电价差别收费；长途电话特定时段价格差异；航空公司周末和年内节假日时段不同价格控制年收入的平衡；还有就是采用招标的方式规定使用公共设施的服务时段，当使用拥堵时采取高收费方式。

本研究的目的就是力图创建一个旨在提出解决基础设施系统中网络拥堵对策的平衡模型。我们正在寻找崭新的、至今尚未发现过的、令人振奋的战略方法来解决上述各种基础设施服务中的拥堵问题。

关于"三位一体"整体性的思考：典型传统的工程方法随处可见，它们应用在关键的网络基础设施上。在此还需要社会科学吗？这需要用户理解成本和利润的关系并在高峰时段自觉自愿地推迟使用时间。何时去旅行，何时开动洗衣机，这就涉及个人生活习惯的问题。管理又出现在何处？用"削峰填谷"的方法推迟服务需求时间，需要采用动态价格管理办法，甚至还涉及大型基础设施投资的规划和管理。

美国总统选举的系统

也许在所有的服务系统中，民主体制中的选举服务系统是最为重要的服务系统之一。选民来到选举站参加选举，如果人多机器少，就会有很多人排队等候。在美国总统选举中，一般的等候时间从 1 分钟到 8 小时不等！等候如此长的时间，没有可以接受的标准。在 2000 年和 2004 年的总统选举中许多人抱怨说，在一些地方由于缺乏机器和现场工作人员，许多潜在的选民无法去投票。因为没有关注被剥夺选举权的"民意调查"选民挥动红旗引起舆论注意的现象，这里将有可能隐藏着剥夺选举权的怀疑。

关于"三位一体"整体性的思考：这里传统的工程方法是工业工程或运筹学中的"排队理论"。在选举区域如何设置选举机器（排队服务者），这需要创建和开发一种计算机算法。社会科学需要研究排队者的心理：什么使得大量的选举人在缓慢移动的等候长列中继续排队或离开排队？什么样的生活方式决定了排队等候者的焦虑和失去耐心？管理科学应该参与选举机器安置应用系统的咨询之中，并且应对选举日没有预测到的长期等候提供解决方案。

在流行性疾病中的扩大隔离

美国 GDP 中超过 15％的费用支出属于健康护理，其成为了美国单项服务业中的最大行业。今天对人类健康的主要威胁来自于致命的流行性感冒病毒，它主要在人和人之间互相传染。最可怕的悲剧是 1918～1919 年间在美国爆发的"西班牙流感"，这次流行性感冒一年杀死的美国人比整个 20 世纪所有战争杀死的美国人的总数还多。

工程系统基础中心已经建立团队专门检查和回应潜在流行性感冒疾病的趋势。我们的主要目的是采用"大规模隔离"措施作为控制战略来限制流行感冒病的扩散。我们教授和学生的研究队伍已经起草了这个课题的论文，不断分析检查远从 1918 年以来，近到 2003 年 SARS 流行病的"大规模隔离"措施。

我们极度重视这个有关国家和国际安全的重要课题，它们关系着成千上万人的生命，而这往往取决于流行性疾病发生时，个人或集体的应对措施。

关于"三位一体"整体性的思考：这里传统的工程方法是使用运筹学的工程科学，在一定的数学假设中创造出更为精确的感冒病毒流行数学模型。管理则是极复杂的过程，就如一个人设想在美国同时发生 100 个卡特里娜飓风那样。每一个村镇、城市都要负责地方公众的应对，包括所有的个人、家庭以及一切单位。要力求做到符合所有相关人员目标的实际情况是非常困难的，但又是十分重要的。作为社会科学中重要部分的心理学将是关键：在什么样的情况下，所有家庭决定采取全社会隔离措施，以阻断病毒传播途径？怎样在可能的疾病传播风险扩张或商品供应链断裂造成物资短缺的情况下，避免集体的恐慌情绪蔓延？

飓风预防准备和应对措施

灾害预防和应对需要设计服务系统来对付可能的灾难，包括自然灾害、工业事故或恐怖分子进攻。人们把这些也叫做：低概率高后果事件（HCLP）。

我们正在为飓风预防准备和应对措施开发一种公式化的理性政策规划模型。给定飓风离开海岸进入陆地的具体地点，以及强度和运动矢量，可以检查和确定重要的决策措施，诸如何时启动应急人员的调动、供应物质和设备就位，以及最终从危险地带撤离居民。我们发明的这种飓风风险分析架构叫做"随机动态程序"。

关于"三位一体"整体性的思考：这里的工程科学也是运筹学，只不过和气象学一起发展了飓风发生概率趋势的计算。社会科学则根据当地人民的习惯分析，安排撤离的先后顺序。在此有一个"男孩大叫狼来了"的习惯特点。即如果最近有一次飓风撤离，但事实证明没有必要，那么，下一次新的撤离命令就有难以执行的可能。但是另一方面，像卡特里娜飓风那样，撤离命令给出，人们不撤离而导致大批死亡的教训下，人们还是更愿服从撤离的命令。后者表明的习惯又很明显地发生在得克萨斯州的休斯敦，当瑞塔飓风来临时，遭到威胁的人们急于尽快撤离。这样的趋向可以定量地合成在模型之中。社会科学常常提供方程式需要的关系，这些同样在解牛顿的物理方程中都是关键因素。管理学负责模型中推荐值的具体应用执行，这些推荐值需要经过所有人为因素的谨慎调整后代入计算。

水务系统

为饮用、灌溉和清洁水的分配系统是一个服务系统。工程系统基础中心（CESF）希望组成一个跨学科团队专门调查和研究全球范围内的供水系统。

"我们计划从事亚洲国家水系统主要是在应用方面的研究，从所有重要的方面进行长期多年追踪调研。我们的兴趣在于水的分配系统……在没有现代城市网络支持的贫穷农村地区，家庭和其他建筑物中水的利用、设计和运营……重点是亚洲的农村地区。

我们的研究工作必须融入到亚洲文化的传统和限制中去。亚洲国家具有典型的、发达的传统文化特征，并不总是和 21 世纪西方文化决策的习惯方法相适宜，有关立法的问题和当地文化相联系，西方研究者在这些领域几乎没有说话资格。西方幼稚的所谓'科学方法'可能会造成产生事与愿违的后果。"

　　关于"三位一体"整体性的思考：传统的土木工程和环境工程在水系统的设计和运营中应用广泛。社会科学研究水系统及其使用主要关注在所研究国家是如何将其镶嵌在当地文化、传统和国家与地区历史之中的。管理科学还是注重规划和执行大型水系统的投资项目以及水系统建成后的运营问题。

在中东地区麻省理工学院的 LINC 教育项目

　　给平民提供教育是一种服务。教育投资在美国是第二大服务内容，占 GDP 总收入的 10% 左右。毋庸置疑，对于世界任何地方而言，教育都是非常重要的。麻省理工学院的 LINC 是国际学习网络联营集团的简称。它是一个志愿者组织，位于 CESF，是一个准专业社团，其全世界的成员都相信教育属于下列技术是可转移特性的描述：随着今天计算机和电信技术的普及，每一个年轻人无论是男是女，其出身如何，都应该受到好的教育。直到最近，人们还认为国家的宝藏是埋在地下的石油、天然气、金、银和钻石。但是今天，国家真正的宝藏应该储存在公民的大脑里！投资人们的头脑是未来更好的保证。

　　LINC 是关注在世界上发展中国家设计和运作技术驱动的教育系统。这可能是一个非常混乱和复杂的工程系统问题。以 LINC 的活动为例，LINC 已经递呈了 USAID 的计划：高中数学班的混合学习：麻省理工学院和阿拉伯大学建立的伙伴关系促进高中数学班的创造性思考。以下是摘要的基本观点：

　　"我们聚焦在高中数学老师身上，着重刺激高中学生学习以数学为导向的工程和科学职业……我们提出一些由 MIT 和其他中东大学志愿者教授提供的短期'学习模块'。这些模块既可以在网上获得……也可以在 CD、DVD 或录像带上获得。每一个模块将和任何数学软件程序兼容，并增加一些饶有兴趣的、不枯燥的丰富内容。学习模块包含一个短的讲座，接下来是练习，从一般课堂上学的知识加上一些有挑战性的模块内容。课堂教师可以……调动学生的积极性。这种学习方法是'混合学习'法的例子。它是一种新的教学模型，由内容挑选专家选取新的思想和智力扩展挑战，然后由一般性教师跟进，进一步提升学生的学习兴趣高度……"

　　关于"三位一体"整体性的思考：所有这三个 ESD 维恩图解对于理解和改进发展中国家的教育都十分重要。工程科学包括分布学习 ICT 信息和通信技术以及系统设计的运筹学。社会科学在此包括经济学、历史，尤其是和学习相关的国家文化以及各种教学模型的有效性。管理科学则和整个学习系统的咨询和管理相关。

总 结 表 格

工程系统基础中心（CESF）从事的主要研究项目汇总如表 1，在研究项目中组成维恩图解三部分的工程、管理和社会科学每一个都是非常重要的。

表 1　工程系统基础中心研究项目：工程、管理和社会科学

研究领域	工程	管理	社会科学
关键能源设施	电力和系统工程	大型投资项目以及维护系统	为了降低峰值需求而帮助客户理解成本和获益的关系
选举排队	排队理论的运筹学研究	管理选举日前的和当场的资源管理	理解选民集体等候选择和离开选举队伍的行为
感冒流行性疾病	模拟疾病爆发的物理现象	制定政府、商业和家庭的应对措施	在灾难来临时理解并管理人们习性
飓风反应	模拟飓风发生的物理现象	管理撤离和相关的反应	理解人们顺应撤离命令的习性
水务系统	传统土木工程和运筹学	大型投资项目以及维护系统	理解人们需要水和使用水的文化
发展中国家的电子教育活动	计算机科学、电气工程和运筹学	管理技术和人力资源的配置并维护系统	理解学生对教学模型的反应，包括文化融合、性别、年龄等相关指标

总结的思考

工程系统不同于系统工程因为前者是使用"维恩图解"的组元互动来处理复杂的系统——传统的工程、管理和社会科学。系统工程则不然。在此描述的每一个研究项目都包含三个组成部分。社会科学部分从研究的角度来讲可能是最困难的。而社会科学和与管理相关的部分都可能是困难和有趣的研究内容，我们必须记住工程系统也是工程。也就是说在这三个组成部分中工程将是主要意义上的代表形式，因为最终是要设计和创建一个系统。我们需要建立和运营一个最佳传统的工程。

我们将建立一个工程系统，包括社会科学和管理在内是为了在了解各种基本问题的基础上尽可能聪明地设计、建造和运营新系统。我们的学生必须成为能够联合社会科学、管理科学和工程科学的综合分析系统的专家。如果我们成功了，那么工程系统将确实会成为一个能够完成复杂系统设计和运营的有变革能力的复合学科。

服务科学、管理和工程，运筹学和教育

Giovanni Righini

（意大利米兰大学信息技术系）

本文将表述我个人对服务科学、管理和工程以及其发展的观点。重点讨论在大学教学中引进服务科学、管理和工程学科和运筹学、管理科学之间的关系。同时还会介绍在运筹学教学中的经验，以供参考。

引　　言

作为一个在意大利大学信息技术系任教、主讲运筹学的教授，我在此发表关于服务科学、管理和工程学科的观点。我的研究工作主要服务于物流和运输产业的技术、空间科学的安全性和其他方面的应用。由于我主要从事教学工作，因而在此将重点阐述在大学层次上服务科学、管理和工程学科可能扮演的角色。

服务科学、管理和工程学科和运筹学研究

先引用本次会议邀请投稿的题目内容：服务的关键依赖于在一起工作的人们以及提供价值的技术。从这个观点出发我将讨论运筹学在服务科学、管理和工程学科中的重要性。运筹学的角色起码有两层意义：一是大量使用数学；二是和信息电信技术（ICT）紧密相连。

使得人们在一起工作

一句很普通的话"使得人们在一起工作"就是数学。年轻的一代必须接受运用数学作为语言描述系统和问题并进行交流的高等教育。数学教学应该不仅是教会一种进行计算的使用工具，更重要的是作为一种宇宙通用语言让全天下的人们在一起工作。这个语言形式对文化有很大的影响，大大超出词组"一起工作"和"使用相同信息电信技术工具"所表达的简单解释。我和我的学生、同事以及产业界人士的经验表明在一起工作不仅是一种技术，也是一种文化。

这种使用数学模型的教学方法就是运筹学教授在讲授初步课程时所试图实现的教学方法。我们没有把教学重点放在复杂的算法上，而是通过定义数据、变量、边

界条件以及目标方程式，用数学术语表达复杂系统和复杂的决策问题。不要低估这种表达方式的作用。这是我认为运筹学教学对于服务科学、管理和工程学科的成功以及作为服务科学、管理和工程学科的教学机会都是十分重要的首要原因。

使得人们用技术工作

能够"使得人们用技术工作"是许多学术界人士的目标，他们不断努力拓宽大门以利于人们使用信息电信技术工具，即使他们没有任何技术或科学背景。

过去的一些年是运筹学的低谷时期，尽管它在优化算法和数学程序方面取得了巨大成就，但大多数时间运筹学还是封闭在象牙塔内，不被学术界外人所知。有两个重要原因来解释很难使用运筹学研究的成果：（1）这些成果过于复杂使得非专业人士无法使用；（2）还没有信息电信技术的基础设施可以用来输入数据。

今天由于信息电信技术的巨大发展，运筹学技术显示出的巨大潜力已能够成为非专业人士每天工作的必要工具，这里假定运筹学界和信息电信技术界人士愿意更好地合作而实现两者的结合。

以优化算法集成到地理信息系统（GIS）中为例，它正在变成不得不应对的宏大领土规划问题，或变为应对优化传播网络，为私人或公共提供服务。因为这要解决一些复杂网络设计问题，或者大规模地区和道路问题。尽管这个需求明显存在，但在相同学位课程中几乎没有任何有关 GIS 和运筹学的课程（起码在意大利如此）。两个科学学术界是完全分离开来的，这只是众多例子的一个而已。这样的结果是，我们没有给年轻的一代人进行运筹学和信息电信技术相结合的最佳课程教学。像跨学科的服务科学、管理和工程学科，受到来自于学术界外面的强力推动，也许可以促进真正意义上跨学科、交叉学科的教育和合成。

提供价值

当我听到诸如"信息就是力量"或者"信息就是金钱"的句子时，引起我联想的是石油、引擎和能源。没有引擎把它转换成能量，石油几乎是没有价值的。类似的数字信息（我这里不涉及尽管也使用到的现代技术电视或报纸信息，主要是指储存在数字媒介的信息，如数据库、GIS、网站等等），如果我们没有将其转换成为有效的、高效的、强力的、及时的理性决策，那么它们也将都毫无使用价值。信息的价值在于我们将其转化成决策的能力。基于这样的原因，我声明信息和电信技术〔ICT〕的下一步将是决策技术（DT），而它也正是运筹学的另一个名字。决策技术是和信息电信技术相结合的运筹学。因此现在的结论是服务科学、管理和工程学科将提供的价值差不多就是促进了从"信息电信技术"阶段到"决策技术"阶段。

今天的服务科学、管理和工程学科和教学

以上的讨论带给我一个对当前形势非常综合的 SWOT 分析，列举出了其明显的优势、弱势、机遇和风险。

优势

服务科学、管理和工程学科的主要优势，依我的观点是：

——服务科学、管理和工程学科由富有声誉的 IBM 所支持，其和学术界有长期合作的历史。

——服务科学、管理和工程学科在合适的时间做合适的事情：今天的经济正在从产品转向服务，它们独立于任何现存学科。这是出现的一个新现象，而不是一个想法。

——欧洲的经济正在经历一个综合过程，它要求欧盟和每个欧洲国家都必须接受现通货及其规则：这来自于提供服务的公共行政机构日益增长对于提升效率的要求。

弱势

即使服务在科学、工程和商业的不同课程中常有提及，然而其作为单独的一门服务科学、管理和工程学科，在我的学术环境中却无人知晓：我所交往的同事中没有一个与它有关，而只有当我联络意大利的 IBM 时才发现了 SSME 的存在。

机遇

这些机会的数目要大于其他的机会。主要是因为所有的弱点都可以解释为将来的机遇。

跨学科教学

现在是合适的时机来实现意大利大学教学中的创新思想。因为在 7 年前我们就已经开始深刻的变革，引入本科生和研究生之间的学位课程差别，目的是进行改革，及时纠正某些影响教学质量的课程设置。跨学科是今天经常提到的一个关键词，然而我们还没有看到太多执行成功的例子。

在变化的经济中促进科学教学

另一个机会是促进科学和技术教育的高涨需求。由于意大利社会和经济系统对创新潜力的消极影响，意大利学生从事科学学习的百分比正在下降。

与此同时，意大利的生产系统主要依赖于中小企业，而它们目前正面临到来自印度和中国低价生产者的剧烈竞争，这使意大利经济不得不从产品向服务转

移。而这恰恰就是服务科学、管理和工程的核心思想所在，开展服务科学、管理和工程教育可以为年轻人提供更多的就业机会。如果我们能够广泛传播这个信息，那么就可以教育新一代学生在以服务为基础的经济中更具有竞争力，其中科学的背景和技术的能力会使他们比在以产品为主的经济中更能体现价值。

个人经验

我所在的信息和电信技术系提供本科三年级的学位课，叫做"信息社会的技术"，其中计算机科学和信息技术和其他课程混合在一起教学，这些课程如从经济学到心理学，从金融学到物流学，从通信社会学到市场学。这种非传统的课程设置被指责为太过分散和不能给学生传授清晰的文化定位。因此，在保持交叉学科的基础上进行了重新设计：我的建议是将其转变成学位课程"信息和决策技术"，其中在信息和电信技术（ICT）基础上增加运筹学（OR）和管理科学（MS）的课程。服务科学、管理和工程可以很容易地从非传统和跨学科的学位课程中发现。如果能和 IBM 这样极富声誉的伙伴一起合作重新设计这类课程，那么，这将会是极其有益的尝试。

其他大学也可能具有类似的许多机遇。

缺乏运筹学课程

我确信服务科学、管理和工程学科可以在研究生教学中扮演更为重要的角色，因为研究生层次的教学和科研联系更紧密。要在这种灵活的、非传统的跨学科研究生课程中达到目的，起码在欧洲，那么最有效的"武器"也许就是运筹学。以我所能了解到的知识，现在还没有发现运筹学的学位课程（无论是什么层次），或者是同等的课程如决策科学或管理科学，不仅是在意大利，而且是在整个沿地中海的欧洲国家。这些课程在网站 INFROMS 上可能被发现——运筹学和管理科学研究所，在欧洲去除不真实的研究实验室和单门课程，剩下讲授这种学位课程的数量不足一打，其中一半课程在英国讲授，一个在丹麦，一个在法国，三个在德国。而在美国这种课程几乎列出了近百门。

尽管可以列举很多的理由，然而这么大的差距本身就代表了巨大的发展机遇。运筹学本身是一门交叉学科，运筹学界延伸到不同的院系，主要是科学（在数学系和信息电信技术系）、工程和管理。在研究生层次讲授的运筹学可能吸引来自于各个领域的教授和学生，这有可能成为其思想的摇篮，促进服务科学、管理和工程学科以坚固的科学方法，在没有太多其他学科所受到的文化限制下发展壮大。

另外，因为运筹学界已经扩展到许多不同的系和教授之中，因此也不至于像其他学科那样对科学、管理和工程学科进行"领土的保卫战"的防御反应，而是更有可能探索科学、管理和工程学科和运筹学两者之间的共同之处，促进协调发展。

这就不奇怪为什么当我找到 SSME，就要和意大利的 IBM 联系。因为那时我正在准备新的两年研究生课程可行性调研，这些课程专注于运筹学和信息电信技术合成的优化过程。

风险

消极的学术反应

假如 IBM 项目的初衷是"将 SSME 作为学术界合法化的学科"，那么这很容易被某些学科认为是"侵占领土"。尤其是像意大利这样的国家，学术界结构严重地分裂成不同学科山头，各自为阵争夺资源，个人的学术生涯取决于和学科的关系。在如此的学术环境中，跨学科特别是运筹学会受到巨大损害。无论新学科的引进是多么重要，新的合法化学科都很可能被认为是引进"另一个竞争者"。因此，为了实现上述目标，IBM 和已经正在科学界中进行的紧密合作是绝对必要的。我列举了很多文化的原因，包括在运筹学界主要和 IBM 一起合作来实现这个最终目标。只不过我把它列为是一个"政治"原因。

压缩 SSME 到 ICT

当工业公司面临一个实际问题时，我常常观察到其强调使用信息电信技术工具，而不在于可能取得的最佳结果。这就是说使用工具往往变成了最终目标。关于 ICT 有许多谣言，同时 ICT 今天也吸引了许多投资者。然而系统和服务的优化并不如人们想象地那样受重视。对于项目的领导者，他们的目标是"它必须工作就行"，而不是"必须工作得很好"。

在学术界同样也受到如此的威胁。在 ICT 系里工作，我遭遇到的困境是在传统学位课程中，促进 ICT 向决策技术的转换。今天，ICT 学术界处于很强势的位置，它毫无兴趣去提升诸如运筹学、决策技术等学科，也不让这些学科成为其竞争对手。

存在的威胁是将 SSME 压缩为信息电信技术 ICT：这可能将失去很多赶超ICT 的机遇。

结　　论

本篇我试图总结个人对 SSME 的观点，以及特别关注其与运筹学和教学有关的发展情况。

最成功的结果可能要通过 SSME 和运筹学界研究人员普遍合作，而他们遍布在 SSME 的系所和部门之中。

我确认这种合作的主要目标是在本科生和研究生层次联合设计和开发具有交叉学科特征的课程，打破学术界的界限，粉碎服务科学、管理和工程之间的学术障碍。

服务科学、管理和工程学科设计者的观点

Shelley Evenson

（美国卡内基—梅隆大学设计学院）

新学科设计者论述了跨越多个学科的创新和研究的相互作用、遇到的挑战和机遇。案例分析包括设计这门独立学科和它与多个学科相联系并促进的新学科发展情况，本文还描述在多学科间相互作用下产生的机遇和挑战。

引　　言

服务科学、管理和工程学科把来自于各种学科的人们聚集在一起来支持服务的创新、设计、交付和管理。过去的三年间，我们在卡内基—梅隆大学通过课程设计、本科和研究生教学以及和国际服务设计网络（SDN）协作等一系列活动专注于服务的创新和设计[1,2]。

为了在卡内基—梅隆大学建立这些新的方向，我们探索如何设计交付新的交互形式：机器对机器（M2M）、人对机器（P2M）和人对人（P2P）的形态，它们在日常生活中为服务提供商和接受服务的人们运用强有力的连接方式提供了高质量的服务。我们的目标是开发出一种设计服务的方法，它同时也能带来价值、公共设施和欢乐。

什么是服务设计

关键的问题是要定义能够包括全部 M2M、P2M 和 P2P 在内的服务系统交互统一体。我们定义服务是一系列活动和事件，它们是交互活动产生的产物，这些交互活动是在设计好的服务组织、客户和媒介技术所组成的元素之间进行的。我们认为服务是一种行为表现：在服务交付点上完成设计好的交互活动，这些互动都是满足人类愉悦、满意、公共设施的需求而共同形成的过程以及产生的共同价值。相应地，我们把这些服务的设计视作为构思、计划和组建（迭代地扩大）框架及其组元，形成一个功能性架构。这个架构我们通常叫做通信、产品或服务，所有这些可以称作为产品、服务环境或合成客户经验的大系统中的子集。

如图 1 所示，我们采纳的服务设计流程是叙述服务的内容，调研若干问题，

诸如社会、经济（管理）和技术（工程）方面的因素[3]。在设定服务范围时要考虑参数和环境影响因素。一切活动和客户体验都文档化，客户体验中的接触点内容也要描述清楚。接触点内容是由互动之间的元素所组成。一个人或机器在客户体验中的服务表现是通过在经验循环中的各个阶段的运动中实现的（类似于技术服务创新中 Bitner 服务尝试模型）[4]。一旦准确地执行，就会形成具有意义和价值的经验。

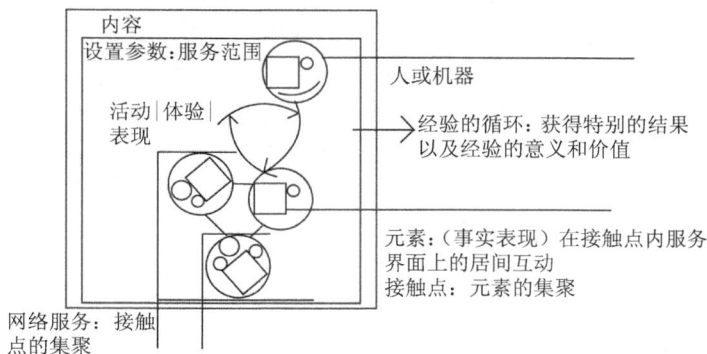

图 1　服务系统的经验模型

　　我们将服务设计看做是一种流程，基于对人们、内容、服务供应商、市场战略和社会实践的深刻理解和认识基础上制定的业务流程。我们认为服务设计是由人类经验理解力驱动的一种系统性挑战。正是如此，服务设计流程被驱动的因素有：1）以人为中心的探索性的、有生产力的、可估价的研究；2）结果是明显的设计方法和工具（或把分散元素变成接触点）以及导致利益相关者导向的服务系统交互作用。

谁参与了服务科学、管理和工程学科？

　　无论是商业科学、社会科学、认知科学还是工程科学，每一门科学都给服务科学、管理和工程学科带来不同的有价值的意义。这些仅仅是一个潜在的服务科学、管理和工程学科"方案"的组成部分而已，并没有历史的积淀成分，然而这却正是设计界能够带到桌面上的东西。今天的设计者技能特别卓越，他们不仅能够理解流程并巡弋在流程从概念产生到模型试验的历史长河中，而且可以兼蓄并收横跨多门学科的经验，建立和商业战略分析师、社会科学家和工程师的密切联系[5,6]。设计师把建造可见艺术的能力结晶到描述这些互动的问题中去。下面我们将扼要地描述这些相关的问题。

有关服务科学、管理和工程学科中互动问题的观点

图 2 表明设计学科在支持服务科学、管理和工程学科中所扮演的角色，并强调存在于许多学科的交互作用中的挑战和机遇，图示如下（图 2）：

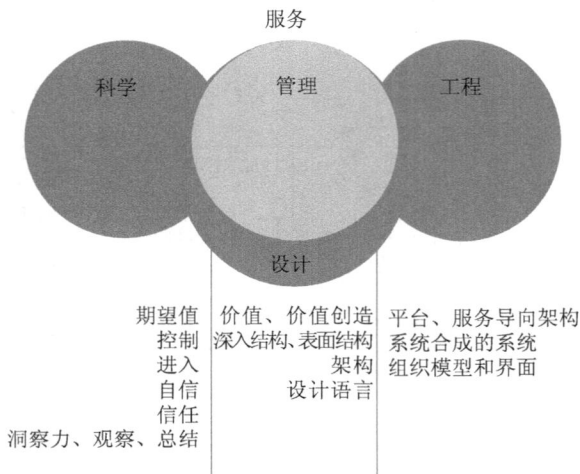

服务

科学　　　管理　　　工程

设计

期望值	价值、价值创造	平台、服务导向架构
控制	深入结构、表面结构	系统合成的系统
进入	架构	组织模型和界面
自信	设计语言	
信任		
洞察力、观察、总结		

图 2　服务科学、管理和工程学科和设计学科

科学

在社会科学和认知科学的研究已经开始定义服务质量[9]，然而迫切需要的是服务设计师更加紧密地和社会科学者合作，理解如果我们希望在服务交付中获得最大值，那么怎样设置服务接触中的期望和期望定向才最为合理。在此有一个很大的机遇是在全球各种不同的文化和亚文化背景下探索期望值模型。同样的需求也存在于阐明围绕在用户控制、进入和信任的问题之中。最后，另外一个服务设计师和科学家可以合作的广阔领域是研究每一天人们怎样觉察和理解所需求的观点和综述，或者动态信息。一个例子，就是旅行者能够看到自己购买的飞机票，而当改变旅行计划时，他们能够和航线商或其他旅客进行交易或换票。什么样的商业动态化，认知负载的问题和社会网络的变化可以形成或再形成，更重要的是，什么才是所有这些服务设计因素中会影响服务的交互作用，因而帮助服务供应商实现价值，进而能够提供给旅行者满意的——甚至是愉快的客户经验？

工程科学

在开发服务平台和服务导向的架构（SOA）中，工程和商业的交互作用是最

具有挑战性的[7]。不仅要求标准化，而且还要能被采纳和有效地使用，因此非常关键的是要在服务科学、管理和工程学科中建立以知识为基础理解人们如何进行的特殊活动。设计有助于开发适宜的方法来表现这种活动而得到更为广泛地接受和利用。这将要求设计的水平能够非常深刻地理解其结构（例如 SOA）和其表面结构（在表面和跨越接触点的服务元素）是如何无缝地反映和升级服务需求的。

仔细观察组织的活动也是服务设计感兴趣的领域，诸如包括一些具有挑战性的方面——通过追踪供应链和有价值的网页来分析整个商业经济系统。我们是否能够创建组织的模型以便人们能够看见并预测新服务概念的影响？我们能否做出组织模型使得人们能够探索组织结构发生变化的迹象？——这是一种挑战，代表了包含在服务科学、管理和工程中的所有学科的信息。

想象一种能够表示所有网络的业务代表关于终端客户需求变化报告的情况。这个报告只有包含购买历史数据、注明产品开发和项目设计队伍成形后才能被批准。由于团队模型用于未来，而且他们产生服务元素的实验产品，那么这些就可以成为与客户合作的环境中的"种子"。其结果是合资建立服务合作实验公司，使其成为一个能为关键客户提供市场和销售在多种不同工作场合的应用验证。即一旦产品为市场和客户支持所接受，而且设计指标以及相关信息收集业已完成，这些试验机制就能很快地更新，周而复始的使用。

管理

在创造价值和品牌管理方面服务设计和服务管理是重合的。如果客户同时也是服务的生产参与者，那么他们如何体验和认知服务的价值？品牌伴随太多的个性化服务是否的确有客户认可？服务组织间的边界是否模糊而且组织的作用是否只有在更大的经济系统中才可能被认可？另一个挑战将来自于如何管理服务市场上浮现的新型行为。服务客户往往参与在服务自己的设计之中，所以知道投资者将在什么时候，在怎样的假设条件下才能实现投资，这些对于服务的管理者而言是至关重要的。

设计和服务科学、管理和工程学科的关系

服务设计应该也能够回应服务交互活动中发生的问题，但同时也有许多新的挑战必须在服务科学、管理和工程学科中加以进一步的认识和说明。上面一系列的论述已经表明，存在对服务科学的真实需求，但还进一步了解和探讨由服务平台提供的表面结构和各类深层结构之间的关系情况。在服务质量和服务设计语言特性方面的深入研究将会加快被商人和客户们接受的新兴服务内容的生产并扩充

这些内容。

　　和工业中新产品的研发过程一样，服务设计和创新的方法也需要有一个发展成长阶段。在产品研发中往往需要几年才能采纳以人为中心的业务流程，我们可以从中获取经验。从这种观点出发，服务设计也会得益于这种业务流程的发展过程。我们应该把服务科学、管理和工程学科中的组成要素综合在一起——具有科学知识的人和组织、工程能力以及商业管理技能——有机地融合在一起形成以客户为中心的服务开发流程。

结　　论

　　服务科学、管理和工程中所有学科合作的舞台已经搭好。带来的挑战是在这样分散的学科的工作场所，人们还没有养成分享通用参考文献、语言和工具的习惯。在服务设计界我们的工作是根据综合学科的特点——已经非常明确当前关键在于首先要在不间断的互动中建立发现和经历这些挑战的共识。我们坚信引进服务科学、管理和工程新学科的尝试是十分必要的，也认识到在一开始就必须开展所有学科之间的合作。只有团结力量，我们才有可能开发和创新科学的模型，进而继续加快服务经济的发展。

参 考 文 献

[1]　Mager，B. *Service Design*，*a review*. Köln International School of Design Fachhochschule Köln Service Design Network，2004

[2]　Service Design Network. *Service design network manifesto*. Unpublished，2005.

[3]　Cagan，J.，Vogel，C. *Creating Breakthrough Products*：*Innovation from Product Planning to Program Approval*. Upper Saddle River，NJ Prentice Hall；PTR，2002.

[4]　Zeithaml，Valarie，Mary Jo Bitner，and Dwayne Gremler，*Services Marketing*：*Integrating Customer Focus Across the Firm*，*4th edition*，New York：McGraw-Hill，2006.

[5]　Evenson，S. Designing for Service. *Proceedings of DPPI* 2005，Eindhoven.

[6]　Evenson，S. *Designing design*：*Establishing a new common ground for collaboration*. HCII Session on Interaction Design Education and Research：Current and Future Trends，2005.

[7]　Chesbrough H.，Spohrer，J. A Research Manifesto for Services Sceince. *Comm. ACM* 49，7（July 2005）35-40.

[8]　Edvardsson，B. Gustafsson，A. Johnson，M. and Sanden，B. *New Service Development and Innovation in the New Economy*. Studentlitteratur AB，2000.

[9]　Zeithaml，V.，Parasuraman，A. *Service Quality*. Cambridge，MA，Marketing Science Institute，2004

[10]　Shostack，G. Lynn Designing Services that Deliver *Harvard Business Review*，133-139，1984.

[11]　Bitner，M. Servicescapes：The Impact of Physical Surroundings on Customers and Employees. *Journal of Marketing* 55（Jan）：10-25，1992.

服务科学、管理和工程——不要忽略客户和产值

Roland T. Rust

（美国马里兰大学史密斯商学院）

服务科学管理工程，以当前的定义，似乎主要聚焦于服务中的工程、系统和运营方法。这样的观点太过局限，其中对服务的关注应该多于效率和生产力。尤其服务中的客户方被大大地忽略。为了挖掘服务科学、管理和工程中的潜力，应当把怎样吸引客户并从中增加利润作为中心议题。

引　　言

到目前为止，在服务科学工程管理会议上，几乎所有来自学术界的与会者都从一个单一观点——即工程、系统科学和运营去考虑。这非常奇怪，因为到目前为止服务领域最为丰硕的学术文献是从服务营销上出现的。尽管工程、系统和运营的观点是很有价值的，然而作为一门综合学科的服务科学、管理和工程又是什么？我很担忧：当前的讨论会使它变得更为狭窄。

何　为　客　户

在商业中利润自然是等于产值减掉成本。成本这一块通过工程、系统和运营方法能很好地得到解释，但利润这块则不是。服务领域的利润部分主要通过市场观点得以表述，并通过人力资源、经济学、心理学、社会学和信息技术等领域支撑。对服务领域利润部分的研究工作能通过量化模型[5]或行为模型（如［2］）来解决。在任何一个案例中，视角都牢牢地扎根于社会科学。因而，以市场营销为典型的社会科学视角，作为服务科学、管理和工程的关键部分是必要的。

权　　衡

在服务生产力和效率方面过多的偏重将会导致反向效果。服务业环境不像制造业环境，它包括了在生产力和客户满意度之间的权衡。品质运动大师 Deming 和 Juran 将效率和生产力视为让客户满意和获得收入的途径，而他们的理论却源于制造业背景之下。越来越多的新研究表明他们的理论在服务业背景下已经缺乏

有力的支撑。

具体而言，对服务生产力和效率的盲目追求会导致客户满意度和利润的螺旋下降[4]。研究还显示企业要么关注高生产力要么关注高客户满意度，但不要追求同时满足这两项[1]。相比于那些只注重增加利润的企业[7]，那些试图同时重视削减成本和增加产值（或只削减成本）的企业利润可能更低。总体而言，该研究表明对于服务利润而言，注重增加利润是一项关键因素。

理 解 客 户

从工程观点来看服务，主要注重从内部审视服务提供的系统和程序，而从市场营销和社会科学观点来看，则注重从外部关注客户。对于任何服务业而言，理解客户是至关重要的，因为客户和他们的决策是所有利润的来源。对理解客户的研究主要基于社会科学。我们必须懂得个体（心理学）、群组（社会学）和文化（人类学）是怎样选择购买行为并与企业（市场营销）形成关系的。我们还需要研究公司内部群组如何相互配合，从而组成服务团队提供高效的客户服务（人力资源），以及对这些团队如何进行有效的管理（管理学）。

不断变化的客户

服务业最重要的特征之一就是客户关系的不断发展变化。换而言之，客户关系的动态性决定公司如何看待产值和利润。这意味着当前的简单描述（如市场份额、产值和利润），并不如长期的衡量标准重要（如未来利润的以现金流贴现和客户权益份额）。客户终生价值是最重要的客户标准。将这些融入企业现有及将来的客户中，那将产生企业客户资产，这也成为企业价值的合理衡量方法[3,8]。

使服务产值提升在经济上的可靠性

客户资产观点使管理行为为提升经济上的可靠性而进行设计。将客户资产增长与促成这一增长的投资相联系，就能得到投资回报[6]。这样做是必须的，因为这种方法能评估服务提升的经济影响。因此，评价努力削减成本而产生的经济影响很简单，但评价努力增加产值的经济影响就需要更多的努力和更完备的模式。而这正是任何一家追求服务利润的公司所必须完成的任务。

政 府 基 金

接下来是关于服务研究进程的一个重大问题，国家自然科学基金是最大的基金来源，但只是狭隘的从工程、系统和运营的角度为服务研究提供资金。如果这种狭隘的观点继续存在，那么将会大大限制这一领域的发展。对产值与市场关联的服务研究不予资助的理由是认为这样的工作并非科学，而这样的排斥显然是荒谬的。社会科学也是科学。更何况，现在资助更多的其实是技术而非科学，这样做本来无可厚非（技术本身也是有价值的），但是还有社会服务技术（比如向客户提供更好服务的模型），甚至还有以服务工程为基础的模型（比如怎样建设更有效的服务系统）都没有列入资助的范围。

结　　论

总而言之，服务科学工程应当扩展其界限。眼下其包括的人们和主题都定义的太狭隘，尤其是对服务产值增长的研究这一块（客户方）几乎全被忽略了。这就提出一种要求，即把服务营销和整体化的社会科学观点扩充到服务科学、管理和工程。在提供政府资助方面这一点也很重要。当不同思想的火花相互碰撞之时，即是服务研究发展最好之时，而眼下这样的景象还未到来。

参 考 文 献

[1] Anderson，Eugene W.，Claes Fornell，and Roland T. Rust（1997），"Customer Satisfaction，Productivity，and Profitability：Differences Between Goods and Services，" *Marketing Science*，16（2），129-145.

[2] Finn，Adam（2005），"Reassessing the Foundations of Customer Delight，" *Journal of Service Research*，8（2），103-116.

[3] Gupta，Sunil，Donald R. Lehmann and J. A. Stuart（2004），"Valuing Customers，" *Journal of Marketing Research*，41（1），7-18.

[4] Oliva，Rogelio and John Sterman（2001），"Cutting Corners and Working Overtime：Quality Erosion in the Service Industry，" *Management Science*，47（7），894-914.

[5] Rust，Roland T. and Tuck Siong Chung（2006），"Marketing Models of Service and Relationships，" *Marketing Science*，forthcoming.

[6] Rust，Roland T.，Katherine N. Lemon，and Valarie A. Zeithaml（2004），"Return on Marketing：Using Customer Equity to Focus Marketing Strategy，" *Journal of Marketing*，68（1），109-127.

[7] Rust，Roland T.，Christine Moorman，and Peter R. Dickson（2002），"Getting Return on Quality：Revenue Expansion，Cost Reduction，or Both?" *Journal of Marketing*，66（October），7-24.

[8] Rust，Roland T.，Valarie A. Zeithaml and Katherine N. Lemon（2000），*Driving Customer Equity*，New York：Free Press.

经验的心理学：服务科学中缺失的一环

Richard B. Chase   Sriram Dasu
（美国南加州大学马歇尔商学院）

鉴于服务科学已经成为一门完整的学科，它必须从相当深刻的层面来解释客户经历的服务，这与解析服务信息和设计服务流程的分析学具有同等的深度。本文从行为科学中延伸出了主题和见解，而这些都可以作为服务科学心理学方面的首要支撑。我们还提出了在该领域里研究和教学的日程表。

引　　言

服务的核心是服务者和客户之间的接触。这也正是在实际中情感遭遇经济之处，也是大多数人评价服务质量之处。正如目前服务发展趋势所揭示的一样，服务科学将客户对服务接触的满意度确定为服务输出质量的工程测定函数。因而如果服务表现很有效率，而且流程输出变化比较低，这就假定服务流程得到了优化。我们认为这样就缺失了在潜意识中的重要的心理变化因素，而如果管理者懂得了这一点，那么客户满意度则可以得到提升。

心 理 基 础

图 1 展现了我们认为服务接触的概念是指在交易中客户心理经验所围绕的核心。在过去的五年内，我们在行为学文献中利用广泛的视野，搜寻是否有任何概念和研究发现能解答服务接触。我们主张，面对面交流和电话交流中，心理学的影响毫无疑问是最高，很多概念和研究发现同样适用于互联网和电子邮件交流。

图 1　服务接触

尽管一份完整的文章清单已经超越了本篇的范围，但 Daniel Khaneman[1] 和其同事的成果为我们的研究提供了首要来源。在 Chase 和 Dasu[2]，我们呈现了一些首创应用，在为一本书构建想法的过程中，以下的分类成为单独的章节足够有用，也足够宽泛和足够贴切。

——理解情感；

——序列效应；

——期间效应；

——整形归因；

——知觉控制。

理解情感

情感是服务接触的输入端和输出端。做好情感处理首先需要的是理解，理解是应付正面和负面不同感情的触发器。理解可以使得服务经理在各类情感累积的层面上，开发出一个情感平台，然后在情感处理的技术运用及过程中，确定服务系统中有可能形成强烈情感的发展阶段，进而主动控制好情感。对情绪反馈的一种有效方法是通过认知鉴别论，即对导致不同情绪的条件进行具体化而成为一种中枢神经情绪状态变化的结果。根据这一理论，我们经历的情绪的类型（积极或消极）依赖于结果如何：

——提升我们的状态或使其变得更糟；

——与一种惩罚或奖赏相联系；

——是肯定或者只是一种可能；

——是一个很明显的、强有力的、难以处理的事件，或一个不是很明显的、我们可以对付其变化的事件；

——是由个人导致或是一个外界的代理。

一个名为"经验印制"的标准 I. E. 流程地图的修改版能够用来分析在服务接触中的情绪变化。我们可以应用认知鉴别论来进行调查或参与其中。一旦有一丝隐形情感，我们也能将其运用于合适反馈中。我们期望在系统中建立情感智能。

序列效应

多数服务体验包含一系列随着时间变化而发生的事件。设置趋势是聚焦于强烈的开始，并假设在服务接触显现时事情会自行发展。在另一种极端我们有服务民俗，坚持每一分钟都是明显的。我们现在知道哪一种观点都不准确。根据多数研究，人们注重高峰事件、事件终端和事情发展顺序的趋势。这显示了设计信息展示的先后顺序十分重要：比如呼叫中心发布信息的顺序方案（是首先报道坏消息）到发布一个类型信息的方法（是重点放在高调中结尾，还是"剥洋葱式的拆分方法"）。

期间效应

我们都感觉到，一个小时并非一个小时。时间过得快不快取决于很多因素，比如我们经历的活动愉不愉快，我们对时间流动是否留意，经验被分成多少段等等。一个大问题在回想中，怎样使积极事件看上去更长而消极事件更短？有证据表明，对于客户的离散细分的数量越多，流程显现的越长。因而在游乐园的旅游中，很多次小的驾乘比很少次长的驾乘更能使一天显得更长也更快乐，尽管实际上驾乘时间是一样的。在呼叫中心，较多的步骤和选择使得交流的参与比其实际的时间要长。总体而言，我们发现等待的参与期间，或者同样等待的不满意度取决于（ⅰ）情绪和心情；（ⅱ）目标进展率和目标进展迹象；（ⅲ）知觉控制的度；（ⅳ）对时间流动的注意。现有的掌控等待心理的技术主要推断为这四样。举例，呼叫中心一键返回选项可获得对客户更大的把握。

整形归因

每一项服务结果都包含着潜在的推卸责任或邀功请赏。归因原理在人们如何做出这些判断的基础上提供了深刻的见解。其中一点就是，我们倾向于接受成功的责任而拒绝失败的责任（保持一个人的自尊是这种归因的原因）。对于服务接触的设计，我们试图找到方法能够移转客户的责任而不损伤其自尊心。另外一点是，我们高估了我们对于制造结果的能力，而实际上这是随机决定的（我们卷入了反事实的思路——思想模拟——如同我们可能见到）。通常的做法是把这看成是转移过程中的最后一步，它或许能帮助指导服务供应商在特定的情况下，设法避免与客户进行一些有可能会导致意外结果的沟通交流。

知觉控制

事实上每一次服务接触，客户都必须放弃一些对服务公司的控制而使得工作完成，但客户更喜欢他们有一些可以控制的地方。很多服务环境的研究显示在认知控制和满意度之间有一种联系。举例而言，健康关怀管理的研究连续证明，每当病人有理由的控制其治疗方案时，他们会比由医生全部控制时更满意。在简单的选择中，比如允许病人决定哪支胳膊抽血，会让病人感觉要比由医生指定其用哪支胳膊抽血少些痛楚。即使是在特别护理的情形下，病人当他们在接待探望者、选择食物、选择他们能承受的锻炼程度时有选择的话，往往表现出更低级别的压力而且康复的也更快。另一种情形，经常是实际控制的替代，即认知控制，让客户感觉他能依赖系统而平等工作。举例而言，客户在呼叫中心根据先来后到得到应答，或者排在每月 15 日得到薪水支付。当这样来看时，在规划服务接触时控制的概念能够得到更成熟的应用。

研究和教育的日程

这种研究服务接触的新方法为跨学科研究和教育创新提供了精彩纷呈的机遇。我们也看到了 IBM 在这类创新中所承担的重要角色。

在服务心理学中的跨学科研究会议

我们建议开一个关于服务心理学的跨学科会议。这个会议将邀请心理学、消费行为学、社会学的顶尖学者，就基础和他们的专业领域的近期发展提供概览性会议议题。听众是对服务科学、管理和工程感兴趣的商学院、工程学院研究人员和对 SSME 感兴趣的从业人员。我们还建议那些 IBM、甲骨文和其他在服务科学管理工程圈内的高科技公司的代表提供他们客户接触点的材料。这不仅有利于识别接触在哪里发生，更有利于揭露接触的子集，那些能唤起开发服务心理学中不同的、不能预料的应用的子集。这也能为开发配合心理协议的服务软件提供基础。举例而言，自动调整信息的事件序列而在英特网接触中产生向上的趋势。我们对应用计算机科学中的新发展特别感兴趣，因为我们可以将服务心理学融合到 21 世纪电子接触的规划中去。

服务心理票据交易所

除了召开创始性的服务心理研究会议，我们还建议建设一所服务心理票据交易所，专注于那些专做高科技组织的应用。其目标是不定期发送有关服务心理研究和产业应用的新闻邮件。这些信息可以丰富各种虚拟类型的服务课程。

课程开发

服务系统是基于数学模型而设计的，因而能够满足服务供应和需求。排队模型被用作估算队列长度和劳动力需求。在过去十年中，我们发现灵活的定价模型的出现，使得公司能够管理需求。灵活的定价模型还能够提升社会福利，而不仅仅是公司的利润。

当我们已经开发出许多管理供应和采购的复杂方法时，有关服务接触的心理学范畴研究却还没有达到如此深刻的程度。大部分的视野放在满意度和其先例上。我们在社会心理文献中的探索显示，现在正是建设科学的、有足够支撑的学科来为服务系统做设计的好机会。就这些学科对下一代服务"工程师"进行培训，将对服务系统设计的进展增加可观的价值。

结　　论

我们对服务接触心理的驾驭能力已经落后于我们创造方法的能力了。鉴于服务接触在各个行业无处不在，即使在服务心理实践上微小的进步也能对社会带来巨大的影响。

参 考 文 献

[1]　Kahneman，Daniel and Amos Tversky，*Choices*，*Values and Frames*，Cambridge University Press，Cambridge，England，2000.

[2]　Chase，Richard B. and Sriram Dasu，Want to Perfect Your Company's Service? Use Behavioral Science," *Harvard Business Review*，vol. 79，no. 6，June 2001，pp 78-85.

工业服务中商业开发的挑战

Vesa Salminen

（荷兰拉普兰塔理工大学技术中心）

Petri Kalliokoski

（荷兰 VTT 技术研究中心）

工业服务是在工程和制造业中一个快速发展的商业领域。许多公司已经开始尝试发展工业服务，并通过这一服务创造新的业务来吸引客户，但是很多公司都失败了。在很多情况下，由于在供应商和消费者之间的合作缺乏附加值，所以很多客户并不重视已经计划好的服务模型。这篇文章将展示 BestServ 论坛上来自芬兰的联合了 35 家制造企业所组成的协会的新发现。这一协会的目标是为芬兰的制造业提供最好的实践基准，清醒地认识当前所处的位置，提供客户最新的需求，并提出未来工业服务产业的最新挑战。这个论坛最有挑战的目标是要提出产业的未来研究和发展方向。这篇文章将介绍产业研究挑战的方向，这些研究方向目前已经通过协调国家技术开发项目 SERVE 得以实现，并且在资金上部分得到了 TEKES 技术开发中心的支持。

引　　言

商业环境的影响来自于各种经济和动态的趋势，这些趋势受到全球范围内公司合并的影响。同时公司受到技术和商业的革新驱动，以及各种反常的客户需求和其他因素的驱动。所有那些因素和趋势发展使得解决方案的开发更为复杂，导致新产品和新服务的形成更显重要性以及极具挑战性[2]。

工程制造业正承受着从单一的产品提供者到客户价值和与产品相关的增值服务的供应商的转变。企业事先宣布并尝试承受这一转变，但是总是因为各种各样现实的原因而失败了。一些与产品相关的服务通过技术方案部分实现了，但是大部分业界服务还仅仅是新手上路式的规划而已。相关的挑战主要来自于如何辨别客户的关键流程以及开发服务来支持这些关键流程。

从"拥有者"向只是"切入者"的角色转变，而且潜在业务持续增长取决于服务的再创造和捕获。与工业服务相关的业务的趋势制造出了新的商业陷阱。这一转变可以被称做"行业准则转变的框架"。这一框架覆盖了业界完整的转变——即从"部件供应商"到"价值提供者"的转变（见图1）。它指出了从一个企业或企业有价值的网络转变成一个产品服务供应商所需要具备的要素[6]。

图 1　价值交易框架图

这种价值变迁也意味着传统的产品正向解决方案的转变，变迁也同时涵盖产品和服务。举一个代表性的例子，如果没有解决方案提供商的服务，客户是没有能力去享受这些解决方案的。从产品到解决方案的转变给有业务关系的公司创造了新的业务和合作模式。

对大部分业务来说，在开放的系统架构下，开发他们的产品和服务管理是很有必要的。在产品的生命周期中，业务的概念也正朝着知识密集型和价值决定型的方法转变。许多公司组成的价值网络提供解决方案，该方案由不同公司生产的服务和产品要素所组成。所提供结构的管理以及进一步的创新都需要一个语义的架构[4]。

芬兰工业服务中技能的状态

在最近几年，在芬兰工业界，关于工业服务状态的可行性研究已经兴起。在一个叫 BestServ 的项目中，这类研究已经在好几个项目研究组中得到完成。根据这些可行性研究，关于什么是工业服务以及它与普通产品业务的关联性已经达成了共识[3]。就制造业公司来说，他们已经将自己摆在了不同的位置上，即通过提供产品服务和经营来和客户建立更亲密的关系。从更实际的角度来说，在研究的一开始，从客户的角度来看，定义了 5 个不同的供应角色（见图2）：

——设备供应商。业务关系主要集中在提供符合客户技术说明要求的一些机器或设备。

——解决方案提供者。业务关系主要集中在系统的发布，比如产品线，即通常根据客户的流程来定制以及组装更广的一套系统而不仅是一台设备。

——维护合伙人。业务关系主要集中在交付完成后，售后服务的跟进。这一角色主要在售后的契约中，比如和供应商签订备用零件与消耗的契约。

——性能合伙人。在这一角色中，供应商将深度参与客户技术流程的操作并将对系统的性能承担部分责任。比如，通过合法的保单。这一角色需要供应商能够至少提供现场的、持续的维护服务。客户关系主要集中在把握好产品线和单元能高效的工作。

——价值合伙人。供应商将直接参与客户的业务，比如，通过执行"操作和维护"合同，客户根据实际的系统产出预先支付费用。这两部分主要关注于每天生产所产生的利润，并且供应商主要负责工厂或生产线每天的生产。

这五个商业模式供应商都有自己的"思维模式"。当其中任何一个供应商想要从一种模式转向另一种模式时，要让客户参与进程和进一步开发自己技术和商业能力而言，这些都面临着巨大的挑战。介于供应商和客户之间的策略选择是非常重要的，而且这些策略也需要像其他策略一样十分精心地准备好。

上面提到的前两种模式主要专注于供应商针对客户投资决定的活动，而且不会花费太多的精力在客户活动周期的支持上。一个解决方案的提供者需要有能力去理解和阐述客户所能提供的实际生产。维护合伙人主要将精力集中在对连续的流程进行专业的维护管理。作为性能合伙人，供应商要对客户的流程的实际性能负责。作为价值合伙人，他将参与客户附加值的产生，比如，帮助制造光缆的工厂根据市场的预测提供精确的数量和价格需求。供应商在客户的业务中也有管辖权。知识和经验的水准会不断地提升，这些将为联系紧密合伙人之间富有成效的交流创造条件。

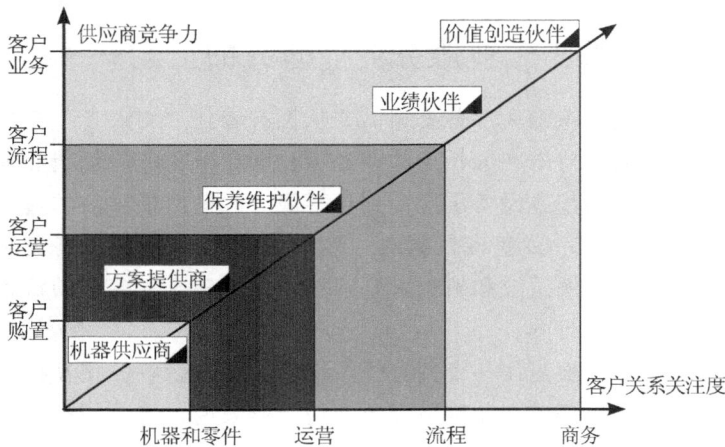

图 2　根据客户喜好确定的商业模式分析

BestServ 中的可行性研究显示工业服务已经被视为一种试图对全球竞争进行管理的策略，并且也视为当前商业模式的一种演变。无论是从解决方案的角度还是从客户的角度来看，这种途径可以对客户活动周期中的所有活动进行管理。已经明确可以长期发展的主要领域有：

——很难认识到通过工业服务来帮助客户和供应商获得的利润。主要的挑战可能来自于在工业服务中缺乏价值分享的模型。价值分享模型激活了关于潜在的利润和通过服务体现价值的讨论。

——工业服务通过产品在当前产品体系架构中的扩展来得到体现，而不是通过客户需求和价值的管理来体现。我们需要面向客户的解决方案框架，可以同时整合产品和服务，并能有效激活高效的市场管理部分。

——很难在工业服务中决定可以协调的框架来整合产品架构。这使得商业模式的创新和改革更加复杂化。企业应该拥有基于整合好的产品和工业服务框架的商业模式作参考（收入逻辑、商业策略、组织模型等）。高效率的发展和参考模型的使用使得创新在客户的流程和商业模式在整合好的产品生命周期中成为可能。

——现在，许多工业服务还是面向传统的，而现在的需求却是知识密集型的服务（比如，前摄性的维护、各种业务咨询等）。知识密集性服务的发展不仅需要对客户的业务流程有很深入的了解，同时也要能把握客户的发展能力。这些都要求重新组织客户的产品和服务，以及相关的商业模式。

技术上的解决方案（如信息化、自动化、合适的系统）的制定主要用来支持单独的生产和流程。对各种单独的技术方案的整合也是发展过程中的一个挑战。连续发展的工业服务需要商业架构和信息技术交流架构能够同时并行发展。

关于工业服务商业研究的话题

在调查中，我们认识到大部分公司需要从拥有者到"切入者"模型的转变以适应他们的业务，而保持潜在的长期的业务增长则在于服务的创建和捕捉。价值变迁的框架意味着从局部或设备供应商到包括服务的价值提供商的转变。业务模式也将持续地转变，这一转变将根据对大致的价值和商业模式演变的分析来运行。如果不能完整地理解系统和架构，基于客户价值和业务变迁的流程，那么这种变迁的管理是很难进行的。

这些研究课题应该被当作一个拥有子系统的大系统，以及相互依赖的单独的研发课题来看待。对于任何商业网络和单独的企业来说，有限的精力仅能同时集中在几个课题上。根据系统改变的需求来区分主次是有必要的。必须记住所有的事情都是随着面向服务的方向发展而随之改变。某一领域发展的结果将影响到另一领域发展的需求。对业务系统的理解应该能够支持持续地区分。

长期的主要焦点领域是在发展工业服务的过程中，完成产业调研后，要进行业务分析。图 3 显示了来自研发课题的系统的观点。最基本的观点是各种发展领域是相互依赖的。

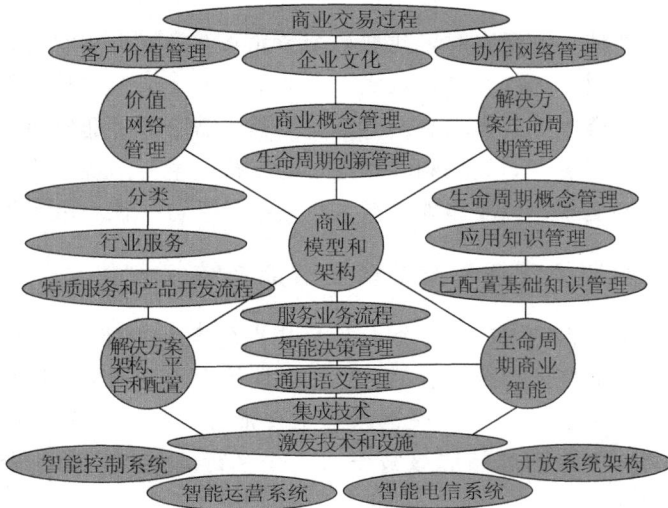

图 3 基于 BestServ 可行性的主要研究领域

被 BestServ 项目认同的主要研究领域可以总结如下：

解决方案生命周期中的价值网络管理

生命周期的管理急需一种新的方法。这一方法将建立在各利益相关方都赞同的价值模型上。因为在价值网络中这些人对客户业务都负有一定的责任，客户价值管理也就变得更为重要。组织文化也就变得更网络化并以价值为导向。在应用的生命周期中，客户的价值必须被创造、评估和描述，并最终实现最大化。因此在产品和服务的生命周期中，如果没有杰出的网络管理合作，上面提及的价值是不可能实现的。

支持业务变革流程的商业模式和架构

具有合适量规的业务变革流程是一个最基本的开发领域。可持续的工业服务开发要求业务架构和 ICT 架构并驾齐驱。当业务随着市场需求而不断变化的时候，一个能够被充分理解并拥有很好架构的业务模式是非常重要的战略工具，对业务架构也会有很好的支持。生命周期的创新需要新的方法，并引入业务概念的管理。将来，有可能也有必要出售商业模式，这类商业模式通常是已经被公司架构好的。遗憾的是目前还没有可参考的商业模型和机制。

解决方案的架构、平台和配置

解决方案的架构是业务一致性的核心。解决方案由服务和产品元素组成。当在架构中有可重新使用的元素时，建立一个新元素就会变得非常容易。客户和功能需求、特征、模块、组件和接口构成了企业解决方案架构的核心结构。在创造新产品的时候，整合服务的需求和产品开发流程的需求都是非常重要的。产品和服务平台已经受到解决方案架构和客户配置的支持。主要的挑战来自于相关解决方案架构的开发和实现，以及能够激活客户效率的平台知识和市场管理。

解决方案生命周期的管理和支撑商业智能系统

当客户的竞争力得到保障时，拥有生命周期的商业智能系统显得由为重要。生命周期商业智能的概念需要结合信息生命周期管理服务的价值网络中的应用型知识和组织型知识来创建。智能决策系统也要能够支持新产品和服务元素的发展。提高竞争力、服务和产品应该被作为完全平行的整体活动。开发其操作流程，比如工业服务的交付、业务逻辑和沟通会因为产品和目标市场的改变而改变。

组织文化和服务能力

由于要建立新的工业服务角色的挑战，许多公司在组织内部提到"创新"[5]。根据相关的架构来调整业务是必须的，为了支持业务的改变和组织文化，需要同时发展信息和沟通系统，而且服务能力也是最重要的领域。如果不能同时改变组织和权限架构，那么管理流程的改变也会是非常艰难的。

激活技术和基础设施

最后，就价值网络中的信息和沟通管理而言，方法论、解决方案和规范的开发是不可缺少的。在上面列述的要素中，激活技术和基础设施的研发是平行的工作。为了支持可操作的工业服务，我们需要将智能控制系统、智能操作系统、智能电信系统和开放的系统架构等技术整合到一起。新的远程诊断和无线系统也是需要的。在价值网络中，为了使合作能够更顺畅，需要开发新的业务中心系统。新的语义学管理是必须的，而且需要面向工业服务的、知识密集型的业务开发。

结　　论

35 家芬兰跨国公司、几家大学和研究机构加入了一个类似圆桌型会议的项目，叫做 BestServ。对于公司、研究机构和金融家来说，这是一个可以激发和引领工业服务发展的兴趣小组。这些分析工作的目标是为了在全球范围内，在各种商业领域和独立的企业中找出工业服务的状况。在这种圆桌型工作中，为了帮助企业面对未来挑战，开发了几种通用的框架。BestServ 的另一项任务是引领和结盟以应付未来在研发中遇到的挑战。

工业服务开发活动应该是可合作的、由企业驱动的，并且是长时间的、跨学科的，是通过各种紧密联系的相关传统性研究和主题的一项活动（管理、技术、心理学，等等）。

这篇文章介绍了工业研究挑战的方向，这一研究方向在国家技术发展项目 SERVE 的协助下正得以实现，而且其中的一部分受到技术开发中心、TEKES 的资金支持。

参 考 文 献

[1] Clarke, T., Clegg, S., *Changing Paradigms-The Transformation of Management Knowledge for the 21st Century*, Harper Collins Publishers, London, 1998.

[2] Grönroos, C., *Service management and marketing*. West Sussex: John Wiley & Sons, 2000.

[3] Kalliokoski, P, Salminen, V, Andersson, G, Hemilä, J., *BestServ. Feasibility Study*, *Final Report*. Teknologiateollisuus, Kerava: Savion Kirjapaino Oy, 2003.

[4] Pallot, M., Salminen, V., Pillai, B., Kulvant, P., Business Semantics: The Magic Instrument Enabling Plug & Play Collaboration?, *ICE 2004*, *International Conference on Concurrent Engineering*, ICE, Sevilla, June 14-16, 2004.

[5] Prahalad, C. K., Ramaswamy, V., *The future of competition. Co-creating unique value with customers*. Boston: Harvard Business School Press, 2004.

[6] Tushman, M., Anderson, P., *Managing strategic innovation and change*. New York: Oxford University Press, 1997.

研究为基础的开创性教育：
爱尔兰都柏林圣三一学院的国际服务创新学院

John Murray

（爱尔兰都柏林圣三一学院商学院）

这篇论文论述了涉及经济和社会发展的规模、范围、增长率和普及"服务经济"的重要性。本篇描述了在 Trinity 的国际服务创新学院的先导研究，并关注于它的逻辑依据、设计、互相依赖性和关键的挑战。它也关注在企业、更普通的组织、政府和 IBM 中联合起来所扮演的角色，并为 SSME 中出现的流程和相关知识创新社区提出建议。

引　　言

在给出了涉及经济和社会发展的规模、范围、增长率和普及"服务经济"的重要性后，这篇论文介绍了在都柏林大学 Trinity 学院的国际服务创新精神。它表现了逻辑依据、设计、互相依赖性和这一创新精神所面临的关键挑战。

根源和依据

2005 年成立这一学院主要来自四方面的原因：

第一，对服务领域增长范围的认识。这一增长和它随之产生的范围反映了内嵌在传统制造领域中的服务的规模和增值创新的重要性。这一"纯""服务"竞技场的增长主要受到来自传统的（比如配送）、新的（比如金融、信息和自由职业）和突然出现的业务的驱动，还受到公共改造和自愿者服务领域挑战的驱动，以及缺乏专业知识、不断变化和进化的轨迹的驱动。

第二，对显著的全球性服务领域发展的认识，尤其是对服务管理的国际灵活性，全球范围内服务集群现象中的操作，发布和连锁问题的认识。在作为世界上最开放的经济体爱尔兰（2003 年世界上人均最大的服务出口商；2004 年世界服务总量的第 14，占世界总量的 2.2%；而人口只有 400 万），这一问题尤其受到关注。

第三个刺激来自于政府以爱尔兰工业发展局（IDA）的形式，通过政策驱动期望去获悉全球服务领域的最新变化，吸引服务领域合适的国外投资商直接投资到爱尔兰以帮助建立面向服务的研究能力，这种能力可以为爱尔兰的新一代全球性服务公司提供一部分知识性框架的支持。需要强调的是，国际交易服务和创新尤其受到了来自 IDA 的支持和影响，比如已经确认存在的紧急政策；在革新中已经获得成功的"高级服务工作"中的角色；以及在全球竞争中 IDA 为手机所扮演的角色或 IDA 在潜在的手机高附加值的活动位置中的角色。

第四个刺激来自 IBM 公司的 SSME 的倡议，由 Almaden 直接领导，也同时向爱尔兰 IBM 负责（在爱尔兰拥有 50 年历史的服务、销售和制造商）。这些交互作用完全是知识型并以信息交换为基础的，对进一步的发展很重要，即有利于确定服务的必要性，还能使与商业有关的服务科学、管理和工程新型学科更具有合法的学术性。

最后，在大学里，策略的改良和流程的更新产生了一种能胜任创造新的全球化知识体系的研究项目的机会，并且这一流程与政府和企业的支持以及全球研发网络的建立是息息相关的。同时，商学院被认为能够在一系列核心的和大规模的战略性研究项目的激活和角色教育中作出贡献。这些核心大学内的研究项目包括国际整合、交流技术和价值链研究、纳米技术、神经科学和分子医学。商学院扮演的促成角色为这些研究作出了"商业和创新"贡献。一方面，这包括通过教与学的输入来支持和刺激这些主要机构方案的研究成果的商业化；另一方面，它主导的研究使得商学院的研究活动中融入了自然科学、工程和技术性工作。基于新技术和新应用的业务系统/价值链所展示而且新颖的服务的焦点是商学院发起的。

以上 5 种不同层面的力量形成了创新的起源，也或多或少刺激他们在 18 个月内走到了一起。毫无疑问，注定的缘分和情况的紧急在最初学院的成立阶段扮演了主要角色。

设计理念

学院的规划蕴涵着某些可能更普遍的感兴趣的特征。这些是对研究主导教育的承诺，包括跨学科——多层次——多模型方法和新技术前沿研究的承诺。基于爱尔兰是一个高度"全球化"的国家，并且在全球化市场中经济规模相对较小而又全面，与此同时它还可以对外国的直接投资（FDI）给予高价值的服务，因此爱尔兰可以成为特殊行业的"实验室"。

对研究型教育的承诺是容易理解的。领导哲学是在研究领导中实践，吸引学生、实习人员和政策制定者，并驱动教育，要么从直接的参与中学习，要么学习从研究中获得的资料或者研究活动中获得的能力。这一哲学应该和研究型大学的背景、政策以及来自于当代实践和困境中的新知识的专业管理需求相吻合。

跨学科——多层次——多模型方法是基于概念化的服务研究，比如提出问题、理解需求和解释问题，在全球的、不同民族的、社区的、工业的、公司的和个体的连接中，每一项都有一个相关纪律性的研究传统集合。在多模式方面允许归纳研究（比如案例相似搜寻）用以发现类型和生成可以用来测试的假言命题，比如，统计或经济分析时归纳法可以被应用到数据收集和分析，或模拟复杂适应系统的服务方面的模型。跨学科、多层次、多模型设计哲学试图像匹配研究策略一样去匹配服务中的各种"问题群"。它设法去拥抱和整合获得过不同培训而且兴趣广泛的一组研究人员，它也试图通过活动研究和活动学习形态将管理人员和政策制定者勾勒到研究进程中去。

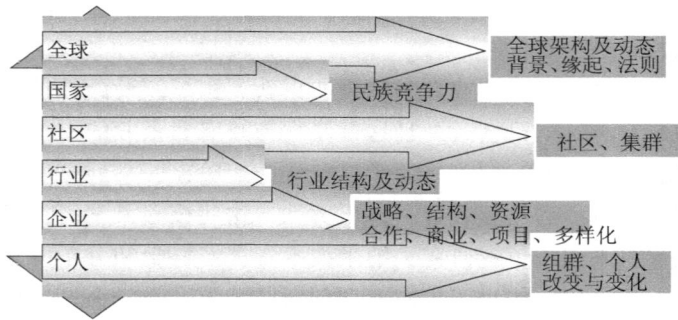

图 1　多层次、跨学科、多类型方法

新技术前沿学科的衔接受到大学政策和双胞胎概念（1. 全球商业系统/蕴涵的价值链；2. 新技术中蕴涵的新服务）的直接驱动。这一焦点提供开发的方法，该方法是一套有深度的前后连贯知识的，并聚焦于相关的各种不同学科的工程和技术研究项目的集合。

图 2　大学的新技术与服务

"爱尔兰作为实验室"这一特点可以被看做当地天赋的挖掘。一个天然的优势是学院坐落在一个和世界紧密联系的仅拥有 400 万人口的城市，而这个城市却具有高度全球化的经济且是世界上最具有活力的一个城市，因此在制造向服务转变过程中具有很好的优势，它的存在得益于本国定位和国际上流动的增值服务企业的竞争能力，它也是许多本国国际服务和世界上最好的跨国企业某些部门的"家"，它追求公共领域改良的项目，准确地说，是以工业界、政策制定者和大学之间已建立的显著合作程度为特征。在这篇文章中，真正的多层次、属于合理范围的方法研究的现实想象是可能的。

相互依赖性

相互依赖性是设计理念的核心，这个学院的网络化组织架构似乎呈现了这种相互依存的关系。这所大学里不同学院的教职员工，以及政策执行人、经理和全球范围内的从事类似学科并具有共同目标的研究人员的协同工作就是核心相互依赖性的体现。

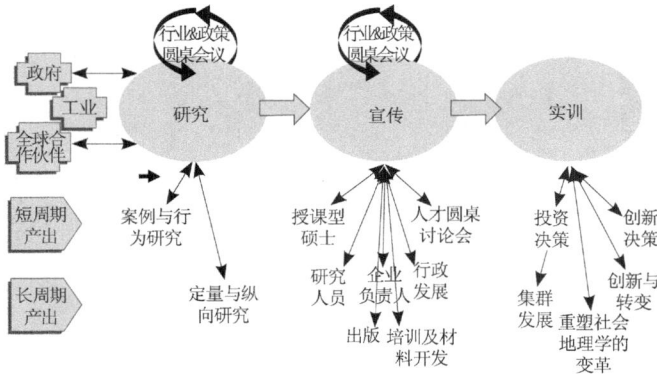

图 3　国际服务创新协会

比如例会这一必不可少的用来构建和发展网络的手段，同时也是协会抱负支持的载体。在新兴的学科中，比如通过 IBM 去帮助 SSME 设想，期望有能力在全面的学术和研究方法范围内去获得整个领域的综合性的理解是不可能的。而这是真实的而且是由来已久的智力上的限制，来自所有研究小组的有关知识库的扩展也是不可能的。因此建立一个类似"dense ties"一样的社区是当务之急，也是持续发展的关键。

借助这一想法，建议使用"开源"社区和知识的创新来作为共同发展的最合适的方向。

建议："开源" SSME 企业

在服务科学、管理和工程中的新兴社区，被认为是和新型学科有关以开源方式来创造和开发的服务知识体系。这包括和所谓的"共同经济体"一起工作，而不是像以往那样将更多的精力投放在市场和政府的框架上。SSME 中的企业似乎很适合于使用这一方法。对等生产——依赖于个体生产活动的生产系统是自我选择和分散的，而不是层次委派和基于 IP 市场锁定的——一种让人努力奋进的适合大学传统的方法，这种方法使众多研究人员热衷参与，或需要通过激励的方式使之加入。

在这篇文章中，对于我们这样的协会像节点一样共享我们所聚焦的特殊领域（国际贸易服务、服务创新、商业系统和价值链结构以及动态的、选择性的新技术服务机会、跨学科/多层次/多模型的方法学）是有可能的，这在一定程度上鼓励了其他特殊的节点能够去促成互惠，而不是互损的局面。

定义研究课题：技术管理是服务科学、管理和工程的重要促进因素

Dundar F Kocaoglu   Tugrul U. Daim   Antonie J. Jetter
（美国波特兰州立大学工程和技术管理系）

技术管理是一门不断改进的学科，它整合了由工程师管理的技术来支配的世界。从特有的研究问题、特别的产品和超过 200 个教育项目上看，它和其他兄弟学科都有显著不同的地方。目前，这一领域正改变它原有的面貌，并专注于工业服务领域的增长。因此它反映了介于服务、产品公司和基于技术服务领域成长的分界线。这篇论文描述了这些改变和当前技术管理对 SSME 的贡献。基于这些调查和企业研究对 "Silicon Forest" 的需求，它为教育和研究列出了一份议程。

技术管理的定义

技术管理（TM）也被认为是 "工程管理"，以关联着的 "应用工程、科学和管理学科去计划、开发和实现技术能力，这种能力可以塑造组织的策略和实现组织的经营目标" 为特征[12]。因此它包含了两个活动的集合：（1）关于创新进程的活动，培育新的技术（研究、产品和流程开发、商业化）；（2）定义公司的 "策略决策" 的活动——技术策略的战略性整合（所从事技术的定义，包括时间和资源承诺）、它的商业战略（服务的市场，所需的资源和组织价格）和金融策略。现代技术通常在工业中得到发展，但是基础性的科学研究却是在大学里主导成形的。因此，技术管理的研究效率意味着从研究到发展领域的技术转换，这些领域的范围包括从教育项目的设计到至关重要的再研究联盟的创立。

公司通过使用科学技术去开发和商业化新的技术产品（见图 1 中②），这一范围从材料（基于纳米技术的衣服）、系统（计算机）到服务（技术咨询）。技术管理研究如何使新产品/服务的开发流程能够有效和高效地组织起来。这一系列的决定与系统的评估和获得是紧密联系在一起的（见图 1 中③）：公司需要评估关于技术当前和将来潜在的演化，以便他们选择的技术可以提供有竞争力的优势。他们更需要决策获得的战略涵盖从组织内部研究的投资，到购买 IP、服务或能够获得已经嵌入好技术的物理商品。创新的进程和公司所有的技术策略如此

紧密连接，以至于决定了它的当前产品和工艺技术，同时也是将来的路标。技术管理研究了技术整合的进程——技术策略和商业策略相结合的道路（见图 1 中B）确保了组织已经为新技术做好准备（技术设施的可用性、技工、拥有创新文化的公司），并且市场和产品供应与技术潜能一致。此外，它看到了商业策略为贯穿于整个价值链的客户创造价值。因为这一价值已经转化为金融回报，所以商业策略和金融策略是紧密联系的（见图 1 中 C）。技术和金融策略也是一致的。技术管理需要处理研发项目组合的选择，以平衡风险、机会、长短期的支出和金融回报（见图 1 中 A）。

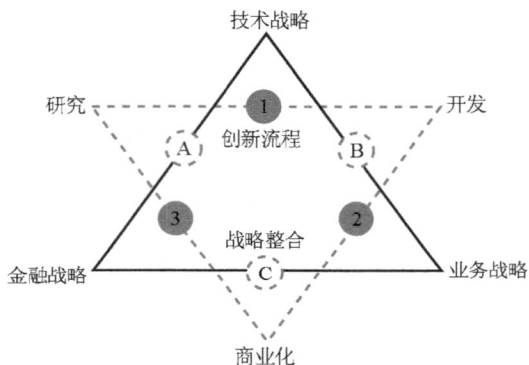

图 1　技术管理的范围

　　总的来说，技术管理是一个并不专注于某个特殊技术发展的学科，但是对任何使用和技术开发的组织来说，如政府、制造企业、高技术重组和服务供应商，技术管理是一门很重要的能有效而且高效地组织创新和策略整合的学科。在技术管理中提供的管理策略是一种面向现实世界的新方法，这种方法可以用来预测、计划、协作和做出决策，有时它是基于软件的。因此，他们普遍需要考虑"噪音"因素，比如缺乏信息、理性的界定、微动机和团队效果。因此，技术管理整合了自然科学、工程、管理和公共政策。

服务产业的技术管理——简短回顾过去的研究

　　技术管理作为一门学科可以回溯到 20 世纪 40 年代，第一个教育类项目成立，后来在 20 世纪 70 年代获得了加速地成长。20 世纪 90 年代中期在全球范围内的工程和技术管理领域有超过 200 个教育类项目，许多都是工程学院和商科学校的毕业论文[6]。在同一时期，好几份高质量的期刊已经改变并专注于技术管理问题，比如 IEEE Transactions in Engineering Management（工程管理期刊，创刊于 1954 年）、Technological Forecasting and Social Change（技术预测与社会变革，创刊于 1969 年）、Technovation（技术创新，创刊于 1981 年），R&D Management（研发管理，创刊于 1986 年）、The Journal of Product Innovation Management（产品创新管理期刊，创刊于 1986 年）、Engineering Management Journal（工程管理期刊，创刊于 1989 年），还有其他的刊物。服务产业相关的研究课题正在不断扩展，如以上提到的两个 TM 杂志（IEEE 期刊和 1993 年到 2000 年的 ET）中的内容由 Kem 的研究中指出："服务经济中最快的成长领域包括金融，保险，房地产，批发商和贸易行业都被大大低估，因此也就表示在这些工程管理的研究领域里可能蕴藏着巨大的扩充机遇"[8]。从过去几年到现在，这一膨胀在公共技术管理中是可见的。在 1999 年，期刊 IEEE Transactions 专注于健康医疗这一特殊问题，2001 年，服务产业的技术管理组就跟进了。而且与之相关的大量的关于服务产业的文章也在技术管理的文献中出现。尽管题目各异，但所有这些文章还是有一些共同点的。许多作者研究了服务和物理商品之间的区别，并试图转化已有的技术管理研究成果到这些领域中。他们的研究涵盖了如果依赖于相同因素的两个领域的创新获得了成功[5,16]。如果"传统"的技术管理实践通过产品工业获知，比如技术的路线图[17]、平台计划[11]、整合流程的映射和失败模型对分析的影响[9]和并行产品开发[7]都被应用到服务，如果制造企业战略推荐，比如对先发优势的追赶，也是适合服务发展的[15]。

其他作者在服务领域致力于当前技术管理的实践，比如在健康医疗领域的研发策略[14]和新兴技术[13]；IP 策略；知识、娱乐产业[2]；技术转化的效率。服务产业的改变也得到了研究，比如产品开发服务的演变、工程公司的咨询和演变以及咨询对生产型企业在创新上的影响[1,4]。最后，在服务中的技术管理社区中兴趣的增长让第一次尝试追赶上"服务产业的技术管理"[10]或"服务工程"[3]的框架和系统性研究的议程有了可能。很多研究活动已经为年青的技术管理服务领域提供了快速且强有力成长的基础。然而，从业人员频繁地表达了还需要做进一步的努力，这将要在下面的章节讨论。

产业需要：在"Silicon Forest"为了服务的技术管理

"Silicon Forest"位于波特兰，美国俄勒冈州大都会地区，是半导体、计算机、软件产业等高新技术的老家，比如 Intel、Novellus、惠普、Tektronix、InFocus 和 Mentor Graphics。许多公司通过扩充由组件、硬件系统、软件的不同层和不同服务组成的价值链将价值传递给他们的客户，由此迫使那些面向制造业的公司业开始关注服务问题。以 Intel 为例，最近对公司的平台都进行了重新组织，比如"医疗健康"、"数字家园"和"移动"，并和服务供应商一起工作来影响彼此的平台。我们调查了"Silicon Forest"关键成员的 CEO 们，并询问他们最紧迫的技术管理烦恼。下面是发生问题的三方面：

——高效的识别和技术进化在未来将会是非常重要的，可能成为破坏者，可以作为竞争优势的来源，也可能对竞争构成威胁。如何能使这些分析被来自各种不同产品线的技术所支持？如何能够正确地预测新技术的采用率？

——通过能够兼顾多方面并获改善的决策工具复制共创价值流程的复杂性，而不是过度简单化。

——为了提供价值，重要意义在于获取和利用有关计划生产新产品的环境利用、商业、文化和经济等和法律相关的知识。这一想法的一个佐证就是苹果的iPod——硬件本身并不为客户创造价值，而需要软件、高速宽带、合法的下载地址和有吸引力的音乐内容。如何能让这些知识能从不同来源的自动化系统中被捕捉到？如何才能将价值创造模型化？

正如以上提及的问题：产业需要在"Silion Forest"中不断便捷地人为区分"产品"和"服务"，同时还需要一个综合的研究方法。

结论——研究议程

在一个技术驱动的世界，服务公司的成功依赖于革新的能力，并能在战略上整合技术到所有的业务之中。技术管理找到了这些课题并因此在SSME中找到了自然的归属，尤其目前技术管理将焦点从传统的制造业移向了服务。它应该继续在加速的步伐中确保面向服务的领域不仅是从偶然的会议演讲和特别期刊的发布，更重要的是通过企业赞助研究，以及已经在服务领域开设的研究生技术管理课程，形成NSF（国家科学基金）"服务企业工程项目"大量、持续的建议报告和论文。高技术产品和服务总是在"价值网络"中被创建，伴随着众多不同历史阶段、规模大小及产业联盟。因此技术管理研究应该被组织起来穿越产业界限和培育跨越产业和多学科的合作。NSF项目能够作为实现这些活动的手段，包括"创新的合作伙伴"和"产业大学合作研究中心"。产业应该支持类似这样的研究中心，产业需要和技术管理社区交流并赞助重要课程的修改。在技术管理领域的学院、系和项目应该欢迎那些改变并反映在其基金、研究、教学和公共策略之中。例如，在波特兰州立大学的工程和技术管理系开发了下面的活动计划：

——增加聚焦于面向服务研究的课题，它们来自于给产业伙伴以及研究基金机构的建议报告。题目包括的模型有：由于技术改进和基于IT健康服务模型改进而拓展新健康医疗服务。

——在2007年，通过服务产业技术管理的特殊跟踪来增加与服务相关研究的可见性，比如专题讨论会、教程和专门的小组。PICMET是关于技术和工程管理的国际性会议，它由ETM组成，已经有15年历史。

——产业和大学研究中心的合作计划将使得 SSME 成为研究的优先项目。所谓的"技术管理研究中心"，通过获得"Silicon Forest"工业界的支持，并通过 I/UCRC 和 SEE 项目正寻求 NSF 基金的支持。

在其他机构和在技术管理社区从事 SSME 研究的强有力的网络所做的类似的努力会帮助进一步定义该领域并提供服务工程所需要的研究基础。

参 考 文 献

[1]　Alam，I. Commercial Innovations from Consulting Engineer-ing Firms：An Empirical Exploration of a Novel Source of New Product Ideas. *Journal of Product Innovation Management*，Vol. 20，Issue 4，Jul2003.

[2]　Arnold Reisman. Technology Management：A Brief Review of the Last 40 Years and Some Thoughts on Its Future. *IEEE Transactions on Engineering Management*，Vol. 41，No. 4，1994.

[3]　Bullinger，H. -J；Scheer，A. -W，*Service Engineering*，Berlin：Springer，2003.

[4]　Chiesa，V，Manzini，R，Pizzurno，E. The externalization of R&D activities and the growing market of product development services. *R&D Management*，Vol. 34，Issue 1，Jan. 2004.

[5]　de Brentani，U. Innovative versus Incremental New Business Services：Different Keys for Achieving Success. *Journal of Product Innovation Management*，Vol. 18，Issue 3，May 2001.

[6]　Dundar，F. Kocaoglu. Technology Mangement：Educational Trends. *IEEE Transactions on Engineering Management*，Vol. 41，No. 4，1994.

[7]　Hull，EM. A Composite Model of Product Development Effec-tiveness：Application to Services. *IEEE Transactions on Engineering Management*，Vol. 51，Issue 4，May 004.

[8]　Kern，D. Content and Trends in Engineering Management Literature. *Engineering Management Journal*，Vol. 14，No. 1，March 2002.

[9]　Linton，J. D. Facing the Challenges of Service Automation：An Enabler for E-Commerce and Productivity Gain in Traditional Services. *IEEE Transactions on Engineering Management*，Vol. 50，Issue4，Nov. 2003.

[10]　McDermott，C.，Kang，H.，Walsh，S. A Framework for Technology Management in Services. *IEEE Transactions on Engineering Management*，Vol. 48，Issue 3，Aug. 2001.

[11]　Meyer，M. C.，DeTore，A. Perspective：Creating a Platform-based Approach for Developing New Services. *Journal of Product Innovation Management*，Vol. 18，Issue 3，May 2001.

[12]　National Research Council. *Management of Technology：The Hidden Competitive Advantage*. National Academy Press，1987.

[13]　Rostagi A.，T Daim，Exploring Emerging Technologies in Health Care Services. *INFORMS Fall National Meeting*，November 2006，Pittsburgh，PA.

[14]　Rogers，D. The Evolution of a local R&D strategy：the Experience of a Service in the UK National Health Service（NHS）. *R&D Management*，Vol. 34，Issue 1，Jan 2004.

[15]　Song，X. M，di Benedetto，C. A.，Song，L. Pioneering Advantage in New Service Development：A Multi-Country Study of Managerial Perceptions. *Journal of Product Innovation Management*，

Vol. 17，Issue 5，Sep 2000.

[16]　Van Riel，Alan C. R. ，Lemmink J. ，Ouwersloot H. High-Technology Service Innovation Success：A Decision-Making Perspective. *Journal of Product Innovation Management*，Vol. 21，Issue 5，Sep 2004.

[17]　Wells，R. ，Phaal，R. ，Farrukh，C. ，Probert D. ，Technology Roadmapping for a Service Organization. *Research Technology Management*，Vol. 47，Issue 2，March/April 2004.

可操作过程理论：一种独特的服务科学营销理念

Nick V. Flor

（美国新墨西哥大学管理学院市场、信息系统和决策科学小组）

服务科学的一个根本目标是形成可执行的流程理论。这样做可以使其区别于相关竞争的学科领域，比如管理信息系统，并允许服务科学对真实世界有立竿见影的影响。

引　言

学术上的管理信息系统（MIS）存在着严重的问题，而服务的科学也许能解决这些问题——而 MIS 研究缺乏真实世界的影响。看到这里，请回答这一问题：你认为一流技术型企业的主管最近一次拿起 MIS Quarterly 或 Information Systems Research 来获得好的想法改进他们的组织是什么时候？

答案是：可能从来就没有拿起过。这很令人诧异，因为我们目前正处在技术信息和网络变革的中心。

MIS 研究人员应该主导这一变革。相反，现在他们的反应仅仅是分析已经存在的信息系统——使用统计学方法找出可变因素间的关系。

已经存在的信息系统的统计研究是一些非常复杂且不断变化的系统。因此，今天的发现在明天就未必统计有效了。

我能想起这一问题的例子和著名的 Kraut 研究几乎是一样的[9]，Kraut 是第一个报道在互联网上花费的时间与人的忧伤、孤独和压力有正相关关系的；然而，几年之后，Kraut 再次报道，随后的研究显示所有坏的因素都已经消失[8]。根据 Kraut 所说："要么是网络变化了，要么是人们已经学会如何更建设性地去使用它，或者这两种因素都有[3]。"

当研究复杂的社会技术系统时，它们是在持续变化的，仅仅识别自变量 X 和因变量 Y 之间的联系是不够的。了解结构和进程的因果链也是非常重要的，某些自变量 X 造成了显著的输出 Y。在过去这叫做变量理论，而现在它叫做过程理论[10]。

过程理论在自然世界中的典型例子有：疟疾是如何从蚊子传播给人的，这即是继承了 Mendel 的理论。

　　自然世界的进程知识允许人们发展治疗的方法，比如阻止疟疾的方法，或制造新的植物和动物种类，如混血儿和杂交种。类似的，人工世界的进程知识允许研究和开发人员去创造改进现存信息系统的技术，或开发新的信息系统。

　　在组织科学中需要的过程理论是众所周知的，Mackenzie[11]写道：

　　"我们现在已经达到组织科学的程度，然而我们变量设定的传统方法，通过组织搜集数据和使用标准的统计方法的线性模型去链接变量的方法却被破坏了……我们由于竞争的加剧而落伍了，而完全不知在实际的组织中如何运作，这往往会导致无功而返。这可能就是让研究如法炮制的一个直接的结果。"

　　不幸的是，在 MIS 领域这还不太可能被改变。MIS 受到变量理论的支配，尤其在顶级的期刊中。此外，任期和提升流程也使得这些顶级期刊的发布变得杂乱。因此，MIS 研究人员没有任何动力来提出新的过程理论。

　　这就是为什么服务的科学（SOS）能够制造影响。它能为信息系统专注于创造过程理论，或者说是为服务系统。如果这些理论能够以某种方式被全部记录下来，那么他们会更容易被理解，而不仅仅是为了学术，更是能够让管理者和其他参与从业者理解——可操作过程理论。

　　这篇论文让人想起关于什么样的学生需要知道创建可操作过程的理论，并提供案例说明如何使用可操作的过程的理论去改进已有的服务系统。

教育中的可操作过程理论

　　为了给服务系统创建可操作过程理论，那么对于 MIS 本科生和研究生应该知道些什么呢？

　　回顾描述结构和流程因果链的过程理论，服务系统是由人和技术两部分组成。因此，去创建一个已经存在于服务系统的可操作过程理论，需要下面这些方法：

　　1. 映射可见架构和社会技术系统进程的方法，比如：物理数据循环图[2]和信息活动图[6]。

　　2. 映射架构和技术系统内部进程的方法。比如：统一模型语言[7]和面向对象的分析和设计[1]。

　　3. 映射架构和人类进程的方法——在精神系统内部。我所知的唯一的例子是：在概念混合研究中使用的心理空间映射技术。

　　对大学来说，如果由单独的方法学能结合所有三种方法（一种 UML，但用软件系统代替社会技术系统，比如 STML），那么会有很大的帮助。

可执行的过程理论的一个例子

一个远程组织遇到了邮费超支的问题，目前每年的经费是 10 万美元[5]。

服务学家的一个任务是一开始就在邮件投递进程中表示出人、技术、信息和物理商品。图 1 描绘了一种用于表示这些信息的信息活动图[6]。

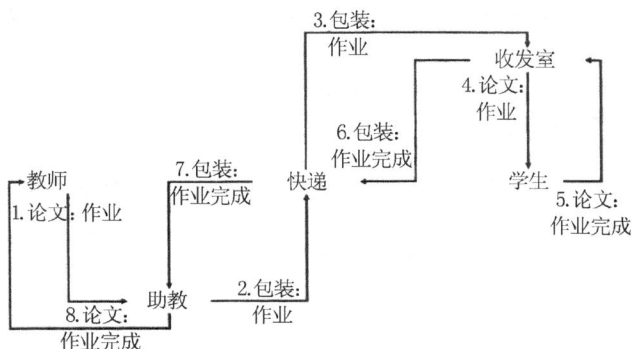

图 1　信息流程图：第一步　检查可能发生问题的区域

这些图中的步骤是可操作的。通过最少的描述，一个研究人员，项目经理，或一个从业者都能明白其中的意思。此外，这张图使得大家能看到可能发生问题的区域。比如每个单独的进程点可能抬高价格（见图 2）。

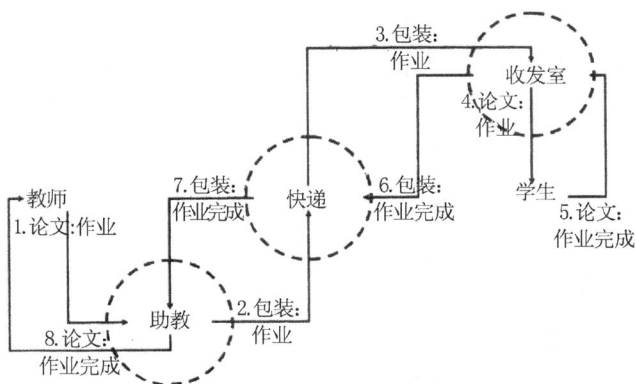

图 2　信息流程图：第二步　检查可能发生问题的区域

一对进程点可能抬高价格（见图 3）。或者所有中间进程点都可能抬高价格（未显示）。

假定一个服务学家对各个进程点价格的抬高有一个假设。为了支持这一假设，服务科学家可以建一张开销模型（比如用微软的 Excel），在模型中为每一个

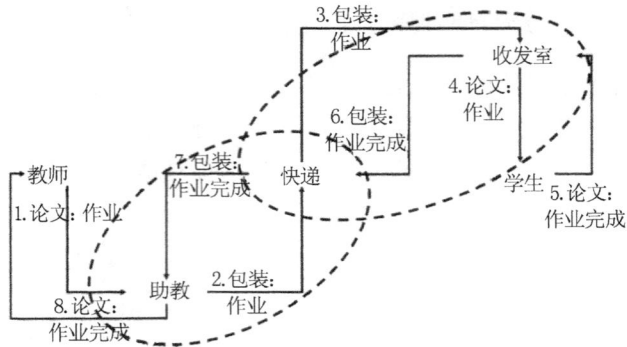

图 3　信息流程图：第二步（续）　检查可能发生问题的区域

箭头指定一个价格。这些开销代表每一个信息事务所花费的介质、产品和发货费用（见图 4）。

互动距阵

从/至	I	A	M	S
I		$ 5.85		
A	$ 2.75		$ 123.30	
M		$ 5.85		
S			$ 120.00	

汇总

次	周	分种	总分钟	年
$　253.16	$　506.31	$ 3,544.15	$ 14,176.59	$ 85,059.52

原始数据　$ 85,059.52
缩减量　　0.00%

		单位	注释	50%
IWAGE	$ 50.00		每小时	1.15%
AWAGE	$ 15.00		每小时	1.28%
PTIME	0.03	小时	2分钟	0.33%
DTIME	0.08	小时	5分钟	0.82%
CTIME	0.08	小时	5分钟	0.25%
MTIME	0.08	小时	5分钟	0.25%
STIME	0.08	小时	5分钟	0.25%
RTIME	0.02	小时	1分钟	0.30%
WTIME	0.08	小时	5分钟	0.25%
CPAGE	$ 0.01	每页	1便士	0.16%
NPAGES	2	页数		0.16%
NASTUD	40	学生		0.16%
NSITES	5	场地		47.70%
MAILXFEE	$ 20.00		一夜	47.40%
TFREQ	2	每周		50.00%
NINST	4	教师		50.00%
WMINI	7	周	每分钟	50.00%
NMINI	5		每年	50.00%

图 4　信息流程图：第三步　通过对信息交易成本建模来诊断问题区域（成本驱动）

　　通过在模型中熟练操作控制面板中的这些变量，服务科学家可以发现开销的驱动者。这样一来，这些变量就是邮递费用（见图 5）。

　　开销驱动者相当于信息活动图中的邮件代理。于是，服务科学家便知道要想

互动距阵

从/至	I	A	M	S
I		$ 5.85		
A	$ 2.75		$ 3.30	
M		$ 1.25		
S			$ -	

汇总

次	周	分种	总分钟	年
$ 253.16	$ 506.31	$ 3,544.15	$ 14,176.59	$ 85,059.52
			原始数据	$ 85,059.52
			缩减量	0.00%

		单位	注释
IWAGE	$ 50.00		每小时
AWAGE	$ 15.00		每小时
PTIME	0.03	小时	2分钟
DTIME	0.08	小时	5分钟
CTIME	0.08	小时	5分钟
MTIME	0.08	小时	5分钟
STIME	0.08	小时	5分钟
RTIME	0.02	小时	1分钟
WTIME	0.08	小时	5分钟
CPAGE	$ 0.01	每页	1便士
NPAGES	2	页数	
NASTUD	40	学生	
NSITES	6	场地	
MAILXFEE	$ -		一夜
TFREQ	2		每周
NINST	4		教师
WMINI	7	周	每分钟
NMINI	6		每年

图 5　信息流程图：第三步　通过对信息交易成本建模来诊断问题区域（成本驱动）

降低开销，他就必须想一个策略来消除邮件代理（见图 6）。

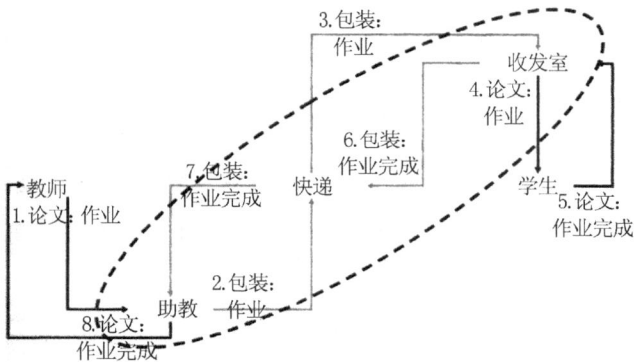

图 6　信息流程图：第四步　问题处理

　　一个通用的方案是使用 web 来发送电子邮件。然后，使用信息活动图，服务科学家可以找到可供替代的方案。注意从指向邮件代理和从邮件代理指出的箭头——这一代理使开销上升，因此要消除——为该技术形成了一种功能性的说明书（见图 7）。

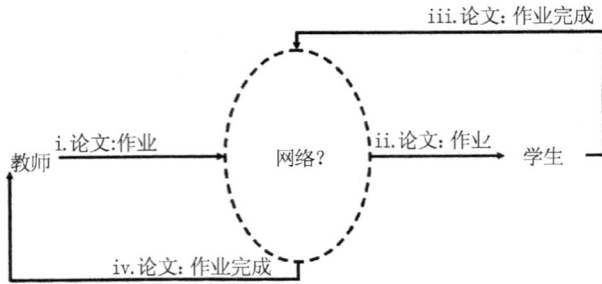

图 7　信息流程图：第四步（续）　通过分析信息流程图对问题进行处理

　　给出的功能性说明书，一个"低技术含量"的解决方案比如用传真也像 web 一样可以快速降低开销（见图 8），而且从书面版本转换到电子版本不需要做任何技术储备。

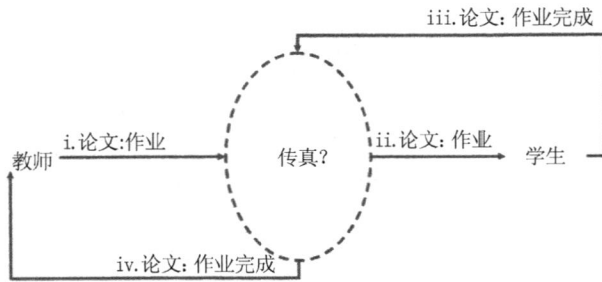

图 8　信息流程图：第四步（续）　通过分析信息流程图对问题进行处理

结　　论

　　服务科学是人工的科学。刚刚学过的系统是复杂社会技术系统而且不断变化。这些系统的动态本质限制了变量理论的价值。相反，使用过程理论，可以更好地设计解决方案和开发新的服务系统。

参 考 文 献

［1］　Booch，G. (1994). *Object Oriented Analysis and Design*. Redwood City，CA：Benjamin Cummings Publishing.

［2］　 Demarco，T. (1979). *Structured Analysis and System Specification*. Englewood Cliffs，NJ：Yourdon Press.

［3］　Elias，M. (2001). Study：Net use doesn't increase depression，after all. *USA Today*，July 23，2001. http：//www. usatoday. com/tech/news/2001-07-23-web-depression-study. htm.

[4] Fauconnier, G. & Turner, M. (2002). *The Way We Think*. New York, NY: Basic Books.

[5] Flor, N. (2000). *Web Business Engineering*. Reading, MA: Addison-Wesley.

[6] Flor, N., & Maglio, P. (2004). Modeling Business Representational Activity Online: A Case Study of a Customer-Centered Business. *Knowledge-Based Systems*, 17, 39-56.

[7] Fowler, M. (2003). *UML Distilled*. Reading, MA: Addison-Wesley.

[8] Kraut, R., Kiesler, S., Boneva, B., Cummings, J., Helgeson, V., Crawford, A. (2002)., Internet Paradox Revisited, *Journal of Social Issues*, 58, 49-74.

[9] Kraut, R. Patterson, M., Lundmark, V., Kiesler, S, Mukophadhyay, T. & Scherlis, W. (1998). Internet paradox: A social technology that reduces social involvement and psychological well-being? *American Psychologist*, 53, 10171-031.

[10] Mohr, L. (1982). *Explaining Organizational Behavior*. San Francisco, CA: Jossey-Bass.

[11] Mackenzie, K. D. (2000)., Processes and their Frameworks. *Management Science*, 46, 110-125.

[12] Simon, H. (1981). *The Sciences of the Artificial* (2nd Edition). Cambridge, MA: MIT Press.

在服务环境中的质量系统管理和教育

Richard R. Perdue   Steven D. Sheetz
（美国弗吉尼亚大学潘柏林商学院全球电子商务中心）

　　服务质量作为服务管理的核心概念是被广泛认知。高效的服务质量管理需要企业内贯穿于组织单元和功能区域的整合。使用服务质量的差距模型，这篇论文清楚地表达了大量的、大型的、多单元组织的质量挑战，包括衡量、服务设计、服务交付和市场沟通等。面对这些挑战需要各种业务规程高效的整合，尤其是市场、人力资源管理、会计和信息系统管理。这篇论文的结论来自于对服务运营和市场课程的教学整合过程中遇到的经验性的总结。

引　言

　　由于三个独立却趋汇于一致的观点，质量是服务管理的核心挑战这一概念已被广泛认知。这三个独立的观点是：第一，对顾客的忠诚度、个人推荐和通过服务产业的关系营销的关注不断得到增加[5]。服务质量和客户满意度被广泛认为是忠诚度和个人推荐的决定性因素[7]。第二，消费者希望得到的服务水平越来越高，不仅仅是服务设计，而且是在质量和个性化服务上[1]。第三，由于各种原因，服务性行业发现越来越难吸引和留住优秀员工[3,8]。一直以来，优秀员工被认为是服务质量的关键。

　　面对这些挑战，有必要为服务性行业找到提高员工生产率的办法，在为客户提高高质量服务的同时能够减少员工的人数[8]。进一步说，为了让员工更有竞争力，服务性行业必须找到改进工作质量的方法；让员工变得轻松而且喜欢工作[2]。传统的商业领域的职能范围（尤其是市场、人力资源和操作管理、会计和信息系统管理）的有效整合是被广泛认知的，因为关键的方法是可以实现的[2,4]。这篇论文的目的就是检查这一整合。服务管理教育的结论将在稍后讨论。

服务质量的挑战

　　服务质量的差距模型[6]将被用来展开成如下的讨论，这一讨论是关于关键服务质量的挑战对整合的影响。与服务质量文献一致的是，差距模型对质量的概念作了定义：客户对服务的期望和获得服务体验的吻合度。

第一，为了设计和提供有质量的服务，管理层必须了解客户的期望，随着市场分割的细化，尤其要在客户关系管理和服务个性化上给予特别的关注。许多已有的服务研究都关注于如何判断服务质量和客户满意度，以及重复的消费和倾向性的推荐之间关系的衡量标准。当然，这一工作是持续的，目前管理上的挑战是，发展一种能力以整合各种服务衡量标准，让结果能够更容易和更快的被管理者使用，用最有效的表达方式使用这些数据去培训管理者。如果期望发生改变或发生质量问题，管理者和员工必须快速标明这些改变并作出相应的服务更正和改善。这种客户群和客户需求服务体验的改变使服务过程中的情况进一步的复杂化。

第二，管理层面上必须合理的设计符合客户期望的产品和服务。最大程度上满足客户化服务似乎是每个服务层面的焦点。从理论上来说，客户关系系统建立了庞大的数据库，这极大的充实了服务创新和服务改善的基础。随着竞争基准和质量监督系统提供的数据资料，可做出近乎于无穷多的选择。在服务交付时，对人力资源的需求也面临着的一个新挑战，因此，关键的问题是，交付流程和服务设计可以在多大程度上通过技术支持的自助系统，被有效地传递给客户。进一步来看，因为整个服务产业都在共享同样的技术，所以如何在竞争优势和发展方面上将产品快速商品化并缩短产品周期，这就使得价值与服务设计和流程改善团队面对更大的压力。像联合分析法、蓝图构置法、鱼骨分析法等传统的市场研究产品开发方法都受到这些压力不断的考验。

第三，虽然客户期望可被很好地了解并且合适的产品和服务也可被合理地设计出来，但如何有效的将这些服务交付客户也是至关重要的。因此最佳的投资则是对改善、辅助及提高服务的实际交付情况的投资，这也可能是关键的难点。大量的问题都说明，为客户提供在物质角度和情感层面的服务都是很有难度的。员工阶层的负面影响也是一个严重的问题，无论是员工直接表现出的糟糕的工作，如服务不当；还是间接的负面印象，如频繁地更换员工，这都可以影响到服务质量。最后，维持并补充合格的劳动力也是一个难点。某种意义上，雇员对工作环境满意度的重要性是等同于，甚至是超越了客户对服务满意度的重要性的。

三个主要的趋势可反映当前的现实情况。首先，到目前为止最至关重要的是改善并增强员工现有的培训体系。建立一个灵活的、以技术为支持的系统，它可以改进最初的、特别是已经使用的培训体系。其次，许多企业都在技术方面和提高员工服务质量以及服务流程方面给予了大量的投资。例如，客户记录和会员数据库的建立被用来减少服务交付的时间以及提高流程精准率。最后，信息技术的使用可以减少对雇员数量的要求，特别是要求循环工作的重复类服务产业。例如，当客户关系管理和忠诚度体系被应用在一些商务环节中时，就很大程度地减少了客服的工作负担。

第四，顾客期望不仅是源于客户的背景和经验，而且也源于有效的合适的市场沟通。服务市场中大量让人感兴趣的市场沟通，都是通过电子商务的形式来达成的。例如，最近的旅游业数据显示现在美国 78% 的成年人在使用互联网来计划旅游，与 1998 年相比，那时只有 38%。超越了传统的广告形式，旅游业使用互联网来充实广告，管理网络俱乐部，直接点对点营销并提供在线预约留位系统；同时，它们还通过互联网交易旅游业的附属补充产品。就像其他任何一种市场沟通一样，服务质量的关键问题是有效地将推广信息传递给客户，这不只是包括做出切实的承诺，也需要让顾客和中介可以及时了解到商家可提供服务的内容和时间上的最新信息。进一步来说，服务产业在急速地向自助系统蜕变，客户教育必须成为市场沟通策略的一个要素。

服务教育问题

之前的探讨反映出了服务构成和服务质量的复杂性与挑战性。这种论断在很大程度上基于作者对旅游业，特别是度假村行业的大量研究而得出的。而以下内容则反映出了作者在服务教育体系的设计和执行方面的研究经验。这些经验，是在相对较为传统的高校市场学氛围中，以八年"服务市场学"课程的教学为基础获得的。

约束

先前的探讨很明显得出一个结论，对服务管理教育和传统实用的商科教育，特别是对市场学、人力资源和营运管理以及信息系统管理进行整合，是现在存在的客观需求。然而对于这样的整合，无论是守旧的学术体系还是学院自身都面临着诸多约束。

服务市场和管理学的专业课程属于相对较新的领域，对这一点的认识非常重要。20 世纪 90 年代中期，要开设这样类型的课程是很难得到批准的。服务与其他产品本质上是不同的，因此应当给予"服务市场或管理"课程应有的认知和对待，这也是一项需要长期坚持的工作。现如今，大多数的商学院对此类课程的提供依然非常有限，以服务学课程为核心内容的课程更是少之又少。而在核心课程中专门研究和学习服务概念的情况也是寥寥无几，如市场导论、管理学等课程。

将多领域学科内容甚至一系列学科整合是相当困难的事情。极少院系成员能够通过一己之力就拥有必要的经验和学术能力。当团队教学成为一种可能的解决方案时，却依然很难在大多数高校的人事会计体系下执行，特别是在本科教育阶段。多数情况下只有最尖端的学科才会为团队教学及团队研究提供可能性，这样服务教育就更加得不到足够的支持。

通常来说，预算也是必须被关注的问题。大多数高校的会计体系是基于学分产出运作的（学分制下学生自己选择修读的课程，以极端情况为例，如某门课程只有一个学生注册，那学校依然必须开课，但这门课程只提供一名学生的学分使得资源消耗较大），尤其在本科教育层面。这样的系统不利于小班教学或者团队教学。此外在过去的十年里，由于来自学生和预算的共同压力，许多商学院已经减少了可供选择的课程。尽管众多的商学院面临着注册压力超出学院承受能力的问题。商学院的预算却没有随着变化而改变，这导致了学校只会提供一小部分"非传统"和"非核心"的课程来缓解对核心课程的需求压力。

如上所述，极少的院系成员能够通过一己之力获得必要的经验和学术能力，进而可以为那些将服务和管理结合的课程进行真正的讲授。重要的是，多数高校的奖励体系并不鼓励这样的学科，特别是研究工作。在过去的二十年里，大量科研期刊的成立如雨后春笋一般，使得商学院增加了有限范围内的"高层次"成果发表的奖励和支持。当然，服务类研究成果的发表也是可以的，但在多数情况中都要求研究必须依附传统商科范围领域的内容。例如，在市场学范围里，高校普遍认为《市场学期刊》、《市场研究期刊》、《顾客研究期刊》和《营销科学学会》是最好的期刊。尽管所有这些期刊都出版服务研究的内容，但都要求强调市场理论和实践。

创新的方法

最近由 Virginia Tech 学院执行的方法——"聚力"，很可能是一个可行的解决方法。本质上，聚力的目的是将多个不同学科的群体置于同一个项目中。这个方法最先是物理学和生物学所推崇的，那么同样的方式也应该可以应用于服务科学。将多个不同的具有商学以及工程学背景的专家聚在一起，为了共同的目的专注于服务管理和运营的研究，将会有效的解决之前提到的整合问题。

参 考 文 献

[1]　Bolton，R. N. and J. H. Drew. Linking Customer Satisfaction to Service Operations and Outcomes. Pp173-200. In R. T. Rust and R. L. Oliver（eds.），*Service Quality*：*New Directions in Theory and Practice*. Thousand Oaks：Sage Publications.

[2]　Gronroos，C. 2000. Service Reflections：Service Marketing Comes of Age. Pp 13-21. In Swartz，T. A. and D. Iacobucci（eds.），*Handbook of Services Marketing and Management*. Thousand Oaks：Sage Publications.

[3]　Heskett. J. L. 1986. *Managing in the Service Economy*. Boston：Harvard Business School Press.

［4］　Lovelock，C. and E. Gummesson. 2004. Whither Services Marketing? In Search of a New Paradigm and Fresh Perspectives. *Journal of Services Research*，7（1）：20-41.

［5］　Oliver，R. L. 1996. *Satisfaction：A Behavioral Perspective on the Consumer*. New York：McGraw Hill.

［6］　Parasuraman，A.，V. Zeithaml，and L. L. Berry. 1985. A Conceptual Model of Service Quality and Its Implications for Future Research. *Journal of Marketing*，49（Fall）：41-50.

［7］　Rust，R. T. and R. L. Oliver. 1994. Service Quality：Insights and Implications from the Frontier. Pp 1-20. In R. T. Rust and R. L. Oliver（eds.），*Service Quality：New Directions in Theory and Practice*. Thousand Oaks：Sage Publications.

［8］　Zeithaml，V. A. and M. J. Bitner. 2003. *Services Marketing：Integrating Customer Focus Across the Firm 3ed*. Boston，McGraw-Hill.

服务的艺术：以图画描绘来设计服务和指标

Birgit Mager

（德国科隆国际设计学院服务设计系）

Shelley Evenson

（美国卡内基—梅隆大学设计学院）

　　服务是复杂的，而要对服务进行深刻的诠释则更具有挑战性。本文阐述了服务的设计和服务的指标，可以通过对文化艺术的符号记录法和规章体系的学习来加以深入的认识。这样的学习过程可以建立一种有效途径来辅助服务规划者的设计，同时要求相关人员参与之中，共同创造价值，并获取完美的服务体验。

引　　言

　　服务是复杂的。对服务接触进行详细的说明具有相当的挑战性，因为互动是一种存在于服务中的人与人之间、人与机器之间、机器与机器之间的"动态舞蹈"。通常人与机器之间不同程序的编排都需要获取各自看似独立的回应。某种程度上讲，服务通常不得不在一些约束条件下进行，这种限制使得服务过程的详细说明以及文字材料编订极具挑战性。

　　在服务组织和服务发展中，不同方面的相互影响则被线性思维和表象形式所挑战。Lynn Shostack 提出了蓝图（blueprinting）这一工具，它适用于分析和设计那些真正试图去处理多维服务的状况[1]。蓝图无疑是一个极为出色的工具，但就无形的业务形式而言，似乎需要更多更好的符号记录体系来描绘服务的"灵魂"，传承与服务消费相关联的体验。

艺术化的学习

　　许多表现艺术领域（音乐、舞蹈、戏剧）的作者都能够通过一个具有悠久传统的独特的记录方式（和设计语言）来传达他们的表现意图，而且这样的记录方式能够让其他人"阅读"和演绎，使其可以多少领会到作者的意图而不至于有过分的局限性。

　　在过去十年中，服务营销和服务设计已经尝试从类似于艺术的模式中抽取灵感，形成一些能够深入探讨、寻求创新以及不断完善的应用于服务的理论工具[2]。基础学术研究引入了流派体裁的概念，应用风格分析和风格图表的方法[3]，也引入了类似电影创作的模式，如电影剧本[4]；并已从理论中抽取对角色、服务表演和舞台设置的描述[5]，还在反复的实践中进行了对比测试。而艺术表演中的前、后台的概念也被引入到如服务的生产和流程编排上，类似的术语也一再被用来描述服务[1,6]。

这些术语来源于艺术活动的体验，其间参与者精心描绘活动独特的经验和体会，与此同时描述又随着时间的推移得到进一步地充实和发展。由此看来，就好像许多不同的艺术在动态性和复杂程度上都与服务十分类似——多维的、互动的、生气勃勃或活力四射的体系，然而，很遗憾在设计和开发过程中几乎看不到艺术和服务两者之间的协同和合作关系。

结　　论

服务系统的发展和沟通需要一种具有类似艺术观念、表象形式和符号记录法体系的系统分析方法。应当去探究、记录和分析那些不同艺术（如戏剧和电影、舞蹈和芭蕾、音乐和文艺）的起源、方式和表象形式，以便于清晰描述在它们的艺术范围内所起的作用，从而为服务的研究做出指引。对于创作者和执行者而言，"优秀形式"的属性和特性则需要被特别的关注。这与产品设计中的设计符号记录法和目标语言非常类似[7,8]。我们相信这种研究方式的结果为服务的发展提供了基础，也提供了一种更可能为客户认可的方式——即由实践者来编写设计，并由所有相关人员共同完成，能传递价值和美好愉悦的服务。

参 考 文 献

[1]　Shostack, G. Lynn. Designing Services that Deliver. *Harvard Business Review*, 133-139, 1984.

[2]　Mager/von der Auwera: Genrestudien, Köln 2005, unveröffentlichte Untersuchung.

[3]　Mager: Stilübungen, Köln 2005, unveröffentlichte Untersuchung.

[4]　Moeritz, Markus: unveröffentlichte Studienarbeit, 2003.

[5]　Fisk: The Theater Metaphor, in Lovelock, *Services Marketing*, 2004 und Mager: Service Methoden, in: Erlhoff, Mager, Manzini, *Dienstleistung braucht Design*, Luchterhand 1997.

[6]　Moritz, Stefan: *Service Design*, Masterarbeit, 2005.

[7]　Evenson S., Rheinffrank J., The design of experiences and languages of interaction. *Interact American Center for Design Journal ACD* (1994), 112-117.

[8]　Bitner M. Servicescapes: The Impact of Physical Surroundings on Customers and Employees. *Journal of Marketing* 55 (Jan): 10-25, 1992.

服务科学、管理和工程：一种管理社会技术系统的方法

Michael E. Gorman

（美国弗吉尼亚大学科学、技术和社会研究中心）

本文讨论了一个拓展的服务概念。这种拓展将带来体制的转变，这种转变是通过商业、工程和社会——巨大系统的组成部分——协同合作而共赢的方式来实现。但我在此所述的内容同样适用于相对较狭隘的层面和那些显然比较局部的体制问题，例如塑造和应对一个在特定的市场和环境中不断变化的商业环境。

引　　言

我将讨论一个拓展开的服务的概念，而这种拓展将带来体制的转变，这种转变是通过有利于商业、工程和社会活动的方式达成的，因为它们都是较大体制的组成部分。但我在此所述的同样适用于相对较狭隘的层面和那些显然比较局部的体制问题，例如塑造和应对一个在特定的市场和环境中不断变化的商业环境。小问题可以作为大问题的子集存在。最近在"交易区和互动的专业认识"的专题讨论会上所强调的跨学科合作框架将在本篇中被运用来帮助我们认识服务科学管理和工程。

地球系统工程管理

首先，让我们从环境系统管理的情况来考虑一个案例。

Brad Allenby 呼吁建立一个地球系统工程和管理体系（ESEM）来管理全球化的生态系统——这个与人类、自然和技术紧密联系的、复杂的、动态的网络[1]。如今人类活动已经影响了全球的每一个部分；因此，人类有责任监控管理我们自身对于外界的影响。由于全球生态系统的动态复杂性，新的技术和政策将会引起意料外的后果。因此，连续的监控和适当的管理是客观环境所要求的。此外，生态系统中轻微的变化也将影响到广泛的相关者；因此，多方不断的沟通也是有必要的。

从微观来看，显然不能再去孤立的考虑诸多局部的环境问题。比如湿地的管理，全球变暖会影响湿地，它可以把许多这类脆弱平衡的生态系统埋葬在盐水之

下。此外，在局部层面上的最佳管理可能会无意识的导致全球化的后果。在地球某处被禁止的行为可能会直接导致这种行为在其他地区的增多——除非禁止是权衡了全球需求减少或者合适替代情况增加的情况后决定的。

在全球经济中持续增长的服务领域也表现出了一系列类似的问题。增长的全球化网络的部分改变可以产生预期外对其他方面的连锁反应。Allenby 提倡发展 ESEM 学科来辅助全球生态系统的管理。同样的，管理服务经济也要求一个新的专业学科来辅助它。

SSME 类似于 ESEM，它构成了一个由多个学科组成的新的学科；这是一个通过增强我们的能力来管理已经掌握了的社会技术系统转化方式的新学科。各学科已达到的成就可以使通晓多学科知识的人才在一段时间的研究学习后成为新领域的专家[16]。以计算机科学为例，将软件与复杂算法的理论及硬件与逻辑设计结合在一起成为的新学科，就可以加深我们对于计算机算法在技术系统角度的理解。最终，这种对服务系统发展更深一步的了解可以为服务创新及进步提供更具有系统化的途径。服务的创新有潜在的可能去影响服务生产力、服务质量和服务系统的增长率及回报。

服务科学家是互动的专家

两位社会科学家[5]描述了在社会技术网络中达成的三层共识：

无关层：这个层面上，不同学科的专家"将解决方案扔到墙的另一边"传递给其他学科的人。这种仅仅给予单一答复的方式对于分享知识，或者理解其他专家的思维方式毫无效果。举例来说，在一个技术系统的设计者们就并不能完全了解用户的思维方式或内心感受[11]。在其他情形中，使用者可能并不具备能够快速识别的正规的专业技能，但是他们依然掌握了重要的相关知识。想想那些不想成为安慰剂组（在测试中给予假药，从心理上测试病患反应的测试组）测试艾滋病新治疗方法，却又在忍受艾滋病折磨的病患们。这个群体的一些成员会尽他们所能多的了解关于艾滋病研究的内容，以使他们可以修订已有方法，从而使艾滋病的治疗得以进展。

互动层：这些积极参与艾滋病研究的患者逐渐掌握了足够的专业知识，这使得他们能够胜任与医药研究专家讨论治疗的研发策略。最终，这些患者可以根据他们从市面流通购买来的那些正在测试的药品的部分知识，来为研究方法的设计做出贡献[6]。Collins 和 Evans 使用"交互作用"这一词指代这样一种能力，它可以辅助知识交换，以更容易理解的方式在多学科之间相互影响[5]。

贡献层：这种层次是指那些对其他学科研究并学习到一定层次可以作出新的贡献的专家。物理学家 Luis Alvarez 与他的儿子地质学家 Walter，通过发现一个属于白垩纪其铱含量相当于地表上下三十多倍的地质层从而在古生物学做出了杰出的贡献。基于此发现和其他证据，Alvarez 提出恐龙的灭绝是流星与地球的碰撞导致的结果[2,17]。

服务科学家应该既具备他本学科的专业知识，同时也应该成为一个跨学科专家。服务科学家不可能熟知所有关于社会和客户的问题；相反的，他需要跨越专业学科的界限，逐步领悟关于所出现了问题的知识。使不同学科群体的科学家能够通过各个学科都能明白的共同语言围绕"服务创新"进行沟通，这种挑战将要求他们至少有一部分人在其他学科领域研究学习，从而使他们能够进行跨学科对话。可以通过学习服务产业的实际案例来辅助研究人员研究学习。大部分不同的学科要求服务创新进一步发展，因此这种客观条件需要一批可以搭建不同学科交流的跨学科专家。

如要成功的达到这一步，那么涉及此类问题或面临机会的 SSME 专家、其他学科的专家、客户以及其他相关人士，就必须要建立一个有效的交易区。

交易区

Peter Galison 曾使用交易区为例子，来解释来自不同前沿学科的科学家和工程学家是如何合作探究新技术的[7]。他曾研究过雷达和粒子加速器的发展，并发现不同的学科都是先出现本学科新的专业术语，再形成交叉术语然后出现在其他学科，最终才能打破概念过分专业化的障碍为大部分人所熟知。Galison 所提方法的关键是他认为，就算人们不能认同"全球化"就意味着"人们可以对商品合理的价值以及交换的过程达成一致。人们也可以意识到持续的交换是人们所处的社会能持续发展的先决条件"，但是沟通依然可能在部分方面进行。

在美国国家科学基金会的专题讨论会上，当讨论到创立及发展一个新的交叉学科时，"讨论会中最显著的一个特点，就是会上多次要求大家在言辞上进行调整解释，让所有美国国家科学基金会内部或者外部的人，使用大家都明白的语言来讨论同一个问题"[10]。这样的研讨会其实就是所有参与者至少都要采用大家共同认可的术语词汇在一起工作的交易区；同时，跨学科词汇的发展可以"帮助不同背景的人考虑同一个问题的时候用同一种方式思考"[13]。

举个例子来说，在一次研讨会上，Gorman 按照科学和技术的思维方式来引导例如物理学、认知科学、心理学、哲学和社会学这样的交叉学科，在一些术语上达成大家认可且都能明白含义的共识，比如问题空间和构思模型。研讨会上也采用了"共享的牙刷和真空球形的马"这两种主要的隐喻。前者指大多数学者们愿意将自己的研究领域与他人重叠共享的意愿，就像他们愿意与他人共享牙刷一样。后者是一句玩笑，物理学家宣称他可以预测每一场赛马比赛的冠军得主，只要比赛是在真空的环境下。这些隐喻在研讨会刚开始就被提出来让参与者们意识到发展一个大家共享并可以理解的框架（不是牙刷）和科学工程应紧密联系现实实践（而非不实际的真空球形的飞马）的重要性。在会议结束的时候，所有的与会者都意识到"共享的牙刷和真空球形的马"暗示了什么，也不得不承认这是个客观的现实。

服务科学在交易区中的中介作用

外科医生解释中度肾功能不全的早期病理特征是一种身体器官组织损伤情况，工程学则认为这是人类机体使用消耗过程的表现，这样不同学科之间沟通上的分歧最终是由一个具有物理学和医学等多学科背景的专家来解决的[3]。这个案例说明一个跨学科专家可以起到类似于中介或者经纪人的作用；他通过充实多学科认可的术语使不同领域的沟通和合作实践得以进行。例如，Hudson's Bay 公司的中介为两种不同的文化提供了接口——欧洲文明和原美洲印第安文明[12]；与之类似地，服务科学家将会在跨越多学科实践的界限上做出努力[4]。

服务科学家可以在交易区中成为这种跨领域的中介，辅助知识和资源在不同社科实践中交流。服务科学家可以为公司工作，为同一个问题提供多种适当的解决方案。或者，他也可以是一个和客户一起工作的顾问。服务科学家能胜任从本土局部和全球化两个层面来监控解决方案对社会技术系统冲击的工作。

试想远程工作，一系列的技术应用可以远程辅助贸易进行，减少飞行和两地奔波并节省了时间，也减轻温室效应负面效果。尽管它是如此的有益，但事实上在获取信任的角度，面对面的交流还是相当重要的，比如传统习惯上'一起进餐'及在工作外增进感情等。若采用了远程工作，那么人类随着技术进步，自身的工作方式都要被改变。服务科学家会尝试采取这样的一种合理的解决方案，它可以顾及到对局部系统（工作模式）、分配的物理空间、何种工作或何种人需要面对面交流、同步或不同步工作等多种方面的影响。有益环境和可能的弊端等情况也应该被考虑到，也就是说，与此相关的方方面面都应该被预测到。那么假如许多组织、企业采用了相似的远程工作策略，那将会发生什么呢？这是否会削弱已有的通讯效果？那我们是否需要再建立新的模式？

作为变革者的 SSME

服务这一个词暗示 SSME 将为顾客的要求服务，给予顾客他们所需要的。事实上，SSME 要求系统工程师跳出他们已给的范围来决定顾客真正需要的东西——顾客很可能宣称提供的并不是他们真正想要的[8]。服务科学家需要具有前瞻性，试想社会和技术的共同发展将在不同层面改变已有的体系[16]。至少在全球化的层面一部分社会科学家应该来辅助能充实社会财富、增加社会透明度、改善生态环境的体系的发展进步。

　　每一个社会科学家最终将成为一个深思熟虑的从业者[14]，不只是要关注到体系，也要看到他本身在体系中的角色和作用。认知日记就是这种反映的一个很好的工具[15]。服务科学家需要在一个核心领域进行训练，比如计算机科学、认知学、环境科学、医学或法学，这取决于他们计划的专业化领域——但是学科体系间的界限最模糊且不同于传统学科。跨学科的组成元素将要求每一个服务科学家获取能辅助支持和管理交易区的技能，这是一种被逐渐挖掘出的新能力，就像人类学、社会心理学那样，但是却比我们当前所认知的走的更远一步。不可避免的，这样的训练将成为累积经验的过程，其中服务科学家在为更有经验、学识的人的服务中不断学习。

参 考 文 献

[1]　Allenby，B.（2005）．Technology at the global scale: Integrative cognitivism and Earth Systems Engineering Management. In M. E. Gorman，R. D. Tweney，D. C. Gooding & A. Kincannon（Eds.），*Scientific and technological thinking*（pp. 303-344）. Mahwah，N J: Lawrence Erlbaum Associates.

[2]　Alvarez，W.（1997）．*T. rex and the crater of doom*. Princeton，NJ: Princeton University Press.

[3]　Baird，D.，& Cohen，M.（1999）．Why trade? *Perspectives on science*，7（2），231-254.

[4]　Brown，J. S.，& Duguid，P.（1991）．Organizational learning and communities of practice: Toward a unified view of working，learning，and innovation. *Organizational Science*，2（1），40-57.

[5]　Collins，H. M.，& Evans，R.（2002）．The third wave of science studies. *Social Studies of Science*，32（2），235-296.

[6]　Epstein，S.（1996）．*Impure science: AIDs，activism，and the politics of knowledge*. Berkeley: University of California Press.

[7]　Galison，P.（1997）．*Image & logic: A material culture of microphysics*. Chicago: The University of Chicago Press.

[8]　Gibson，J.，& Scherer，W. T.（2006）．*How to Do Systems Analysis*. Indianapolis: Wiley.

[9]　Gorman，M. E.，Kincannon，A.，& Mehalik，M. M.（2001）．*Spherical Horses and Shared Toothbrushes: Lessons learned from a workshop on scientific and technological thinking*. Paper presented at the Discovery Science 2001，Washington，D. C.

[10]　Hackett，E.（2000）．Interdisciplinary research initiatives at the U. S. National Science Foundation. In P. Weingart & N. Stehr（Eds.），*Practising interdisciplinarity*（pp. 248-259）. Toronto: University of Toronto Press.

[11]　Norman，D. A.（1993）．*Things That Make Us Smart: Defending Human Attributes in the Age of the Machine*. New York: Addison Wesley.

[12]　O'Leary，M.，Orikowski，W.，& Yates，J.（2002）．Distributed work over the centuries: Trust and control in the Hudson's Bay Company，1670-1826. In P. Hinds & S. Kiesler（Eds.），*Distribu-*

ted work. Cambridge, MA: MIT Press.

[13]　　Palmer, C. L. (2001) . *Work at the boundaries of science: Information and the interdisciplinary research process*. Dordrecht: Kluwer Academic Publishers.

[14]　　Schon, D. A. (1987) . *Educating the reflective practitioner: Toward a new design for teaching and learning in the professions*. San Francisco: Jossey-Bass.

[15]　　Shrager, J. (2005) . Diary of an insane cell mechanic. In M. E. Gorman, R. D. Tweney, D. C. Gooding &. A. Kincannon (Eds.), *Scientific and technological thinking* (pp. 119-136) . Mahwah, N J: Lawrence Erlbaum Associates.

[16]　　Spohrer, J. C. , McDavid, D. , Maglio, P. P, &. Cortada, J. W. (2006) . NBIC Convergence and Technology-Business Coevolution: Towards a Services Science to Increase Productivity Capacity. In B. Bainbridge &. M. C. Roco (Eds.), *Managing Nano-Bio-Info-Cogno Innovations: Converging Technologies in Society* (pp. 227-253) . Dordrecht, The Netherlands: Springer.

[17]　　Thagard, P. (1988) . *Computational Philosophy of Science*. Cambridge: MIT Press.

服务科学的服务逻辑

Stephen L. Vargo

（美国夏威夷大学商学院）

Robert E. Lusch

（美国亚利桑那大学埃勒管理学院市场系）

在服务科学的发展方面，可以使用两个有效的逻辑方法。一个是商品主导逻辑，这种逻辑方式的提出是基于服务是无形商品的特殊形式的理念，因此，它引出一个关注无形生产产出单位的模型。另一个是服务主导逻辑，这种逻辑的提出是基于一个这样的概念：在进行以服务作为共同创造互惠价值的过程中，经济实体所生产的产出将被看做是持续整合资源过程中的一种投入（服务过程需要投入其他经济活动的产出来支持）。服务科学被更多人认可是基于后者的论述——服务主导逻辑比商品主导逻辑更可能让科学在知识探索的角度有进一步明显的发展。进而可以通过采用这种服务逻辑来引导我们转变其他已有的知识基础。

引　　言

"服务科学、管理和工程"（服务科学）的目的是发展一个"新的学术领域"，将"较为呆板的科学真正运用在服务的实践中"。这种发展的需求是通过观察并发现公司和经济体都开始向服务型转型断定出的；而"历史上，机械化生产曾经作为世界经济的主导力量，在当时也是由多数科学研究持续的支持辅助其发展的"[11]。

服务科学理念的建立和推广具有开创性和前瞻性。但是服务科学所叙述的目的，以及支持它本身的理由也引发了关于服务科学应该建立在何种概念基础之上的问题。这些问题反映了（至少在部分上反映了）在经济交换传统的基础逻辑中的这样一种认识：（1）服务是商品的一种特殊形式；（2）"科学的"商品生产衡量标准需要在商品和服务的区别之间进行一定程度的修正，然后方可应用于服务类商品。尽管如此，这也既不是唯一的，也可能不是最好的理论基础。

本篇的目的是探究讨论这种传统的逻辑基础并引出一种新的可替代的逻辑基础，一种修正过的可诠释在经济交流和社会中服务的概念，以及以它为中心角色的新逻辑。我们认为这种更倾向于以服务为中心的逻辑思想不只是扩大了对服务科学要发展的要求，这也为它本身向一个真正的科学学科的发展、成长和成熟提供了一个更坚实的基础。

不同的逻辑方法

广泛的说，有两种观点将服务概念化。

第一种观点认为商品是经济交流的首要焦点，而服务则可以是一种有局限性的（无形）商品，或者作为附加于商品上增加价值的附加品。我们称这种逻辑为商品主导逻辑（G-D）[6,9]。其他的一些学说也可能会把它认为是"新古典经济学研究传统"[5]、"制造业逻辑"[7]或者"老企业逻辑"[13]。这种商品主导逻辑以发展商品自身的概念来了解并管理服务——从"服务生产"到将服务产出"传递提供"给顾客。

第二种逻辑思维方式是从服务本身的角度考虑的，它不再涉及商品，而是把服务作为交换活动的首要焦点。我们将这种逻辑称为服务主导逻辑（S-D）。在服务主导逻辑框架下，商品依然扮演一个承载传递服务的重要角色；至少在经济交流这个子集中是如此。商品主导逻辑只能引申出产品模型，不能提供服务科学的基础，服务主导逻辑以服务驱动原则的开发奠定了服务科学的基础[6,9,10]。

商品主导逻辑

如它字面暗示的那样，商品主导逻辑是围绕着商品这一中心的——或者更通俗的说，是"产品"——作为交换的原型，它包含了有形（商品）和无形（服务）的产品单位。从商品主导逻辑的本质来看，经济交流关注（产品）单位在制造（或者种植、提炼）的过程中被嵌入的价值。从效率角度来看，生产和顾客应该分开，这样就会使得商品制造过程标准化，并且能存储。

商品主导逻辑的根本是从 Smith 的研究中发现的[8]，这是在"科学"一词还只代表牛顿力学的工业革命时代，在探索经济科学时被树立起且被认可的逻辑思维——价值是被嵌入到商品中的。后来管理学和市场学以及社会学都从经济学继承了这种逻辑。

根据商品主导逻辑，无形产品也就是服务，由于它们不能被标准化生产及存储，所以一定程度上被视为次级商品。不过，他们可以被用来增加（经筛选过的）有形商品的价值（比如销售服务、售后服务以及其他形式的客户服务）。基于此，我们面临的主要挑战就是为这些无形的次级商品通过对商品-产品原则的应用和一定程度上对此原则细微的修改来设计其适合的体系。紧接着，至少在修正商品主导逻辑的角度，因为世界上许多经济体已经从生产（商品）经济过渡到"服务"经济，所以更好的服务设计和生产已经变得特别重要。

服务主导逻辑

商品主导逻辑与服务主导逻辑最重要的区别是在服务的概念中。在服务主导逻辑中，服务被定义为通过应用已有能力（技能和知识）来为另一方（或为某一人）提供便利好处的过程。在服务主导逻辑中，单数形式的"服务"（service）是刻意被使用的，这不同于在商品主导逻辑下使用复数形式的"服务"（services）。这是因为商品主导逻辑视服务为（一定程度上的次级商品）产品单位，服务主导逻辑则视服务为一个过程——是为另一方（或者和另一方一起）做一些事情，有时服务是以辅助商品的形式存在的。

在服务主导逻辑中，这种以提供服务给另一方来换取互惠结果的过程是经济交换的目的。货币、组织和商品这些元素的结合联系几乎总是被包括在服务这个过程中，但它们只是起到联系其他元素的作用。展开来说，商品扮演的角色是提供服务、传递服务的载体工具，服务需要以商品形式给予接受方；企业或者组织则是通过整合微观层面上单一的各种专业资源（服务能力）来构成宏观层面上它们所表现出的服务能力；最后，货币成为将来与其他经济实体（企业或者个人）交换服务的媒介。从全部的情况来看，服务是直接被提供或者通过一种商品、组织或货币为中间媒介被提供的。因此，服务提供者的知识和技能（服务能力）才是创造价值的必要源泉，而不是偶尔用来承载服务过程的商品。于是可以看出，在服务主导逻辑中，尽管商品依然很重要，但是服务的地位却更高。

在服务主导逻辑中重要的一点是它表示服务科学理论的基础不是简单的商品类型的转变，而是思维逻辑的转变。可以论证，这种以服务过程驱动，服务本身为中心的逻辑理念的转变比简单认为服务只是次级商品的逻辑，为真正的服务科学提供的基础更坚实。这种提供多元服务过程的转变，也意味着一些附加基础的转变；它将逐渐将服务主导逻辑的理念附加到那些持有相对应商品主导逻辑的人身上，促成他们的转变。

操作性资源相对对象性资源的优势

商品主导逻辑主要是关注对象性资源的。对象性资源是静态不变的有形资源，通常需要通过一些工作才能使它们有用。与之相反的，操作性资源是动态的，能产生作用的巨大无形资源[9]。在服务主导逻辑中，操作性资源，特别是知识及双方交换的技能是价值创造的源泉。因此，在服务主导逻辑中，操作性资源被认为优越于对象性资源。

　　反过来看，这也暗示了价值是不能被嵌入到一个资产中的，就算某一件商品是服务提供过程的一环也不可以。事实上，服务主导逻辑认为价值创造是一个相互作用的过程，是发生在服务提供者和受惠者操作性资源交叉的时候。也就是说，直到益处产生前，是没有价值被创造的；在服务主导逻辑中，商品主导逻辑一直以来所关注的交换价值并不如产生效果的实际价值一样有意义。

交换的相关模型

　　如被提及的那样，商品主导逻辑是建立于古典和新古典主义经济学思维之上的。因此，它的核心是讨论无关联的两方，在价值创造者（生产者）和价值消耗者（消费者）之间所发生交换的情况。但是这种将生产者和消费者分裂开看待的理论与商品主导逻辑中服务的基础是服务互换以及双方共同创造价值的原则是不一致的。服务被交换是为了服务本身，这样的理念暗示了一种互惠的交换——也就是说，所有参与方同时既是"生产者"又是"消费者"，他们共同创造价值。

　　事实上，这已经非常接近 Smith 最初的关于劳动者（专业化从业者）分工和交换可以为个人和集体带来福祉以及其原因和性质的基础逻辑。但是这是他放弃的一种思维逻辑，因为这并不是他多余产品可成为出口产品的标准国富论理论思想的必要思维。尽管如此，这也是一种当代经济学家在超边际分析规则下试图探究发展的逻辑思维。事实上，这也是阐述"消费者"是作为价值共同创造者所必需的基础。

　　从互惠的角度来看，为服务的交换而服务也暗示了一种关系。但是服务主导逻辑中的这种关系比在市场学文献中广泛认可所支持的再度光顾关系理论更进了一步，特别是在美国。事实上，我们认为解释再度光顾这一关系其实还是以交易和价值交换为中心的，这种关系的解释更像是商品主导逻辑的解释，而不太符合服务主导逻辑的主要概念。价值共创性服务主导逻辑（S-D）中关系的定义更加接近诺迪克服务市场学派的"交互性"以及"多对多"的相关概念[2,3]。

动态流程模型优越于牛顿力学

　　如之前所提，商品主导逻辑是建立于一个具有确定性的、基于平衡的牛顿科学模型[1]。但是，服务主导逻辑的为服务而服务和相互作用模型暗示了一种动态的、不平衡的、不确定性的关系和模型。因此，就像牛顿科学模型对于更动态、关联性更强和更新兴的模型（比如相对论、量子论和新的复杂理论）逐渐不再主导物理学一样，服务科学也应该由新的服务为基础的逻辑理论主导。幸运的是，许多为这种更动态非线性模型的发展打下基础的研究可以从诸多经济学、自然科学和社会科学文献中找到[10]。

研 究 方 法

如果服务科学的基础是一个以服务为中心的、动态的、流程驱动的交换逻辑，并且人类会用自己的知识和技能来达到共同的利益，那么传统研究方法的约束将成为服务科学研究的挑战。共同创造的过程包括了流程和互动这种理念在慢慢展开，同时，共同创造本身也要求合适的方法可以处理新兴的特性、分形图形、非线性图形以及意外。因此，这种情况提议了两种相关的研究再定位方法：采用多样和发散方法并且对发现增加更多关注。

从商学和社会科学角度来看，通常传统的科学方法实践是很大程度上依赖于符合常理且具正当理由的认知方法作为基础的[4]，这也是通常被认为比以发现为推理方法更优越的方式。因此，科学的方法，至少在目前为止，几乎全部都依靠古典统计学和一般线性模型。尽管如此，一门关于服务的科学却是基于这样一种逻辑和推理方法——它认为服务是一种新兴的、具有唯一特性的、互动的过程；多样性的研究方法特别是经得起新发现考验的方法将更有益学科的发展。所以，服务科学需要包含诸如人类学、历史和文献论证、符号学等具有说明性的研究方法以及动态模型，比如模拟法和依靠主题的建模方法。

但这并不意味着传统的方法不再有用，比如试验和调查方法。尽管如此，当传统方法被使用，那么它们纵向的联系，以及独立的和不独立的非线性变量都需要被分析。传统的方法中以符合常理具备正当理由的推理方法依然是必要的，但是确认推测已经不如发现探索更为重要了，特别是当我们在发展一个新的、动态的、非线性流程的科学的时候，例如服务学。

结 论

我们探索科学的调查、质疑和提高知识文明的基本逻辑方法还是有局限的。这样的束缚不只是简单的影响到我们如何给出我们的质疑的答案，更重要的是它影响着我们如何构建需要探索的问题本身。关于如何建立一个更有效率、更高质量的服务产品的基础之问题，是不同于如何建立一个更有效、共同创造的服务流程之问题的。显然，问题的答案将会明显的不同。我们始终认为，服务科学基于服务逻辑的发展比建立在产品的逻辑上将更具有坚实的知识基础。

参 考 文 献

[1] Giarini, O. and W. R. Stahel (1989), *The Limits of Certainty*: *Facing Risks in the New Service E-conomy*, Dordrecht, Netherlands: Kluwer.

[2] Gronroos, C. (2006), "What Can a Service Logic Offer Marketing Theory?" in R. E Lusch and

S. L. Vargo (eds.) *The Service-Dominant Logic of Marketing*: *Dialog*, *Debate*, *and Directions*, Armonk, NY: M. E. Sharpe. 354-364.

[3]　　Gummesson, E. (2006), "Many-to-Many Marketing as Grand Theory: A Nordic School Contribution," in R. F. Lusch and S. L. Vargo (eds.) *The Service-Dominant Logic of Marketing*. *Dialog*, *Debate*, *and Directions*, Armonk, NY: M. E. Sharpe. 339-353.

[4]　　Hunt, S. (1991), *Modern Marketing Theory*: *Critical Issues in the Philosophy of Marketing Science*, Cincinnati: Southwestern Publishing.

[5]　　Hunt, S. (2000), *A General Theory of Competition*: *Resources*, *Competences*, *Productivity*, *and Growth*, Thousand Oaks, CA: Sage.

[6]　　Lusch, R. E and S. L. Vargo Eds. (2006), *The Service-Dominant Logic of Marketing*: *Dialog*, *Debate*, *and Directions*. Armonk, NY: M. E. Sharpe.

[7]　　Normann, R. (2001), *Reframing Business*, Chichester: Wiley.

[8]　　Smith, Adam, *An Inquiry into the Nature and Causes of the Wealth of Nations*, (1776), Reprint, London: Printed for W. Strahan and T. Cadell.

[9]　　Vargo, S. L. and R. F. Lusch (2004), "Evolving to a New Dominant Logic for Marketing," *Journal of Marketing*, 68 (January): 1-17.

[10]　　Vargo, S. L. and F. W. Morgan (2005), "Services in Society and Academic Thought," *Journal of Macromarketing*, 25 (1): 42-53.

[11]　　Service Science Management and Engineering (IBM) . (http: //www. research. ibm. com/ssme/

[12]　　Yang, X (2003), "A Review of the Literature of Inframarginal Analysis of Networks and Division of Labor," in Y. Ng, H. Shi, and G. Sun (eds.), *The Economics of E-Commerce and Networking Decisions*, New York: Palgrave, 69-100.

[13]　　Zuboff, S. and J. Maxmin (2004), *The Support Economy*, New York: Penguin

服务主导的观念模式（思维倾向）

Robert F. Lusch

（美国亚利桑那大学埃勒管理学院市场系）

Stephen L. Vargo

（美国夏威夷大学商学院）

我们认为，服务在经济和企业中所扮演的角色能够提供一个参照标准来帮助和指导管理哲学，这比以有形商品做基础的参照标准更有效且更有助于未来的竞争。这种改进的哲学体系被称之为服务主导逻辑（S-D），它提出八种主要行为以描绘其效力。

引　言

当世界全球变得相互依存和出现动荡时，Peter F. Drucker 的论断显得更加深刻，"动荡时代最大的危险不是动荡本身，而是仍然用过去的逻辑做事。"过去的逻辑依旧沉湎于将生产者与消费者剥离的生产方式。这种逻辑的产生是为了控制最高产量，将效率和利润最大化，并且通常是依靠产品标准化和生产远离市场的手段来实现的。相反，新兴的以服务为主导的逻辑则注重生产者和消费者之间、其他供应和价值网络合作者之间，在协作过程中共同创造价值的互动。这种新的逻辑也被称为服务主导逻辑（S-D）[3,6,7]。

服务主导逻辑由为他人服务以及和他人共同完成服务过程的内因所驱动，因此它是以消费者和消费者的反映为中心的。事实上，服务被定义是为另一实体和实体本身利益去行动、处理和执行的应用能力[6]。它凭借企业的优势去满足消费者的需求并实现组织化和社会化的目标。能符合客户需求的企业能力，是由企业与顾客之间持续沟通所引导的，它可以产生顾客的忠实和竞争优势。

一种新的观念模式

服务主导逻辑需要一种新的有活力的观念模式来使其有效。这种新观念模式的转变可以概括为八个方面：（1）从商品生产向提供服务的转变；（2）重要性从有形向无形的转变；（3）将静态的对象性资源的消费和消耗转化为对动态的操作性资源的创造和使用；（4）认识对称信息的策略优势而不是继续认可不对称信息；（5）由宣传向交谈对话转变；（6）明白企业只可以制定和遵循价值主张而不可以创造和增加价值；（7）在焦点方面从关注单纯成交向注重客户关系的转变；（8）以利润最大化为目标向以财务状况信息反馈为重点的转变（表1）[4]。

表1　G-D 逻辑与 S-D 逻辑对照

商品主导逻辑	服务主导逻辑
商品	服务
有形资产	无形资产
对象性资源	操作性资源
不对称信息	对称信息
宣传	交谈
附加价值	价值主张
交易型	关系型
利润最大化	财务反馈

从产品到服务

当企业本身被视为一个制造商，这就暗示了它将以销售自己生产的产品为目的，销售更多产品被看做是赚取更多的金钱的关键。因此不愿意出售过多的产品几乎是没有逻辑可言——但为什么大众想要少量销售汽车或者陶氏化学公司要少量出售化学制品？相比之下，服务主导逻辑提出，因为这些产品实际上是提供服务的手段，消费者通常购买的是服务流程而不仅仅是一个有形产品，因此企业需要注重服务流程的销售。从服务水平来说，若能做到由最优化组织或网络配置来维持服务，并在交易中为服务做出合理的定价机制，那么这将优化产品的配置。换言之，组织是被鼓励去思考服务系统的。有形资源是我们生态系统的一部分，它也可以被视为在完成服务。例如，昆虫或树木对农作物进行的自然授粉可以帮助预防侵蚀作用进而保护了流域就是提供服务的例子，就像在房子周围种植树木来为夏天提供阴凉为冬天提供阳光和热一样。这些服务流程可以成为一个工业产品的替代品。例如，沉淀物质和营养物质流入巴拿马运河是由于在运河沿岸砍伐了森林。当沉淀物阻塞了运河，营养物质会间接的刺激水草的生长。政府或选择通过购买设备并雇佣工人不断地挖掘来保持运河的清洁，或选择重新种树来保持清洁。而这些被种植的树木可以储存沉淀物质和营养物质并且帮助调节淡水的补给。所以森林以一个巨大的蓄水池和过滤层替代品的形式提供服务[1]。

从有形到无形

万事达信用卡开拓了一个围绕着"无价"这一主题的全球化的营销活动。它的具有代表性的广告先是描述了消费者购买有形产品例如食品、酒、家具、服装或者珠宝。随之显示了每一项产品的价格（交换价值）。然而，每个广告的结尾都强调了购买产品就意味着获得了一个"无价"经验（使用价值）的主题——例如，和你心爱的人共度美好的晚餐时光或看着你们的孩子赢得一场球赛。在以服务为主的世界中，了解的重心是：无形的交换是首要的、基本的，而这不是有形的。

从有形到无形的转变同样把组织的重点放在寻找消费者需求的问题上。有一句格言说，人们买的不是9英寸的钻头，而是9英寸的钻孔。在企业间营销中被称之为解决方案式销售。在所有企业和行业中，越来越多的颂歌是关于提供解决方案的[5]。杜邦公司和陶氏化学公司提供了使用化学来改善生活和全球可持续性的解决方案；嘉吉公司提供了提高农民收益或增强食品营养价值的解决方案；英国石油公司则提供了帮助满足工业和消费者能源需求解决的方案。当焦点变为解决方案和无形形式，企业所要学习的是它们的有形内容占据产品的成本比重变得越来越小而品牌变得重要且有价值。阿迪达斯、苹果、贝纳通、可口可乐、劳力士、星巴克这些品牌都是无形的体验；有形的内容仅仅是为了使客户体验更持久更有意义的装置[7]。

从对象性资源到操作性资源

静态的对象性资源通常是有形的，并且需要利用其他物品对其进行加工才能变得有用的，然而一个动态的操作性资源是巨大且无形的，它可以产生巨大的影响[6]。在服务主导逻辑中，最基本的财富资源和唯一可靠的竞争优势来源于对一个无形的资源的了解程度。那些大量投资在知识发展的全球企业（或国家）将能够适应快速变化的科技世界。此外那些将劳动力转移到低成本地区的企业（或国家），如中国或印度，则要认识到为了他们的利益，他们应当去发展新的劳动力知识和技能。

服务主导逻辑提出，所有在价值创造过程中的参与者都可看做是动态的操作性资源。因而，它们被作为企业（或国家）创新和价值创造最基本的资源。

从不对称到对称

服务主导逻辑认为所有的交易都是要对称的。对称信息和对称处理的含义是：（1）不通过拒绝与消费者、员工和合作者们分享那些可以使他们做出更好选择的相关信息来误导他们；（2）所有交易和贸易合作者都需要被平等的对待。第一个含义很大程度在企业层面上，而第二个含义则为国家提供了重要的导向。

在一个全球化的网络经济中，信息对称的至关重要性是因为系统会把那些不值得信任的组织驱逐出去。组织必须同时通过企业和顾客来提高信息的对称，同时认识到在企业内部不同科室和部门可以成为彼此内在的消费者和供应商。简而言之，它支持以说实话作为一个全球商业的普遍基准。

服务主导逻辑所主张的第二种对称方式是与贸易伙伴的对待方式相联系的。除厂商间是这样外，国家层面、全球层面亦是如此。本质上，贸易伙伴的对称处理就意味着要用你所希望被他人对待的方式来对待他人。这意味着消除人工建立的壁垒为合作伙伴提供优于他人的好处和优势。

从宣传到交谈

广告起码从通常实践的角度来看更倾向于是一种宣传。因为它的目的是为出售厂商的产品做广告，所以难免在广告中一面倒地鼓吹厂商或带有偏见的信息。然而这还不算糟糕，购买者如今已经获得了越来越多的信息，这使得他们厌恶那些不准确的、滥用的、骚扰性的或者过度一面倒的信息。

服务主导逻辑认为交流应该被赋予交谈和对话的特点。这种方式不仅包括了消费者，也包括了可能会受到服务交易影响的员工和其他有关联的利益相关者。所有的利益相关者都需要成为市场对话的一部分。

服务主导逻辑鼓励企业多听少说。建议市场营销者们应当着重听取市场发出的声音和讯号。在此认识下，越来越多直接进行经济交易以外的人表达了他们关于全球经济交流活动的观点。例如一些关于企业活动的动态，或企业的供应商雇佣童工，又或者遍布全球的品牌营销活动对地方文化的影响。服务主导逻辑企业不仅会听取所有这些声音，并且将会参与到会话中去。

从价值增加到价值主张

在以产品为主的逻辑中，价值被看做是产品可以在制造过程中被附加的一种属性（经济利益），它等同于交换时从对方换取来的价值。因此，如果一个消费者为某种出售物品支付了货币，则假设在交易中价值複等值货币体现出来。这种逻辑暗示了企业在生产和分配中积累成本开销后（资本家以此来换取劳动力和资本运作），他们就可以根据这些累积的成本来设置价栎。交易者们采用一种"成本加成"的观念模式，认为任何成本都将被摊入到供应链的下一环节并最终分摊到消费者和社会身上。

价值是被消费者所控制的观念模式暗示了企业只能为一些有需求的客户通过

企业运用自身资源所创造出被提供的服务的价值来报价。因此，企业只可以提出一个价值主张，如果价值主张随之被接受，则价值将在与消费者的合作下共同建立。交换价值，就是价格支付中所反映出的价值，是一个消费者接受了价值主张后企业能接受到的最少的基本价值（长期的服务关系才能有创造更多价值的机会）。

从交易型到关系型

无论何时社会都存在着劳动专业化和劳动分工，专家们为了牟取福利而相互依赖，否则将无法生存。正如同目前专业化在全球层面的增加情况一样，这样的相互依赖关系也在增加。当个体变得更加相互依赖时，就增加了他们共同合作的可能性。

一种促进这种合作行为的方法是将关系、社交和合约持续深化。这些关系合约使得经济实体（个人的和集体的）和环境相联系。企业在过去的 25 年，已经重新使用并且设计了这种关系定位（不同于交易型）。这并不令人吃惊，因为正如随着时间专业化和交换交流在增加一样，关系也随之增长。事实上，普遍意义上的社交和特殊的全球性社交的兴起都是关系化的现象。服务主导逻辑天生具有关系性，一定程度上是因为它意味着需要多方合作共同创造价值。因而，服务主导逻辑所引导的企业不可能对消费者或者社会漠不关心。

从利润到财务反馈

服务主导逻辑词汇表中是不存在利润最大化这个词的。服务主导逻辑把商业和市场看做是一连串的社交和经济过程，在这个过程中，企业不断产生和测试其自身的设想。企业从财务结果中进行学习，试图更好的去服务消费者并且获得稳定现金流。服务主导逻辑包含了以市场与消费者需求为准的倾向和以不断学习为准的倾向。因此，财务成功不仅仅是关乎它自身层面的情况，还是一个关于价值主张是否实现的市场反馈的重要模式。所以，支付价格、利润和现金流都是企业活动范围内服务是否满足了消费者需求的重要信号（虽然不是仅有的信号）。企业可接受的"价格"（交换价值）实质上是一个愿意协作生产的信号。它表示供应（销售者）和需求（购买者）双方在一起达成了使用资源能创造的最少的价值的共识（后续的合作则可以创造更多的价值）。这些价格是可以反映现实情况的很好的信号，也是消费者需要和需求的直观反映；这种价格反映出的情况要远远好于那些由政府或计划组织从上而下公布的官方说法。

执行服务主导逻辑

对许多组织来说，在一个全球高度竞争的商场上执行服务主导逻辑是一种挑战。因为旧的做事方式和根深蒂固的习惯消亡的十分缓慢。这不仅是关于企业做事的方式，在如今巨大的全球供应和价值创造网络贯穿企业时，这种挑战更加令人畏惧。

当巨大障碍和阻力居然来自于你的市场销售人员时不必感到惊讶。他们已经习惯于围绕着传统观念的产品、价格、推广和渠道（神奇的市场营销"4P's"模式）去思考构建工作。从许多方面来看，市场营销过去的失败是由于"4P's"模式对市场的影响其实是有限的，尽管人们认为市场完全可用"4P's"模式掌握。产品的开发大部分被安置在工程部，价格和贸易条件则绝对是财务部的责任，推广通常会在广告、公共关系和销售管理中被分担，渠道通常被运输、后勤或不动产部门所控制，但他们却往往不使用同一个控制链沟通报告，这种高度的劳动和专业化分工产于经典的产业组织理论，专家通过一个中心化的战略计划分开或集合完成工作。这种简单的方式在未来将会失效，这是由于高度竞争的全球环境是令人惊讶的迅速和大幅度在改变，因此这种分离模式将要为一种互动的模式让路，而这种互动的模式正是服务主导逻辑所包含的。

我们已经发现两种先进的能力，可以成为采取服务主导逻辑的支点。共同协同能力代表纟织机构在一个开放、真实的、对称的方式下与其他方面合作的工作能力。组织机构同样必须拥有内在的专业能力和知识，否则将没有组织会从合作中获利。吸收能力是指组织从环境吸收新鲜事物的能力，包括了你的合作伙伴。要重点认识的是，这些组织能力都是组织文化的一部分。我们都知道文化变化的十分缓慢；因此，如果你的企业还不具有这两种先进能力，就需要通过努力提高这样的能力为服务主导逻辑的成功运用提供平台。

结论性评价

至少从亚当·斯密关于是什么为国民福利做出了贡献的研究开始，我们已经被教导要去以资源的有形产出来思考资源的价值，并通过有形商品的交换来审视经济世界。服务主导逻辑为交换带来了一个更广泛、更全面的视角。它注重的是无形，如同信息可以在如今的情况下即刻穿越国家的界限传播一样，更高层的技能也应出口，并且逐渐的代替有形的商品。如此，这是一种主要聚焦于动态运作资源——服务应用的逻辑。这种逻辑表示企业和国家对市场的策略和方法多少与之现行的主导逻辑是相反的。它指出正如同要把个体和企业的福利看做是与社会福利密不可分的一样，要把国家财富与全球财富也看做是密不可分的。这些福利和财富的关系反之亦然成立。

参 考 文 献

［1］ Economist（2005）"Are you being served?" *The Economist*（April 23）：76-78.

［2］ Haeckel，S.（1999）. *Creating and Leading Sense-and-Respond Organizations*. Boston：Harvard Business School Press.

［3］ Lusch，R. F. and S. L. Vargo，Eds.（2006）. *The Service-Dominant Logic of Marketing*. Armonk，New York：M. E. Sharpe.

［4］ Lusch，R. F.，S. L. Vargo，A. Malter（2006）. "Marketing as Service-Exchange：Taking a Leadership Role in Global Marketing Management," *Organizational Dynamics*（forthcoming）.

［5］ Sawhney，M.，S. Balasubramanian，and V. Krishnan（2004）. "Creating Growth with Services," *MIT Sloan Management Review*，45（Winter）：34-43.

［6］ Vargo，S. L. and R. F. Lusch（2004）. "Evolving to a New Dominant Logic for Marketing," *Journal of Marketing* 68（January）：1-17.

［7］ Vargo，S. L. and R. F. Lusch（2004）. "The Four Services Marketing Myths：Remnants from a Manufacturing Model," *Journal of service Research*（May）：324-335.

服务创新的集成方法

Greg Oxton

（美国加州服务创新联盟）

我们能否以处理产品创新同样的方式来处理服务创新？运用传统的工程方法和研发投资是否能产出可行的并与消费者相关的服务项目？

服务创新联盟已经注意到，服务既无法在研发实验室被创新也无法通过我们设计产品的方式设计。这个事实出于两种原因。其一，消费者并不能被安置在研发实验室和产品设计流程中；其二，基于制造业生产模式的传统方法，有利于有形商品生产，但这并不适用于无形的、以价值为基础的服务。我们认为企业必须去发展让客户参与和创新都能够持久存在于系统之内的组织模式或组织系统。

本文明确地描绘了一种自适应结构，能够实现在一个动态的环境中持续的创新，这种持续的创新建立在不断学习、紧密联系知识、角色转变和以价值为基础的标准的基础上。

自适应组织

自适应组织是由服务创新联盟成员创造的一种经营策略。它从集体思维和集体经验的过程中进化而来。本章阐述了"Betty项目组"开发的组织模式的最初概念[1]。联盟成员近期则致力于新兴实践方法的开发与验证。

自适应组织模式力图将消费者的观点、体验和创新集成到服务产业的生命周期当中。同时也试图通过将持续的增加人与人及人与物之间的联系，来改善服务创新和服务交付流程。

引　　言

为什么要向自适应组织转变？联盟成员在发展和贯彻以知识为中心支持（KCS[sm]）方法论的自适应组织时遇到许多壁垒。尽管 KCS 概念平凡无奇，但是它的运用却被证明是非常具有挑战性的。探究这些挑战揭示了我们传统商业模式存在功能障碍。沟通对话的核心问题是人、知识和互动的关系。从讨论中得出这样一个概念，即关系是一个健全服务组织的核心组成部分。成员的经验清晰的表示，传统的以制造为基础的商业准则和实践方法与以关系为基础的模式是存在差异的。三个关键情形已经显露并证明了一个新的方法：

　　——无形资产代表了最大的价值源——对大多数公司来说，价值源已经从有形资产（物质商品、产品）转变为无形资产（服务、信息、关系、信誉和影响）。

　　——我们所从事的商务活动正对有形产品起到最佳的优化结果——伴随我们近百年的、传统等级制的组织结构、组织命令和控制活动的模式反映了一个线性的、制造业生产的模式，这样的目的是高效创造有形资产（物质产品）。虽然现在价值源已经转变为无形资产，但我们还没有改变我们的经营和管理方式。

　　——"个体"的力量——互联网和开源社区的成长已经使信誉和影响力产生了显著的变化，如今一个单独的个体可以从内部或外部影响一个组织。消费者通过博客或维基百科来分享他们的经验，与在公司的营销形象上花费数百万营销资金相比一个单独的消费者要更能够影响一家公司的信誉。光在谷歌中"戴尔去死"的博客就拥有超过 500 万的点击率，这个令人沮丧的服务经历也被《纽约时报》和《商业周刊》所引用。公司需要放弃控制的错觉，学会用迎合员工和消费者的方式来建立福音而不是恐吓。

　　如果现有的商业活动并不适合当前形势，我们就需要去思考一种新的组织模式，而它又会是什么样子的？联盟中的一个团队已经开始在一个称为自适应组织的概念中探索和研究它的答案。

一种知识型的网络

　　自适应组织是一种包含了人和互动的知识型的网络。与其说它是一个静态的可预测的能力或是传统生产制造的能力，不如说它是动态的、可生产灵活的无形的结果的能力；它也最善于创造和发展这类能力。差别在于不断增长的人与人之间和人与知识之间的一种相关水平。

　　自适应组织模式表现了一个焦点的转变，如表 1 所示。

表 1　自适应组织模式中焦点的转变

传统焦点	新焦点
产品	服务
行动	创造价值
交易	互动
满意	忠诚

　　新的焦点力图能够长期持续的创造价值。多数组织变得如此沉湎于过去的成功，这使得他们缺乏观察超越所从事事物以外事情的能力。他们还没有触及到这些的边缘，认识不清激发他们学习和创新的模式及其内在涵义，这些有可能超越

他们过去的成功。

反思角色和界限

　　与其认为注重于角色区分和做出决策可以从局部优化生产力和生产结果，不如考虑自适应组织能够怎么通过灵活的贡献来提高生产力。它的重点是提高人们之间互动的关联性，无论扮演的是什么样的角色。在旧模式中，人被认为是一维的资源，他们在组织中的角色或位置被死死的固定住，创新只限于那些被明确指定为"创新者"的参与者们——如一个研发实验室或者一个生产团队。相反，自适应组织认为人是多维的，因此人们有资格跨越广泛的领域来做出贡献。而贡献的机会是一系列能力和声誉的证明，而不是对自己的职务描述。人们的信誉是随着时间发展，与所证明的能力为基础建立起来的。人们在组织中所扮演的角色是以他们的能力和条件为基础的。自适应组织使消费者、合作伙伴、服务和维修配送人员可能做出意料之外但是却被认可的贡献。

　　人与人之间的互动是以需求、背景及被认可身份为基础的。将消费者融入过程不同于被置于流程要达到的目标，可以使得组织不断将它的策略和产品与消费者的需求统一。事实上，消费者是组织必须包括的元素，已经达到了与员工之间的区别模糊的程度。自适应组织网络超越了传统组织的界限。

原理

　　自适应组织不像等级制而更像网络制。他们使用关系为主的组织原则为基础：

　　　　——一致性
　　　　——透明化
　　　　——身份
　　　　——网络

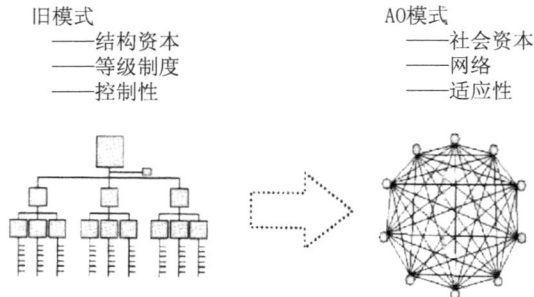

旧模式
　　——结构资本
　　——等级制度
　　——控制性

AO模式
　　——社会资本
　　——网络
　　——适应性

图1　从静态的等级制到动态的网络化的转变

一　致　性

保持一致性的关键是网络中的参与者们要能够做出与组织目的和组织价值相符的决定。那什么样的意图和目标是组织试图达到的则要被定义。价值是他们在达到目标的过程中评估可接受的商业活动的标准。组织目的和组织价值的一致性始终贯穿发生在所有组织阶层。

一致性首先从领导阶层开始。领导（们）需要制定一个使人们可以与之相关联的高阶的目的，并建立一系列有意义的价值。目的反映了一种视角；理论上来说它是利用了来自于组织中的一种积极的情绪反应的，简单的价值主张。

在更加详细的和经营的层面上，一致性原则采用一个战略框架的方式，这种方式将意图和视角与目的和目标联系起来，在组织中由上而下的进行传递。对于这种方式，平衡计分卡是一个有效的措施。

一致性原则使得组织的重点发生转移，它从任务阶层式管理，即关注于工作该怎么做，转移到关注于我们应该试着完成什么，这是渴望积极结果的心态。这是一种从怎么做到做什么的转变，这种转变也使得人们在工作中找到完成工作的最佳方式，因而这样一种使创意和创新成为可能的局面在传统的把组织分为几个孤立部门的结构中是找不到的。

在自适应组织中的人（所有的人）都需要纵观全局（目的和价值），并认清他们在其间的角色。

透明化——将界限阻碍剥离

一个网络在关键参与者间会建立起点对点的联系。销售方和客户关系的好坏，最终是否成交，这取决于销售方能否先让顾客明白自己所提供的销售商品是什么。因此，顾客对于销售方的印象和判断标准是在交易前和服务互动产生前就已经建立的。

遗憾的是，传统的等级和线性模式就像建造了互动和组织阶层的筒仓一样，缓冲了消费者作为决策者的影响（直观的来看也就是说，人被置于产业链的末端）。市场中这种线性方法在双方达成共同意向时不能使互动更简单，更糟的是，因为不能进行有系统的交易经验的累积，每一次交易都像是一次又一次的重复第一次交易一样。

反过来说，网络模型可以将卖家和客户，研发者和研发者联系起来。这种彼此的关系并不是有管理有组织的。它们这种关系是被客观环境所要求、激发和培养的。因此，外界的认识、购买决定以及发展趋势都是受到顾客这一公司最重要的资产影响的。卖家和顾客对彼此的了解更多，所提供的产品和服务也就可以更大的提高与客户需求的相关性。

如果我们用开源来做一个例子，顾客通常就是使用者。与传统的商业模型不同，顾客并不会出现在研发实验室或者公司发展战略和公司发展服务当中；他们把重点放在实用性能上，而不是频繁设计"浮华的装饰"来推动刺激需求。

为了使互动更有效，与客户的预期和结果相联系的互动应该发生在企业营销的战略层面上。当客户参与了战略层面的讨论，卖家将顾客需求和自身需求的满意结果相结合，市场策略就兼顾了双方利益。

这种以网络为基础的互动模型使得人们达成一致（例如，市场和商务策略的制定，采用顾客构建的理想的解决方案），所以人们可以相互配合影响，相互理解并且达成共识。顾客也变成了贯穿企业服务生命周期的商务流程构成中所必需的一部分。

透明化的原则对于最优化联系的相关性是至关紧要的。这也是网络可信赖的基础。如果参与者看清互动的性质属性和被创造的价值的实质，这就使得彼此在这个网络中具有相互认可的地位以及被信任。诚实正直这个元素在自我约束管理网络中是由身份和透明组成的。

身份——阅历和名誉

在自适应组织中，人们通过他们自身的兴趣和需求来待人处事。

身份和名誉变成是否构成联系至关紧要的促成要素。人自身和事物在网络中都有一个身份。名誉作为身份的一部分在网络中是随着时间的推移和行为方式发展的。通过名誉，参与者与事物得到或者失去认可。

网络中的身份认识，是通过关于人和事静态的和动态的大量信息概况来确立的。概况的目的是使得确立相关联系和信任感的信心足够丰富。

这样的环境下，安全和隐私成为具有挑战性的问题，这必须在处理概况时被考虑。正如同我们在处理我们的社会互动情况一样，我们会基于对对方情况的了解来决定与他人交流的程度。

通过认识和亲见来促成正面的互动会为网络创造价值，这和传统分等级的或者线形流程的商业模型是相当不同的。通过网络，人们将可以：

——基于他们此刻（不是指前已预订或者已固定的流程）的需要占有资源（例如人力或物品）。

——贡献价值，因为这使他们的价值和利益形成一致，也可以建立他们被认可的正统身份（并非他们不得已）。

——认知他人，这是通过他们唯一的身份和名誉来达成的（不是通过与别人区分开的描述），因为身份名誉通过已承认的价值反映了他们实际的能力。

——在社会中确立正统的认可，这是基于他们参与和贡献的行为，然后获得自己的身份和名誉确立的。

网络——相关性互动

传统的组织以经营层次和工作范围为标准来衡量他们的生意。这是一种以交换或者制造为基准的世界观，在这个框架下，厂商的行为活动与最终结果具有很强的关联性。而在以价值为基础的模型中，行为活动与最终的结果则只有很弱的关联性。在自适应组织中，我们依赖的是互动而不是交换，区别在于互动就意味着要不停的学习和完善。

多次的互动会建立一种关系。每一次互动都是向他人学习的机会，这也将成为进一步在将来提升价值的基础。持续不断的学习是一个自适应组织的基本特征。

关系的"健康和价值"是由随时间展现的互动的情况以及学习情况决定的。例如，微软最有价值的专家，是在一个群体中以一个个体行为的出色工作显露出来的。如 Marc A. Smith 的《个人沟通》中说的一样，这与一个刻意的过程不同，它其实是不经意且含蓄的。我们通过对平时没有刻意表现的行为和学习的认可与赏识，找到达到最终结果的驱动力。这些驱动力帮助我们决定谁在网络中在创造价值，怎么提高互动的相关性。我们可以根据相关性程度、互动的丰富程度和多样性、被创造的价值以及企业从共有经验中学习的能力来衡量网络的健康。

服务网络

"服务"行业的性质认为执行尺度不是通过独立的事件或者直接的反馈就可以掌握的，而是需要在学习交叉学科一段时间后才可以掌握的。在环境中的互动关系被监控的同时，互动也用来学习动态的和被肯定的榜样——而在活动层面，这并不是所设置的必须的目标或者激励。

网络健康是直接关系到服务企业利润的。在传统的等级结构里，利润率在服务增值方面总是不理想的。在一个自适应组织中，网络结构提供的基于经验及时学习的能力减少了能力的重复挖掘，提升了组织的效率。

途径——灵巧的方式

自适应组织需要逐渐的培育而不是一步到位。联系的搭建、知识和价值的创造和分享是因为参与者感觉到一种共同的目的、连通性和归属感。

知识是个人的。当还不够先进的企业自以为已经掌握了雇员的知识的时候，其实雇员们知道这并不是那么回事。我们的知识是我们之所以成为个体的一个很重要的原因：我们的身份，我们的价值。只有当情感方面产生联系并且对我们来说会产生积极正面的结果时，我们才会跟他人分享我们的知识。这是一种关于对共同目标产生一致性的合作，也是有信心认为其他人对这种目标的承诺是真诚地的合作。

结　　论

设想一下如果我们生活中的每一次互动都与我们关注在意的事物高度相关，并且我们可以通过每个人独特的，不同的技能被承认，那我们的生产率，我们的价值，我们对工作的满意度会发生什么？我们疲于应付的挫折感是否会变为成就感以及大量的新机会？

自适应组织可以：

——提升能力、思维和潜力；

——持续学习；

——促进创造和变革；

——增加多元相关性；

——创造经济价值。

转变的发生并不是新状况，我们已经转变到了服务经济。对于绝大多数行业来说，价值的源泉，特别是利润，已经从有形的实体事物——产品，转移到无形的抽象事物——联系和忠诚度。行业区别的本质从特征和功能以及价格订制转变到了客户的体验。

当我们的结构和实际操作没有变化的时候，行业价值的根源转变了。以责任划分、线性流程、行为准则以及谨慎面向特定客户群的传统生产线制造方法对服务产业来说已不是最佳的组织方式。需要建立一种新的商业实践模式，这要求组织形式从传统的命令控制、等级制度、线性流程的方式向培养型、自我完善、无限制的人与知识的网络转变。

这种新模型包括了非线性的流程和建立一个持续学习动态系统的多种情况。知识的传播、确立及革新是其内在固有的性质；这是一种服务革新的集成方法。

参 考 文 献

[1]　The Adaptive Organization Operational Model
　　　http：//www. serviceinnovation. org/included/docs/library/programs/ao_opmodel_v1.4.pdf
　　　The following work has been instrumental in our thinking：

[1]　Allee，Verna. *The Future of Knowledge*. Butterworth-Heinemann，2002.

[2]　Christensen，Clayton M. *The Innovator's Dilemma*. Harvard Business School Press，1997.

[3]   Collins，Jim. *Good to Great*. Random House Business Books，2001.

[4]   Cross，Rob，and Parker，Andrew. *The Hidden Power of Social Networks*. Harvard Business School Press，2004.

[5]   Hagel，III，John，and Brown，John Seely. *The Only Sustainable Edge*. Harvard Business School Press，2005.

[6]   Reichheld，Frederick F. *Loyalty Rules*. Harvard Business School Press，2003.

[7]   Snowden，David，Complex Acts of knowing，*Journal of Knowledge Management*，v. 6 （May 2002），p. 100-111.

[8]   Wheatley，Margaret，*Leadership and the New Science*. Berrett-Koehler Publishers，1992.

[9]   Zuboff，Shoshana，and Maxmin，James，*The Support Economy*. Penguin Books，2002.

服务科学、管理和工程教育篇

将服务科学概念引入到课程教学的实践中

Eleanor L. Babco   Carol B. Lynch   Patricia McAllister
（美国研究生院理事会）

随着美国经济重心从制造业向服务业转移，随着高等教育参与者的多样化，随着全球市场压力催促教育院校开发新的课程和实践，有关研究生教育顺应这些环境变化的综合知识需求越来越显著。两个问题需要重视：有哪些基础知识可以支撑服务科学领域？在研究生阶段怎样的课程安排可以适应这一领域的交叉研究？研究生院理事会，致力于提高研究生教育质量的全国性领衔组织，专注于开展这样的研讨。本文将高度关注服务科学课程安排中的学术问题，并将提供理事会成员院校相关课程的基本纲要。本文还将为 2007 年研究生院理事会组织的关于全球服务科学课程发展进程的会议，提供背景分析论文。

引　　言

研究生院理事会，是唯一专门致力于研究生教育质量提高、权益代表的机构。理事会成员包括 470 余所美国、加拿大的大学，13 所北美以外的大学。总体而言，这些会员院校授予超过美国所有博士学位的 95%，和大约美国所有硕士学位的 85%。

为保证其一直以来提高研究生教育质量的使命，研究生院理事会已经成为了就当今重要问题进行思想交流的论坛。理事会以其独有的研究生关系群，使得研究生院院长们如同经理人一般在其院所内开展变革。而每当需要在师资队伍中开发新课程，在学院行政人员中获得对新课程的认可和支持时，这样的做法能使他们成为领导人角色。

"未来师资储备"项目是实施这样策略的一个案例，这一项目由研究生院理事会与美国高校联合会及大学共同发起，旨在改变研究型导向的科系的方向，培训博士生教学职业能力，比研究型大学更注重教学职业能力的培养。如今，在超过 45 所拥有博士学位授予点的机构和近 300 家合作单位内，"未来师资储备"项目表现十分抢眼。研究生院协会"未来师资储备"项目已经成为广为认可的全国性活动。

另一个案例是当前对"专业科学硕士"制度化的努力，这一课程项目是与研究生院院长共同促进、支持、提携"专业科学硕士"的开创性活动。研究生院理事会将"专业科学硕士"视为硕士研究生教育中最为重要的新发展。"专业科学硕士"是于 1997 年由两家主要的私人基金会正式提出的概念。这一项目基于两年的标准学历教育及学术研究，其包括四项基本要素：（1）高等数学或科学课程（大约 2/3 的要求）；（2）附加的商业原理课程和其他专业技能，如书面及口头沟通能力、知识产权和企业家精神；（3）在"专业科学硕士"定向就业领域的实习环节（通常是有酬且在学期之间的暑假）；（4）最后的扛鼎之作通常是跨学科的团队完成的项目，而非学术论文。

个人"专业科学硕士"课程的发展可以被视为一项研发项目，尤其是在创业型企业中。一项持续性的商业计划通常包括不同的学费，需要"研究"（计划）阶段，而在"发展"（实施）时必须认清这个课程是"资本消耗"为先（在新设员工岗位和职员收购的投资），而成功的课程往往迎合雇主需要、抓住学生兴趣，因而生产的"产品"（注册入学）又能维持这样的项目。

这些专业学位特别适合国家将创新竞争能力提为议事日程的需求。Goldman Sachs 基金会简述了其中的挑战："当今全球经济发展需要成熟老练并受良好教育的工作者，他们能迅速整合日新月异的技术，处理复杂的信息，并能在多种语言文化背景下进行沟通[1]。"尽管"专业科学硕士"并不特别包括语言培训（英语已经逐渐被认可为科学研究的通用语言），但他们正符合非学术型员工的需求，而且这是由针对领域的咨询委员会明确清晰提出的。对于高等科学或数学、跨学科知识的熏陶和专业商业技能的综合学习，造就了有志于创业的高级适应性研究生。就其本身而言，"专业科学硕士"以其对高等理论学习、专业及跨学科知识培训的整合，能够为专业独立硕士学位课程树立典范。

目的在于，使得"专业科学硕士"如同"未来师资储备"项目一样，为研究生院院长、科学师资、决策者等所熟知，同时产生更多的、更合格的"知识型劳动力"。这样跨学科、市场导向的"专业科学硕士"课程也能作为服务科学课程发展的模型。

因此，我们相信，研究生院理事会将不可替代的成为一场全国性研讨的引领者，这场研讨围绕服务领域进行探讨与研究，在这一领域中如何通过有前景的实践，来提高基础知识的理解能力和课程的潜在能力，而研究生院院长们将成为服务科学制度化过程中的关键人物。

服 务 经 济

美国劳工部、劳工数据统计局表示，到 2014 年，美国服务供应将占据非农业工作岗位经济收入增长的全部，在美国经济中占到五分之四的工作岗位。正是由于这一压倒性的统领局面，以及美国在这一领域所面临的来自全球的挑战，构建理论框架、研发方法从而引导服务高效和服务创新显得非常紧急。为了能打造出这样一批劳动者，他们既能提供服务，又能附加"价值"到服务中，就必须把新的范例和实践整合到服务科学领域从业者的培养中。

国家工程学院的一份五年研究报告显示[2]，虽然服务领域占有统领局面，但学术研究界并没有聚焦该领域，也还没迎合服务经济的发展需求。报告引用了服务产业面临的三大危机，这也是大学院校可以从事研究之处：（1）系统和工业工程化理论、方法体系以及质量控制流程在服务功能经济的采纳和运用；（2）对科技研究、社会科学、管理及政策研究的整合；（3）对工程和科学研究生的教育和培训，以使他们能处理管理、政策和社会问题。

一系列针对这些挑战的努力以及服务科学课程的创制已经开始，这些都以培育出服务领域的研究生为目标。其中一个关于服务科学、管理和工程课程发展工作的案例就是在加利福尼亚大学伯克利分校将会建立一个新的服务科学、管理与工程学科的基础。这是一门交叉学科，包括工程学院、信息与管理学院、商学院、互联网社会信息技术研究中心。该项计划将于2006秋季在各个参与学院中研究生阶段开设认证课程。

其他案例包括：

1. 在卡内基—梅隆大学IT服务认证中心开发的，集中在研究生信息系统课程中的服务管理课程。该项课程作为研究生信息系统课程中服务管理的集合。

2. 在北卡罗来纳州大学，有两个学位涉及服务：工商管理硕士（MBA）和计算机网络科学硕士（MSCN）。专注于服务管理方向的工商管理硕士将于2006年秋季开始。这一课程具有两个方向，其一着重于服务供应商和其客户之间关系的管理；其二则偏重于服务创新。计算机网络科学硕士则侧重于服务工程，其中包含服务管理与工程以及服务技术的课程。

3. 在Rensselaer科技学院，决策科学与工程系统系已经采取了跨学科的教育和科研，将统计学、运筹学、系统工程、工业与管理工程以及信息系统整合成具有协同性的跨学科，从而支撑实时的、基于信息分析的决策行为。

其他高等教育机构也认识到有必要开发有关课程，为将来受聘于服务领域的毕业生做好准备。他们都以创建课程安排及内容为目标，从而应对问题、挑战以及有关人力资源的开发、筹划，使得劳动力能够就服务经济领域的成长进行创新和引领。我们的挑战在于：在这些探索课程上积累经验，开发研究基础以提供智力支撑，从而拓展课程安排的深度与广度。

在研究生教育中发展创新

研究生院理事会（CGS）已经站在最前线，在研究生教育与国家利益的交集处发现问题并开创先举，并将这些先举制度化使其成为研究生教育的一般特征。这种方法应用于各个项目的发展过程中，未来师资储备（Preparing Future Faculty）、专业科学硕士（Professional Science Master）、博士完善项目、研究责任行为的始发。这些项目的成果都源于在每个个体首创的"最佳实践"，而适当的推广于学术机构、政府和私人领域。

当研究生院理事会发现一个问题需要深入研究时，一份关于这个问题已知部分的背景介绍白皮书已经准备好。研究生院理事会在这次会议上对服务科学课程方面的问题给予了高度关注，并初步提供了一份可以在其会员机构中开展相关课程的大纲。这将形成一份背景报告，以召集一批高端学者、研究人员、研究生院院长以及合作伙伴对此问题进行深入的探讨，如果合适，则形成最佳的发展步骤。在他们的推荐中，对先创之举的点拨不仅针对研究生群体，更针对其他利益相关者，而对先创之举的认证将是国家保持其全球科技领域竞争优势的关键因素。

研究生院理事会会员院所的院长在整个过程中起到了领导作用，这一过程包括发现合适的人选作为师资力量和行政管理人员开展跨学院、多学科的课程安排与研究。因为研究生院院长具有跨学科的视野和议事日程，并与各个分院合作工作，他们是研究生教育任何创新特征体系化的关键者。在把服务科学从"概念"阶段推进到"操作"阶段的过程中，他们是重要的角色。我们也发现其他利益相关者对于实现这个目标也是必要的，包括其他学术院校的行政管理者，员工急需这些培训的合作伙伴，最终需要潜在的支持服务科学与工程研究的联邦政府。

需要涉及一些知识问题，但并非局限于此：

——研究生教育应该怎样编制整合化的课程来培养学生，如何使其能在提供服务时创造附加值？由于服务领域向来被视为低收益、劳力密集型的领域，从而使该项事务显得非常紧急。

——如何培养出研究生，使其通行于技术领域和商业领域？专业科学硕士（PSM）项目在这方面进行了很好的结合。

这个领域还需要研究生能够在全球化的环境中在技术和经济领域都有竞争力，而且对经济和技术的升级也应灵活应变。

结　　论

研究生院理事会以其足够的经验和影响力，能够通过体系化建设使服务科学作为美国研究生教育的一个普遍性特征。通过参与面广的定期全国性会议，研究生院理事会能够将服务科学的理念植入到研究生院长这一优先性的奠基石中。

当前，大学学术活动在服务领域开创新知识、发展学术课程的机遇非常明显，这还包括对在服务领域培养劳力的国家政策的影响，研究生院理事会将不可替代的领导这一革新。我们相信通过与 IBM 公司这样服务科学领域的产业领头羊的合作，将会开拓出一块新的领域，从而为学生提供技术与实训，以使其在全球服务领域人力资源中具有竞争力。

参 考 文 献

[1] Goldman Sachs Foundation，University Access Program Proposal，2006.

[2] National Academy of Engineering. *Impact of Academic Research on Industrial Performance*. The National Academies Press，Washington，DC，USA，2003.

为服务系统工程定义课程

Sheryl A. Sorby

Leonard J. Bohmann

Tom Drummer　Jim Frendewey

Dana Johnson　Kris Mattila

John Sutherland　Robert Warrington

（美国密歇根理工大学）

　　美国经济逐步从基于农业，到集中于制造业，到现在更多依赖于服务领域。服务领域包括政府代表机构、零售商店、娱乐产业、公共设施和类似服务的提供者，现在占美国经济的 80％多。工程项目，作为制造业时代的典型，往往集中在产品的设计与生产上，而非在服务系统的设计与制造上。因而像工程管理和工业工程这些课程为服务系统工程提供支持时，他们的产物往往与制造环节更多的联系在一起，因此他们并非首选支持服务领域。在这种情况下，德尔菲法（Delphi Study）被用来识别服务系统工程课程的特征、特点和主题。本文描绘了德尔菲法服务系统下的计划、行为及结果，并研究这样的信息如何在密歇根理工大学（Michigan Tech）被用来建设一个新的工程学位课程体系。

德 尔 菲 法

　　2003 年 9 月，密歇根理工大学收到美国国家科学基金会（National Science Foundation）科系水平改革项目组（Department-Level Reform）的委托，在产业领导的协助下制订服务系统工程（Service Systems Engineering）的课程。通过使用我们最近完成的德尔菲法研究，我们为这门新学科开发了很多新的课程构件。

专家小组

　　在课程设计中使用德尔菲法的关键在于确定聘请一个合适的专家小组。为了我们计划的授权活动，我们通过努力联系了美国国家科学基金会（NSF）的项目官员，参加了 NSF 发起的关于服务领域工程化的会议，会见了与密歇根理工大学具有联系的各类咨询委员会的人，并与其他可确定的人取得了网络联系。我们在制订课程体系时向潜在的专家组成员发了信请求帮助。

大约 21 位服务产业的领军人物同意作为我们专家组的成员。主要的服务领域罗列如下：（1）大学；（2）健康关怀中心；（3）银行、保险和法律服务业；（4）技术和工程服务；（5）货轮装船与运输；（6）消费和零售；（7）城市管理服务产业和通讯业；（8）社区服务业。这里要指出，并不是所有的专家组成员都对调研作出反馈，因此每轮调研中的样本大小都有所细微差别。专家组成员的经验从 6 年到 43 年，取平均值为 22 年。咨询师是所占职业类型最多的一种。

自由讨论会议

2003 年 11 月，我们在密歇根理工大学校园里与多名产业领袖一起召开了自由讨论会议，以此发现对于课程安排而言哪些是重要的课题。本文的作者也参加了这整整一天的会议。

第一轮德尔菲研究

在组建好我们的专家组并且通过自由讨论会议发现潜在的课程主题后，我们开始了德尔菲法。为了第一轮的研究，我们开发了基于此前成功的课程德尔菲法研究案例的统计工具。这项工具包含了可能与服务系统工程课程有关的种类和特征。在第一轮中，专家受邀对工具中的种类及特征确认和修改。专家组成员有很多选择：（1）可以指出整一个门类应该删除；（2）可以从每单删除项目中再挑选个别特征内容；（3）可以在某一门类中增加一组特征；（4）可以对独特特征重命名。如果需要的话，专家组成员可以把一个门类下的特征转移到其他门类。在开发第一轮工具中，我们注意保证所有门类与特征都是随机罗列。

第一轮的调查包含 9 个主要的课程门类，每个门类包括多项特征。在 9 大门类中共包含 50 项有效特征。我们要求受调查对象接受或拒绝每项特征，并对其他应当加进的项目提供具体评论，或者是总体评论。我们采用了一系列人口统计学的数据格式：性别、工作经验年数、最终学位以及职业。第一轮调查通过常规邮件分发，反馈也通过邮件或者传真。50 项项目中有九项被超过 50％的反馈所否决，我们也收到了很多对于应加特征的有价值的评论和建议。

第二轮德尔菲研究

基于第一轮的调查数据，我们进行修整，并将课程主题认证为 6 个主要门类：分析技能、人际关系问题、商业管理与财经、服务流程与系统、服务系统的管理与运作以及公共政策和法律。我们要求受访者对每一项采用莱特式五点量表（Likert）进行打分：1 代表"不重要"；5 代表"重要"。为了比较项目的平均值我们进行了变量分析，我们要求受访者以模块和项目为单位进行处理。我们在每一门类中都采取了这样的分析。如果我们发现项目平均值有明显的差异（p＜0.05），我们会采用多个样本均数间的两两比较法。我们还要求每一位受访者对6个门类进行打分。

我们在第二轮收到了 20 轮完整的调查。在 6 个主要门类中，"公共政策与法律"门类得到了最低分（平均值为 3.4），"分析技能"和"人际关系问题"得到了最高的平均分 4.5，6 个门类中的 5 项在项目平均分中具有明显的差异，唯一例外是"公共政策和法律"在所有项目中低于平均分的震荡区间 3.1 至 3.7。在"分析技能"这一门类中，计算机程序与数据基础设计得到了低于平均分的分数。其他项目的平均分值相差并不明显。在"人际关系问题"中，公共关系和争端处理得到了低分。在"商业管理与财经"中，市场营销获得了最低分，而项目成本测算和变化管理得到了最高分。其他在各自门类中获得明显较低分的特征是模仿（服务程序和系统）和人力资源（服务系统管理和运作）。在同一门类中所获分数明显低于其他项目的那些项目，在接下来的德尔菲法中将被删去。

第三轮德尔菲研究

在第三轮中，在每一门类中每一位受访者都被要求对其项目进行排名。六大门类包含了大约 6 个项目，因此，排在第一的项目是最重要的，排在第六位的是最不重要的。主要的主题门类也根据他们的重要性进行排序。每一个受访者按 1 个模块和 6 个项目单位来进行分析处理，我们使用 Friedman 的测试法检查平均排序中的显著差别（p＜0.05）。如果发现有显著差别，在平均排序中我们采用了成对的比较方法进一步测试其差别。

我们还要求受访者从 36 个特色项目中挑选 10 项作为他们认为应当列入服务系统课程的项目。我们计算了检录每个项目的受访者的分数，使用了均衡平均数分析对各个部分进行了对比。

我们在第三轮获得了 19 个回复。通过六大门类的考量，我们发现在平均排名中有明显的差别。最低的平均排名与人际交往技能和分析技能（表 1）有关联。我们应该记住，相对较低的平均排名值意味着更大的重要性。

表 1　六大门类的平均排名

门类	平均排名
人际交往技能	2.08
分析技能	2.58
商业管理	3.25
服务流程	3.42
服务系统操作	4.25
服务系统管理	4.92

　　通过对六大门类中具体项目平均值的排名的考量，数据分析揭示了很多结论，具体见表 2。在"分析技能"门类中，在平均排名间有显著差异（p＝0.021）。模仿获得最高平均排名（最不重要的项目）（平均值＝4.63），概率与统计获得最低排名（最重要的项目）。在"人际沟通"门类中的平均排名里没有明显差别（p＝0.11），平均值从 3.1 的语言技能到 4.6 的促进技能。在"商业管理"门类中，差别存在于边界线的平均值（p＝0.06），最低的平均排名是项目耗费预算为 2.8，最高的平均排名为支出财务为 4.5。在"服务流程"门类中，平均排名存在显著差别（p＝0.01）。绩效评估项目获得最低排名（2.3），工作任务分解获得最高平均排名（4.6）。在"服务系统运作"中平均排名存在显著差别（p＝0.002）。流程评估与提升得到最低平均排名（2.2），安全则最高（4.8）。在"服务系统管理"中各项平均排名也显著差异（p＝0.017），从计划的 2.6 到实际的 4.7。

表 2　服务系统课程门类与规格参数

门类	规格参数
分析技能	问题解决
	经济决策分析
	危机分析
	成本评估
	概率与统计
人际事务	专业责任
	语言能力
	领导力
	技术协作
	服务商技能
	团队构建
商业管理	项目成本计算
	商业计划
	变更管理
服务流程	绩效评估
	流程图表
	工作任务分解
服务系统运作	流程评估与提升
	质量提升
	客户关系
	危机管理

门类	规格参数
服务系统管理	计划制订 预算 管理信息系统

通过对反馈比例（反馈者在十个最重要统计项目中选其一的份额）的考量，在 36 个获评项目中有 3 项获得了比其他规格参数更高的选择。分别为问题解决、经济决策分析和技术写作。

然后我们对第二轮和第三轮结果进行了组合并检查其细节。这项检查主要评估了一项关系，这项关系是指第二轮（分值越高意味着越重要）中的项目平均分和第三轮（分值越小意味着越这要）的项目平均排名。具体项目参数的重要性取决于第二轮中平均分值和第三轮中平均排名的比较。在这些项目参数中具有高度优先性的项目是那些排名在平均之下而分数在平均之上的，而在第三轮中的排名之上而在第二轮中的分数之下意味着是一个低优先度的参数项目，也由此而作为删除项的备选。我们还开展了原则元件分析，从而为形成优先规格参数而对每项参数制定一个综合分。

有十三项规格参数低于第三轮平均排名而高于第二轮平均分数。图 1 显示了这项分析的结果。在这个图中，在右下角的项目被认可为更重要（比利克特量表平均值高，比平均排名高）。最好的综合分出现在绩效考核和流程评估与提升的规格参数中。其余的规格参数在第三轮平均排名之下而在第二轮平均分数之上，他们是任务分解、变革管理、技术协作、专业责任、质量提升、领导力、语言能力、危机分析、项目成本分析以及流程图表（见图 1）。这些规格参数也在我们原则元件分析中得到了最高综合分。其他并没有出现在图 1 中但获得高综合分的规格参数有行程安排、客户关系、计划制订以及概论与统计。

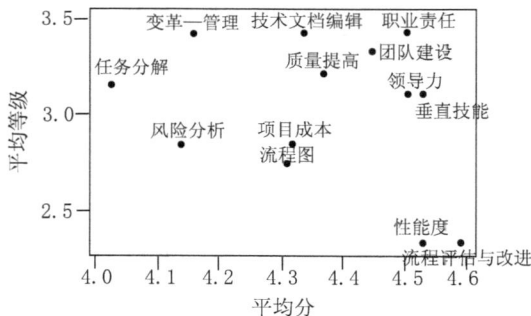

图 1　第二轮和第三轮的结果

第四轮德尔菲研究

在第二、第三轮的结果之上，一项新的统计工具得以开发出来。在本轮中，对于余下的门类和规格参数，小组成员将被要求给出"是"（意即该主题必须包含在服务系统课程体系内）或"否"（意即该主题不能被包含在课程体系内）。至少有75％的小组成员同意作为服务系统课程体系的项目才能被入选。表2给出了本轮德尔菲法最后的结果。德尔菲法的结果将被用作设计具体的课程来组成服务系统工程课程。在外部选区看来我们所设计的课程是否能被视为工程课程将是一大挑战。我们认为的一可行办法在于囊括足够的"传统"主题（静力学、材料力学、热力学，等等）到课程中：①全面培养学生问题解决的技能；②使外部选区（包括ABET）相信这是真正的工程学位课程；③使我们的毕业生能通过基础工程考试而获得最终的证书。来年我们将在这片新领域里全面做好课程建设。

课 程 实 施

2006年8月，一个为期两天的专题讨论会在密歇根理工大学召开，会上将从我们德尔菲法中提取信息来组成一系列的课程体系。专题讨论会的与会者将有8～10名业界和学术界领导人组成，他们曾作为专家组的成员，也是项目的领导人。这一专题讨论会的结果也将呈现于SSME的研讨会。

建议中的服务系统工程课程将基于使用密歇根理工大学ABET所授的科学工程学士学位（BSE）结构。BSE课程曾被引用到MTU的多个课程中，比如环境与生物医药工程。两天的主题讨论会主要聚集在对有关服务系统工程的工程重点上。从我们预先策划的来看，我们预计专题讨论会大约能在工程重点领域确认7～9门课程。专题讨论会还将就课程中的技术选修课做斟酌。

认 证 问 题

我们计划通过已有的BSE课程首先启动我们的课程，确保我们学生能从ABET认可课程中毕业。随着这一课程建设不断完善，我们预计它将形成一门知识产权的学科。必须提及的是早在1980年代，我们的环境工程课程就是通过BSE起始的，而它现在已经形成一个独立的学科。当越来越多的大学建立起SSE课程，ABET也可能有所反应并承认SSE是一个独立的学科，这就类似于环境工程的发展。根据我们以往的经验，当ABET开始认可一个现存的学科时，他们将委派一个委员会来判定学科成果及为SSE创始一个专业学会。为了组建这一委员会，ABET将很有可能主要依靠已经在独立校区建设该课程的大学。在密歇根理工大学，我们可以成功促进这一已有课程的发展，并基于与ABET的协议在服务系统工程上获得全国性的认可。其中一位作者正是 ASME 教育的副院长，也是 ABET 审查服务系统工程任务组的 ASME 的代表。这个活动中的结果也将提交。

结　　论

对于一个已经出现的工程学科——服务系统工程，用构建共识的德尔菲法技术对其进行研究并定义其规格参数，是行之有效的。通过专家组的输入，课程中的元素都被审定，从而能符合服务领域产业的需求。通过这些计划行动，我们现在已蓄势开始面向服务系统工程的课程建设。

在欧洲教育服务经理——对缺陷与机遇的分析

Paolo Pasini

（意大利索邦大学博科尼管理学院）

这篇论文的目的在于对 SDA Bocconi 管理学院服务科学的首创精神进行概括分析，这所学院专注于高等教育。在过去二十年中，有一点很明显，就是在欧洲公司经理的理想课程中要超越在某一单个领域的优异竞争力。无论是制造业还是服务业，市场一再要求经理成为跨专业的人才，能够掌握传统商业功能之间更加高超的知识，也能通晓公司面对外部环境（外包、联盟网络）时的各项选择。基于此，我们开始对欧洲服务经理高等教育的特别首创做勾勒描绘。

引　言

SDA Bocconi 管理学院认为服务科学是教育产品中一块极具希望的领域。在有关服务科学的内容还未完全进入到当前研究生及实践课程中前，这正是把服务科学相关知识融入到企业学员和研究生学生培养中去的好时机。

基于这点认识，SDA Bocconi 为达到以下目标而开始了一项研究探索：

——理解并表达有关专业人员的技术鸿沟，主要指在实施 ICT（Information & Communication Technology）信息与通信技术专业服务、商业流程、变革管理、商业战略、人力管理以及创新管理。我们想知道在何种程度上，这些要素将得益于一种与服务关联特征的综合理解、一种跨功能的角度。

——详细分析已有关于服务管理的文章，建设一个坚实的知识基础，来整合先前的研究成果和最新的有关服务科学的新发展。

——支持并提升有关服务的三类公司的经理技能：（1）服务公司，尤其是那些以"IT"作为核心"生产系统"的公司（比如，保险、银行、金融服务、国际货运、电信等），那些正在再造他们内部与外部流程和核心服务的公司；（2）通过外围服务使其区别于其他竞争对手的制造型公司（比如，家用电器、摩托车、自动贩卖机……）；（3）将自身产品转换为服务的制造型公司（比如，作为服务的软件、通过硬件使用的支付、车队管理、按小时计算的机器工具使用支付）。最后一类更代表了意大利企业，也是我们在教学课程、教材内容发展上关注更多的类型。

　　——基于研究结果，为适应意大利和欧洲市场，我们计划为以上涉及的专业（或者其他感兴趣的）形成总体管理、跨学科基础的具有可靠竞争力的发展，建设一个坚实的综合知识领域。特定的内容将被用于论证研究结果，但我们可以假设他们将六大学科领域有关：商业与市场战略、组织设计与人员管理、IT 管理、创新管理和服务管理。我们相信对于这些能力和一种跨文化方法的整合将成为一个服务经理的理想概括。

服务科学研究对管理问题的贡献

　　以往，有各种各样的有关服务管理的研究。大部分都发展于 20 世纪 80 年代并成为服务科学的基础构件。另一方面，无论这些服务科学管理的理论成果多么精准，我们发现如今企业都需要新的管理者，他们能在信息通讯技术的商业背景下驾驭复杂的商业运营和把握新的机遇。当前市场机遇涉及开放式创新、资助服务模型和消费者产销一体化，以及面向服务架构的最后观点和网络角色下服务设计、服务传输，需要专门的视野和能力，而这些形成了与传统发表的学术知识所不同的地方。

一种新的"服务经理"专业形象

　　服务经理将对现有的经理职位中某些缺失的专业能力做理想的补充构成，这些能力将在战略、组织及 IT 环境中得到锻炼与实施，原因如下：

　　——经理往往发挥范围较小的实用能力（研究与开发、信息系统、组织、人力资源、经营战略等），在功能局限的范围内运用已经建立起来的管理工具和技术；

　　——很少有经理具有一套流程导向的管理方法，甚至在面对影响整个投入/产出价值链（跨越功能或部门边界的）的经营变化时。这些综合的经营变化引发了实质的流程革新（关于合理化、效率、市场时机、客户或供应商关系、新流程所有人角色、新人力资源管理系统等等的内部或外部流程）；

　　——很少有业务经理能具有所有的必需管理工具，包括分析、评估和反思经营与服务流程，考虑"制造还是购买"的选择（内包、外包、离岸、移位等）、客户和供应商合作的机遇（比如，合作开发与研究、合作设计、合作制造、合作营销、合作服务系统等）以及最终产业范围的重新界定；

　　——很少有业务经理能从信息通讯技术中开发机遇，从经常修订产业范围的"汇流"内涵中创造革新的商业（比如基于无线或者自助导向的），在已有产业中改变基础性竞争规律。

服务经理实践课程的架构和内容

实践课程的目的是培养新型专业服务经理，而培养需求又是从 SDA 和 IBM 关于服务科学知识的研究项目中产生。这一实践课程可以由传统教室、远程学习以及家教项目组合构成。教育内容精心设计，尤其应当注重综合各学科和知识领域的整合来获得最佳定义，而且是在多样专业背景之下（见表 1）。

表 1

创新管理					
经营与营销战略		人力管理和组织规划		信息通讯技术管理	
服务管理					

这一课程的首要优势在于多学科的整合，教学必须贯彻专家的有机结合，他们来自不同学科，相互影响。确实存在一类风险，就是老师（只专注于自己的熟悉的领域）中的固有思维可能导致我们所教育的参与者与经理变得雷同；这也就是为何我们相信积极的、实时的跨学科教学的强烈需求，仅凭新的教学内容还不足以打破以上知识领域和固有思维之间的障碍（见表 2 中的一些案例）。

表 2

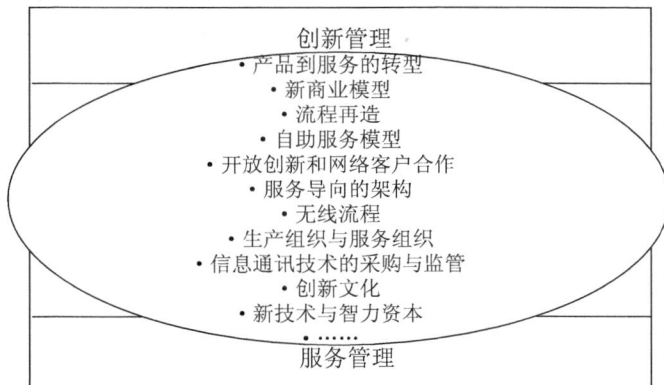

创新管理
· 产品到服务的转型
· 新商业模型
· 流程再造
· 自助服务模型
· 开放创新和网络客户合作
· 服务导向的架构
· 无线流程
· 生产组织与服务组织
· 信息通讯技术的采购与监管
· 创新文化
· 新技术与智力资本
· ……
服务管理

课程的内容和模块将涵盖以下知识领域：

1. 服务管理和创新管理，作为两大平台和统一的学科，整合了以下四大学科或知识领域的固有知识；

2. 经营和营销战略，从产品逐步转向服务的多元商业经营的过程中，打磨其方法和技术；

　　3. 人员管理，适应技术再造的需求，适应在一个更注重协作的、全球化的和非物质化的环境中的能力和新方法；

　　4. 信息技术/信息服务管理，在信息技术管理和新的信息通讯技术及其在公司内的生命周期（并非信息技术市场）的新概念下，面对新挑战下的生存和对商业价值的贡献。

　　内容的规划将基于以下：

　　1. 各方专家的积极团队合作，这些专家包括 IBM 专家（BCS、IBM 研究等等）、SDA Bocconi 教授、来自各类产业中的商业经理和不同知识领域中的研究者和意见领袖；

　　2. SDA 与其他学院关于服务科学领域的知识交流；

　　3. 全球范围撰述材料，包含经营管理和科学研究的以及类似的教育课程；

　　4. 此前提到的意大利及欧洲的研究成果。

结　　论

　　在我们培养服务经理的首创努力中，我们注重合适的定位，首先考虑到经营管理者的素养能够在欧洲市场掌握有关服务的经营活动。与美国和亚洲的相比，我们发现不同的教育课程可能影响欧洲服务科学经理的学习需求。从对服务科学经理当前的培训需求的理解开始，并在对理论以及有关服务的科研的最佳实践的比较中，我们认为有可能针对管理者和研究生规划设计教育产品，并为欧洲经理提高服务科学能力提供发展力量。

服务科学、管理和工程在北卡罗来纳州立大学的
课程设置与研究

Steven Allen

（美国北卡罗来纳大学管理学院）

Harry Perros

（美国北卡罗来纳大学工程学院）

Ioannis Viniotis　Michael Devetsikiotis

（美国北卡罗来纳大学电气和计算机工程系）

Andrew Rindos Craig Nygard

（IBM 校企合作中心）

Lynda Aiman-Smith　John McCreery　Mitzi Montoya-Weiss

（美国北卡罗来纳商业管理系）

在 IBM 的协助下，北卡罗来纳州立大学工程学院与管理学院在 2006 年秋季开始提供服务科学、管理和工程的硕士阶段课程。本文撰写了这些新课程的基本原理，描述了其内容，总结了在这之下的服务科学、管理和工程的研究，指明了其未来的发展方向。

引　言

"服务产业"一度被认为是技术含量低、劳动密集型的行业，比如像批零贸易、个人服务以及餐饮业。现在服务业统领着我们的经济（四分之三的工作），高技术含量、技术密集型的服务工作不断增长，这些工作包括外包、咨询和流程工程再造。服务产业的大型公司，包括 IBM、惠普、埃森哲、甲骨文以及 EDS，都向大学根据这些变化对学位课程进行再评估。关键驱动力在于：

——外包的忧虑：很多年轻人，尤其是那些在 IT 相关的学科，已经觉察到单纯依靠技术的工作所发生的变化。他们正在寻求管理与科技相融合而产生的更大价值。

——对客户关注的需要：新近的毕业生不能抓住客户角度以及如何将其与技术和商业流程相结合，因而不能满足经理聘用的需求。一家非常著名的 IT 公司

的经理声称："我们宁愿雇佣一个从星巴克来的但是懂得客户的人，也不愿雇佣一个从麻省理工学院来的只懂得技术的人。"

——婴儿潮的迁移：这一代人已经通过非正式的、长期的在职经验掌握了客户需求、商业流程和科技的整合方法。他们即将大批的退休，公司需要下一代能旗开得胜。

大学中技术与管理的课程不能适应这些挑战。在新服务产业中的技术顶尖的公司现在都寻求大学给予回应。本文总结了北卡罗来纳州立大学在这方面的经验，报告在这方面课程及研究的最新创新。

北卡罗来纳州立大学竞争优势

北卡罗来纳州立大学是 IBM 建立服务科学合作伙伴的绝佳之地，原因在于：

——IBM 和北卡罗来纳州立大学建有坚实的伙伴关系：IBM 从北卡罗来纳州立大学聘用的毕业生超过其他高校。而且，IBM 是北卡罗来纳州立大学科研长期的资助商。

——北卡罗来纳州立大学的协同工作：北卡罗来纳州立大学工程学院和管理学院在高科技企业管理、产品革新和管理与电子商务和计算机网络方面的成功合作有着悠久的历史。

——北卡罗来纳州立大学行动迅速：北卡罗来纳州立大学在 2005 年夏秋之间准备课程并在 2006 年秋季就得以实施。我们能这样做是因为我们已经有工商管理硕士和计算机网络管理硕士的平台课程。

——北卡罗来纳州立大学在创新研究方面是领导者：北卡罗来纳州立大学的座右铭是"行动中创新"，北卡罗来纳州立大学在技术专利排名第六，在产业基金研究的全国研究型大学中排名第七，在非联合基金研究的全国研究型大学中排名第十二。北卡罗来纳州立大学也是计算机虚拟研究组织的故乡，更是创新管理研究的中心，具有 100 多位来自各所大学不同学科的研究者和可靠的创新研究跟踪记录。

课 程 计 划

北卡罗来纳州立大学将在 2006 年秋季招收新服务科学的学生，这将开设双学位的课程从而把科技与管理教育有机结合。工程学院将在计算机网络硕士中加入服务工程的核心课程。管理学院将在其工商管理硕士中增加服务管理的核心课程。

在 IBM 的协助下，将会在已有的课程中融合开发五门新课程，从而启动这些新核心课程：

1. 服务管理（工商管理硕士和计算机网络硕士的师资力量）——这一课程将以客户满意度为核心，以整合的观点提供对服务管理的概述。教材将整合运营、营销、战略、信息技术和组织问题中的实际案例。

2. 流程分析与设计——消除传统功能上的、组织上的障碍以创造价值并满足客户需求的商业流程。这一课程将开放以流程为中心的组织观点，向学生提供商业流程管理的知识和技能。

3. 组织文化——这一课程旨在对不同方面、人工制品、仪式和不同组织文化的语言形成概述。这一课程将向学生提供工具、知识和第一手的经验，以使学生明白服务导向型组织的文化价值。

4. IT服务系统的建构和设计——这一课程将调查高效网络服务的整体系统设计的技术发展水平。就产量、有效性、功率、成本而言的客户服务需求也将纳入课程中。

5. 服务网络和系统的设计与绩效评估——这一课程将对服务提供中的高级主题做介绍，这些服务基于现代高速电讯网络，以及为服务驱动网络系统设计的绩效评估方法和有关的数量设计中。

工商管理硕士中的服务管理

工商管理硕士中的服务管理核心课程将从整合的观点教授服务管理——包括运营、营销、战略、信息技术和组织问题——以客户满意度为中心。在服务管理课程体系中，学生们将有机会在关系管理方向和创新管理方向任选其一。

关系管理侧重于服务领域中十分重要的合作生产关系。服务订约必须为符合客户与供应商之间需求、为达成满意的回报和表现而设计。关系管理课程将为有效的客户分析和订约管理提供必要的工具和框架。选择关系管理方向的学生将学习商业关系管理、咨询和服务管理以及以下的选修课程：组织文化、市场分析、营销研究、营销战略、项目管理、服务模型、供应商关系。

创新管理侧重于经营流程和价值链或价值网络的分析和优化。掌握新型服务业发展的挑战之一在于，对于管理技能、技术和设计能力以及市场分析的整合需求。服务创新课程能够为成功的服务创新提供必要的工具和框架。选择创新管理方向的学生将会学习咨询、流程设计与分析和服务管理课程，并在下列项目中选修：组织文化、新型服务发展、项目管理、营销战略、服务模型或者IT实习课。

网络和IT服务课程

网络课程是工程学院和管理学院合作提供的独特的教育项目，体现了北卡罗来纳计算机网络产业的需求。学院之间通过共同努力为学生提供的课程，能使其灵活的学习，在计算机网络方面的技术和管理方面得到强化。

这些课程为那些电子和计算机工程或者计算机科学的本科生而设计，他们都希望在计算机网络和 IT 行业做研究、发展、操作和信息技术管理。这一课程表现了北卡罗来纳州在计算机网络业的具体需求，而这些正好与政府赋予大学的任务相符合。将计算机网络技术和管理两方面结合为学生提供真正独一无二的教育机会，是这个课程在 UNC 系统（和全国范围内的）独特之处。

在日益凸显的服务科学管理工程的趋势和需求的演进下，计算机网络硕士将开创性的新增服务工程方向，我们将以此作为一个新兴硕士课程的先驱。计算机网络硕士服务工程方向的学生将会学习新型服务管理课程（由工商管理硕士师资联合教学），就像要求他们学习商业课程一样。这样他们就将学习三门工商管理课程：技术管理、高科技环境下的人员管理和流程分析与设计。计算机网络硕士课程还会开启两门新技术课：（1）IT 服务系统的建构和设计；（2）网络服务和系统的设计与绩效评估。

当前课程提供无论文和有论文的两种选择，构建了一套核心课程和三个领域：网络设计、网络硬件、网络软件。

而当课程向新的网络和 IT 服务硕士演进时，我们设想了一个新的增强的核心课程，包含了附加绩效评估课程的服务管理课，也形成了三组：网络连接、信息技术和商业经营。

总体而言，我们希望在新兴的"服务导向"世界中，能够在课程与业界、政府和学界所需的关键技术之间保持紧密的联系。在我们的设想中有一点很重要，即在深度与广度（当下有关 T 模式的研讨）上求得平衡，也就是科学/工程、商业以及更广学科之间的平衡，类似于工程技术教育中的"博雅教育"观。

研 究 首 创

传统上，商业流程各环节的设计与运作都是彼此独立的。且不管传统方法有多少不足（对外部变化和潜在优化上的缓慢适应），但有一点好在这样易于管理。"服务中心"以对流程的重新配置来指出这些确定，包括向专业化的卖家外包业务流程。然而，这样做带来了核心的变化。当业务流程跨越企业边界并由多个行政领域提供时，组织设计和项目管理就会像计算机设计和服务 SLAs 提供一样艰难。我们跨学科的研究努力旨在以一种独特的聚合的态度来应对这些挑战。

尽管博士生将被三所学院中的一所录取，我们仍然希望三所学院师资的协作管理。我们已经认定了 15 项具体研究主题，我们打算寻求 18 位博士生的协助。更具体而言，我们希望在一项宽广的领域中开展研究：

A. 服务中技术方面的研究 (由工程学院的老师开展)

问题将集中在发展变化的表现形式和技术需求，从而用作对服务商业中浮动定价和资源配给的支持：(1) 针对 IT 服务的服务等级协议 (SLAs)；(2) 针对网络服务的服务等级协议。服务等级协议是客户在提供服务的 IT 或网络系统中所提需求的正式定型。它们典型的表述为有关服务质量的规格，如性能、可靠性、可用性、安全性。

A.1 网络服务

简单的服务等级协议是在网络环境下被提出、研究乃至运用的，是在网络连结而非商业流程等级。将多种服务结合在一起，基于网络的新商业机遇的多样性，创造了对提供全新的、宽带支持的超越惯常 "T1 租赁" 类型的服务等级协议的需求。对两类这样的服务等级协议，我们研究如下：服务等级协议 1，达到任意定点的点到多点的宽带传输。一名用户需求 x Mbps 的宽带传输。而这是一个点对多点的传输，从这名用户的接入点到网络上任意一虚拟点。这项服务需求是电子商务和其他应用程序的运用，其中客户端地理上是分散的，并通过多点接入服务器；服务等级协议 2，具有 "更新" 和级差溢价的宽带传输。假设一名用户将他的流量定级为 N 级 (比如 N＝3 的分级)。用户从网络系统中购买了 xi Mbps 的宽带 (具有特定的价值，如服务品质、安全等级) 并愿意为其支付 yi 溢价，这里 i＝1，2，…，N；yi > yi＋1. 如果这个用户并没有充分使用一个高费用级别的宽带，而是希望得到一个比较低费用级别或 "升级过" 的级别的流量。这个 "升级" 可以通过不同的形式，比如：1 级别的宽带现在只有一半被用到，在其范围内其余的则可以打入到第二级别中；或者，这部分可以按照比列分配到其余级别中。这样的服务需求适合企业化用户和虚拟网 (VPNs) 等，"大容量" 但是在乎费用的客户，而其流量又可以利用不同规模的宽带传输。一个例子就是远程教育的应用。

A.2 IT 服务

有三点因素使 IT 服务环境中的服务等级协议与在网络中的有所不同，这将兴起一个新的研究课题。首先，IT 系统的复杂性给 "服务设计者" 提供了足够多的设计选择以满足一下服务等级协议。举例来说，这些选择可以包括：CPU 的数量 (服务器群中的服务器)；在磁盘系统上的数据逻辑结构；网络缓存的组织；存储子系统的物理运用；对服务器群的请求负载的平衡；服务器内请求的序列；第二，服务设计者可以依靠不完整的系统反馈。举例来说，一个网络门户站点可以在仅仅依靠服务器使用测量的限制下，支持 "每秒 1000 次处理" 的产出保证；第三，IT 服务等级协议天生更加 "主观"。他们往往跨过经典的服务质量指标（在网络系统中使用）而计入经验质量，这来源于商业标准，比如客户满意度。

B. 服务业经营方面的研究（由管理学院老师开展）

研究问题主要集中在两块领域：（1）经营组织如何最有效地提供服务以符合客户需求；（2）经营组织如何进行服务创新。

B.1 服务效果

服务项目评估。对于服务项目的时间以及努力程度的评估是困难且不确定的。当服务业变得更加定制化而非俗套化时，传统评估方法已显得不足。这项研究的目的在于开发一套可预测的、酌情的模型，使其在开展评估时，能够考虑到项目技术特征及个人和集体策略制定的行为。

服务供应链评估。这个项目将开发分析参数以衡量服务资源提供的效果。这一目标将会是：（1）形成对最有效、最恰当的绩效测量的完全理解以实现优等的服务供应链管理；（2）创造一个综合服务供应链当前形势图，以便技术分包商找到现存的活动和业绩。

B.2 服务创新

这项研究基于技术和市场的交叉渗透。研究致力于流程的创新、战略的创新以及技术作为决策制定的实现者。两个关键要素分别是：（1）在开源软件开发项目下成功的和失败的案例的关键动因分析；（2）在产品对抗服务创新之间的区分的识别，和对同样流程及最佳实践应用的程度的识别。

结　　论

工商管理硕士和计算机网络硕士中关于服务的集中性新课程将于 2006 年秋季和 2007 年秋季之间添加，第一届研究生将于 2008 年春季毕业。工程与管理学院还参与了以下活动：

——开展关于服务业的基础和应用型研究；

——对服务业博士培养的支持；

——启动管理教育和终身学习的模块；

——开发新增硕士级课程以丰富课程体系；

——开创合作培养硕士的课程。

将服务科学引入课程体系

Roberta S. Russell   Christopher W. Zobel
（美国弗吉尼亚理工大学商业信息技术）

本文追踪了弗吉尼亚理工大学决策支持系统和运营管理专业的发展，包括吸收服务科学到顶级研讨会和选修课程的计划。在信息技术硕士学位中开展的电子工程、计算机科学和商业信息技术的合作教学为开创服务科学的多功能合作提供了基础。本篇还研讨了在大学中创建服务科学以及质量与创新中心的可行性。

当前课程安排的状态

二十年前，弗吉尼亚理工大学商业学院开始将其管理科学专业改造为一个更加职业友好型的、高科技的专业。认识到信息技术（IT）对商业成功的影响（和学生的市场能力），但坚持管理科学和运营研究的正规培训，部门决定创建混合专业——（1）决策支持系统（DSS）；（2）运营管理（OM）。两个专业均满足了行业的需求，尤其是那些聘用了我们学生的公司所在的行业。

决策支持系统专业要求学生学习编程课，此外还要学习数据基础设计课程和系统分析课程。另外，他们还要学习数学模型、人工智能和决策分析。这一目的在于培养学生既掌握计算机应用又精通数量模型，从而协助管理者做出英明决策。

决策支持系统的毕业生能够作为一种连接型人才，跨越在以技术为导向的信息技术部门（主要由计算机科学或工程梯度构成）和"客户"部门（主要由商业梯度构成）之间。因而，从一开始，决策支持系统专业就将科学和客户服务融合在其构造中。之后，对该专业的更新主要包括这些课程：网络系统和电信通讯、决策支持系统开放与应用、视觉交互界面设计、客户/服务器系统以及面向对象编程。

运营管理专业也包含了大量的信息技术和数学模型元素。另外，该专业还开设了这些课程：质量与流程改善、项目管理、供应链管理、企业策划与控制以及全球运营。一门服务运营课程，虽然也在书上，但已经蛰伏了很多年。

几年以前，在大学的重组中，酒店和旅游管理系并入了 Pamplin 商学院，带来了服务方向和多门服务课程，包括每年大约 500 名学生参与的服务业概论课程，以及博士级别的服务业学术会议。不幸的是，我们大大忽视了将其酒店和旅游管理服务业专业师资整合到我们的课程中来。

修 订 课 程

决策支持系统专业和运营管理专业的课程都会得到有规律的修订，并建立在以产业趋势、员工招聘和招生数量和学术需求的基础之上。据我们在 IBM 的同事简要陈述，在美国服务业在经济活动中已逾 75％，占有近 90％的总就业人数。作为一种自然的进化，我们所有的课程在课堂举例、案例分析和项目上都转向以服务为重点。然而，我们发现有关服务领域需要一个更为正式的内涵。将服务业作为一门科学诉诸在我们决策支持系统专业和运营管理专业的技术和量化导向中。将服务科学模块纳入现有的决策支持系统学术会议课程、修订提升我们服务运营课程，显然是提高我们课程中服务专业占有率的最佳选择。决策支持系统学术会议课程是大四学生的顶峰课程，用作提升学生对新生概念的思辨能力，并为我们学生进入职场磨练其技能。教会学生如何坚持以客户为中心，在工作中运用服务导向的方法，并让他们认识到将科学应用到服务问题的解决中是总结决策支持课程的优秀方法。

服务运营在我们学生中并不是广受欢迎的选择，原因在于理解上的偏差。服务业被错误地认为：

——比制造业更简单，只需一点点或者根本不需要数量分析；

——不像高科技制造业那样偏重于人际交互；

——包含太多变数而难以有效掌控；

——后购买营销的事后思维；

——有时促使真正工作完成的不愉快开端；

——主要由低收入、长时间、服务型工作构成。

对课程重新定向（和重命名）以提升服务质量和创新将为这一日渐重要的领域的研究增光添彩。我们还预期与酒店和旅游管理系合作为他们学生提供服务业概论课程的后续选修课程，或者作为一种交叉学习。

合作的模式

在弗吉尼亚理工大学的一个相对新型的硕士学位能够作为服务科学跨功能合作的模型。信息技术硕士学位在管理上由电子与计算机工程系、计算机科学系和商业信息技术系共同构成。学生学习四门核心课程，并在三个模块中选择两门课程。这三个模块从以下六个模块中选取：

——通讯系统；

——网络系统；

——计算机工程；

——软件开发；

——商业信息系统；

——决策支持系统。

一个合理的建议是将服务科学增加为第七个模块，其中包括三门课程：（1）客户关系管理；（2）流程分析与设计；（3）服务创新。类似课程可以被视为我们工商管理硕士课程的浓缩。

面向服务科学、质量和创新研究中心

一个新兴研究领域的真正方法是研究的主体。弗吉尼亚理工大学的全球电子商务研究中心显现了对服务科学领域的研究兴趣。我们欢迎那样的合作，并希望能在服务业领域吸引新的基金和合作。笔者的长期目标，是在弗吉尼亚理工大学创建服务科学、质量和创新研究中心，从而加强这些领域的研究，如：知识管理；客户关系管理；服务质量评估与维持；外包服务标准开发；服务递送优化；对商家与客户间的话语权的平衡；高度接触服务成本结构的开发；安全与隐私的确保以及服务设计的创新。这所大学已经在行业的支持下建立了高绩效制造研究中心。现在正是把类似做法移植到服务业的时候。我们希望在行业内和其他学术机构采集策划想法以及类似项目的投入。

结　　论

弗吉尼亚理工大学在商业信息科技，主要包括决策支持系统专业和运营管理专业，拥有备受认可的本科生培养课程。既然课程已经很成功，那么无论对于本科生还是研究生，现在正是时机去对已有课程服务业部分作出更新，并加入服务科学的新课程。这些变化都可以在相对短时间内实现。相关研究最好通过研究中心的支持，从而可以从行业和政府机构中获得研究基金。对于服务科学、质量和创新研究中心的提议，是在大学内提高服务科学研究的长远目标。

在少数族裔学院本科教学中引入服务科学、管理和工程的策略

Edward L. Jones　Clement S. Allen
（美国佛罗里达农工大学）
Jakita N. Owensby
（IBM 奥梅顿研究中心）

服务科学、管理和工程不仅反映了世界经济的范式和现实变化，而且为计算机科学和信息技术的本科教育指导方法的评估及其相关性方面提供了契机。本篇论述了少数族裔学院中的招生、学生培养、职业成功方面的重要性及相关策略。我们建议利用现有契机使学生多方面接触终端用户、软件开发和设计以及商务和系统分析等。

引　　言

采用新的范式具有一定挑战性，其中需要克服的困难之一就是组织的惰性，其特点为"用我们一贯的方式去做"。在很多方面，产业界和学术界需要以相类似的方式进行改变。幸运的是，当组织意识到生存的危机或当组织意识到史无前例的契机展现在眼前的时候，也就是组织改变的有利之日。商业的挑战常常与市场的占有率有关，而且当前在学术界，生存与挑战并存，其中包括急剧下降的招生数量、学生的培养和计算机科学在新的世界秩序中的地位。

佛罗里达农工大学的计算机与信息科学系中的两个学科有本科生有 300 名，软件工程研究生有 25 名。目前全国招生人数的下降对该系不仅带来了一定的影响，而且引发了一场关于如何增加现有学生数量及如何吸引新生的大讨论。两重性的策略正逐渐运用到学术的分轨制课程（2 种课程）中，而学术的分轨制课程正渐渐成为重要的新兴领域。目前，学习现有课程的学生也有部分接触到了这些新兴的领域。

服务科学、管理和工程是新近的一种发展趋势，该趋势意识到世界范围内整个服务产业的发展。服务科学、管理和工程意识到需要持续地对不同学科的技能进行创新、执行和对服务进行支持，以及在服务科学、管理和工程解决方案中，

IT 服务所面临的各种状况。

本论文论述了本科教学中引入服务科学、管理和工程的策略。基于服务科学、管理和工程学科的不断发展，因此该策略也不断发展。迄今为止，大部分学科都开设于研究生阶段，而我们目标致力于创造一种让本科生学习研究生阶段的服务科学、管理和工程，这将是我们为之不断奋斗之事。

背景和相关工作

促进相关计算机科学课程的发展是具有挑战性的，在准备 ACM/IEEE 课程 2001 报告的过程中，几个与服务科学、管理和工程相关的问题值得关注[7]：

——很多大学对企业的用人需求估计不足，企业常常雇用计算机科学与工程的毕业生；

——应注重发展计算机科学和其他学科相互渗透的新课程。

服务科学、管理和工程和资讯领域一样都需要同样的激励机制，并面临同样的挑战。印第安纳大学资讯学院将资讯描述为一项研究领域，该领域教授学生技能并将资讯技术运用于其他领域，让学生领会资讯对人们的影响，教会学生开发技术的新用途，并教会学生把 IT 技术用于其他领域之中[1]。加利福尼亚大学尔湾分校的信息学系如此描述资讯[8]：

"资讯是信息技术，是一种在设计、应用方面跨学科的并带来一定影响的研究。它并非技术层面的设计，而是专注于信息系统设计与现实运用之间的关系。这些科学研究将会给系统结构带来新形式、系统设计和开发的新方法、信息系统运行和调度的新途径，以及技术和社会、文化和组织设置之间互动新模式。"

资讯程序有赖于计算机领域之外的应用开发项目。部分资讯程序要求学生学习跨领域课程（也称之为辅修或主修），其目的在于将计算机运用于第二学科，以学习足够的专业知识。

在部分情况下，计算机系会向其他学科的学生开设跨专业课程。比如，美国普林斯顿大学计算机科学系向非计算机专业学生开设应用计算本科证书课程。[6]

这正是服务科学、管理和工程的一大趋势，但是仅仅凭借这样的努力还无法完成服务科学、管理和工程的宏伟目标，也许在非计算机领域内进行创新是可行的。而另一方面，当前的计算机学科是推动服务科学、管理和工程不断前进的新动力。

立 场 陈 述

从我们学生的反馈中可以看出本科教学的动手操作部分正逐渐增加，我们发现，当理论和实践紧密结合时，学生的兴趣就会增加，表现就会大大提升。学生有必要知道如何运用一个特定的论题或概念。

佛罗里达农工大学计算机与信息科学本科课程促进学生在非计算机领域学习专业知识。学一门课程的学生必须学习商业课程（比如，会计、管理、营销和经济），学其他课程的学生必须学习科学课程（微积分二和微积分三、数值分析和物理）。

以下将阐述计算机和信息科学系与服务科学、管理和工程引入本科教学的地位：

1. 服务科学、管理和工程的部分内容涵盖了多种学科，因而研究生阶段应开设服务科学、管理和工程；

2. 本科阶段适当引入服务科学、管理和工程的理念；

3. 引入的目标是激发学生在研究生阶段对服务科学、管理和工程的兴趣和前期准备；

4. 引入将带来课程的不断发展和改变；

服务科学、管理和工程引入本科教学的目标是佛罗里达农工大学计算机与信息科学系和工商学院之间的跨专业课程的执行和落实，这一进步将会引起服务科学、管理和工程基于经济和组织层面的创新。

课程发展策略

服务科学、管理和工程引入本课教学的策略宗旨建立在之前提出的增加学生软件测试项目的基础之上。在本论文中，琼斯[2]将服务科学、管理和工程引入本科教学中，将软件测试引入计算机科学课程中：

1. 每个学生都应涉足少量服务科学、管理和工程课程；

2. 各种学科课程应提供服务科学、管理和工程的知识，从而要求学生学习新的技能以适应新环境；

3. 在服务科学、管理和工程方面，应提供给学生更多深造的机会和知识技能；

4. 在学院和系建设中，学生应该积极加入服务科学、管理和工程项目的实施；

5. 服务科学、管理和工程应被实践于学生所接触的各个方面。比如，教师应将服务科学、管理和工程所延伸的服务应用于所有课程中；

6. 服务科学、管理和工程活动应在不干扰正常的课程内容的前提下引入现有的选修课中；

7. 为服务科学、管理和工程内容引入课程中的教师提供援助。

服务科学、管理和工程教学要点

　　服务科学、管理和工程引入课程的目的是让学生了解服务科学、管理和工程整个过程的各个方面。

　　——将服务渗透于课程作业之中。任何课程都可渗透服务，可从大一课程开始做起。

　　——将服务作为一种行之有效的规范。在编程课程中，从实际操作的角度向学生们提出相应要求。

　　——使用程序等级服务。实行为学生作业进行评分的级别服务[5]。

　　——将服务和编程作业相整合。学生通过使用服务来完成整个应用程序的开发。

　　——利用软件开发工具进行服务。分析相关规范，形成一套规范的测试案例[3,4]。

　　——将服务引入其他大学。发展一批共同分享开发和开展服务的合作者。

　　——服务评价。让学生依据学生发展和服务科学、管理和工程标准进行评价，并对服务课程进行排名。

　　——（高级课程）在客户或终端用户中运用服务科学、管理和工程：分析、设计并应用技能建立基于服务的应用程序。

选修课范例

　　我们建议开设介绍服务科学、管理和工程课程以对这一新兴学科进行全面了解，并为学生在学习其他课程中遇到的服务科学、管理和工程知识提供概念性的解释。从理论上解释，该课程归属于边缘学科。最初，计算机科学和商业学科的学生应该学习服务科学、管理和工程课程，并以创新、商业、组织过程和决定创新未来发展的决策为重点。通过案例研究，可以看出创新过程的基本规律和领域的相对独立性。通过吸取 IBM 和其他服务科学、管理和工程学院的经验教训，来强调员工和研究生的学习机会。最后，该课程由计算机科学和商业学科的教师进行教授，并最终将作为服务科学、管理和工程跨学科领域的启蒙课程。

IBM 和 SSME 社会的支持

　　计算机科学系正在参与技术转让项目，该项目由执行领导力论坛赞助。基于本项目条款，每一所大学选择一项 IBM 技术（目前以开放源码软件作为公共领域）并将其引入教学当中 。我系挑选了一项 Eclipse 平台，该平台是目前最流行的 Java 通用开发平台，且由本论文作者之一带头将 Eclipse 平台引入课程之中。迄今为止，只有两门高级课程和应用开发技术课程运用了 Eclipse。从 2006 年秋下学期开始，"计算机科学 1"和"计算机科学 2"两门课程都将运用 Eclipse，研究生课程和课题也正在开发 Eclipse 插件程序以适应具体课程要求的环境。

结　　论

　　佛罗里达农工大学计算机科学系的定位是成为少数族裔学院中服务科学、管理和工程潮流的引领者。在不背离目前课程的要求下，在保证服务科学、管理和工程引入本科教学的前提下，农工大学颁布的一套指导原则对所有学生都是有价值的。该系的目标是加强学科的吸引力和学科的实用性。虽然服务科学、管理和工程的嵌入是有限的，但是我们相信，通过我们的参与，必将使我们的学生在新兴学科中起到带头作用。

参 考 文 献

［1］　"What is Informatics?" Indiana University at IUPUI Informatics Program website. http：//informat-ics. iupui. edu/overview/what _ is _ informatics. php（June 20，2006）．

［2］　Jones，E. L. Integrating Testing into the Curriculum-Arsenic in Small Doses. *Proc. 32nd Technical Symposium on Computer Science Education*，337-341.

［3］　Jones，E. L and Rembert，A. J. A Simulation Based Trainer for Software Reliability Modeling，*Proc. 12 International Symposium on Software Reliability Engineering*（ISSRE 2001），160-165.

［4］　Kottayi，S. P. *Automated Generation of Boundary Test Sets*，M. S. Thesis，Florida A&M University，Tallahassee，FL，Spring 2006.

［5］　Nowicki，C. B. *An Extensible Framework for Online Testing and Certification*. M. S. Thesis，Florida A&M University，Tallahassee，FL，Summer 2005.

［6］　Princeton University Undergraduate Certificate Program in Applications of Computing. http：//www. cs. princeton. edu/academics/ugradpgm/pac. php（June 28，2006）．

［7］　Tucker，Allen B. Strategic Directions in Computer Science Education，*ACM Computing Surveys* 28，4（December 1996），836-845.

［8］　UC Irvine Informatics Program website http：//www. ics. uci. edu/informatics/about/index. php（June 20，2006）．

在全球服务交付的核心业务中导入需求分析和质量管理：佩斯大学目前的努力和将来的计划

Olly Gotel   Christelle Scharff

（美国佩斯大学计算科学与信息系统学院）

　　本论文论述了佩斯大学为计算机科学专业的学生在未来以服务的导向的商业环境中的就业准备方面采取的措施。在该环境中，不论供应的来源在何地，我们都建议软件采购和软件开发将围绕需求分析和解决方法以满足供给需求。在本论文中，客户和供应商都需掌握众多技能。首先，确定服务变化的需求的能力，并对需求进行描述以提供所需服务。其次，作为巨大的全球供应链的一部分，需具备开发、服务质量保证和评估的能力。在软件工程的教学中，我们强调工程需求和质量过程的重要性，并对学生项目进行设计，从而在遍布全球的软件开发中使学生通过合作来积累经验。我们相信以上技能将对服务确定和服务交付起到重要的支持作用。

引　　言

　　在过去的几年中，我们获得并开发的软件正以某种方式影响并改变着全球经济利益。为帮助学生提前做好就业准备，我们对佩斯大学的本科和研究生阶段的计算机科学课程进行了大幅度的调整。为在服务和需求性业务中获得收益，有些技能不可或缺，这些技能包括客户需求决策能力及明确服务需求，在执行这些服务中所具备开发高质量软件的能力以及服务的质量和可信度。这些技能是工程需求、质量保证和软件测试等学科所必需的技能，也是软件设计和开发专业在研究生阶段的硕士学位核心课程。软件设计和开发专业学位中，我们开设系统需求工程、软件可信度、质量保证和软件测试等一系列课程。在本科生阶段，我们将研究生阶段的教学重点引入软件工程高级课程中。软件工程课是一门实践课，它以项目工作组为核心，为帮助学生更好的接触到离岸的工作环境，我们精心设置了众多项目以便使学生更好的、多视角体验离岸外包关系。为了达到这些目标，我们与柬埔寨理工学院和德里大学两家院校进行紧密合作，创造性地建立了三方院校的合作伙伴关系。本论文通过论述我们在研究生课程方面所作出的努力，将研究生阶段的知识融入本科项目教学，同时强调我们为何以及如何促进服务的持续发展，并进一步阐明在这些课程中就如何运用 IBM 技术以对 IBM 学院计划的收益带来相关影响，并就如何更好地利用共享软件基础建设中心（SSI）来实现这一努力提出框关建议。

核 心 需 求

"服务"一词可以定义为"价值的创造在于供应商与客户之间的相互影响"。其中，"价值"可以看做质量，该质量表现出某种需要或价值。因此，该定义的核心在于对利益相关方的理解，在这里，利益相关方参与交换，且各自提出需求。需求工程是软件工程所关注的焦点，其教学重点在于对利益相关方的认知、需求启发与磋商及需求描述，需要注意的是，学会区分供应商和客户从某种程度来说是至关重要的，如果双方能达成共赢，则供应商和客户相互影响也是考虑因素之一。因此，学生学习相关知识和社会网络，从而为复杂的软件开发打好基础。一般而言，仅写出一个完整的需求规范是远远不够的，学生有必要学会将需求进行分解的能力，在统一而变化的框架内，将需求分解为相互关联的、较小单元的领域，学习这样的技能，有助于进一步澄清服务及其概念。需求满意度逐渐不是那么重要了，它可以外包给软件公司，并进行现货供应，服务可以通过互联网得以实现。学会对服务进行描写，并对服务的软件进行描述是我们进行需求训练的重点。

质量保证和评估

在以服务为导向的世界里，个人可以随时得到服务以满足自己的需求。问题的关键在于，不仅要确保自己得到的服务称心如意，而且还应该保证获得的服务是可靠并值得信赖的。服务将满足特定限制条件下的特定的功能需求，而且，服务与性能、可靠性、安全性等因素有关。此外，个人有必要确认所获得的服务是自己所需要的，特别是身处于如此庞大的系统环境之中。学生不仅需要具有评估潜在服务的技能，而且还需确保项目前期的服务跟进。我们会通过一系列软件质量和软件测试的课程对学生进行基本的技能培训。软件质量保证课程以需求和软件质量的相关性为核心，并兼顾系统测试和用户端。软件测试课程包括开发人员水平测试，譬如单元测试。我们所有的测试课程围绕测试规划、测试设计和开发、测试执行、测试报告和测试发布标准。受"敏捷方法"实践的启发，我们的教学强调测试第一、测试驱动开发以及考量软件质量的过程中的客户紧密参与性。评估和保证软件质量的综合能力是利用并获取可靠服务的重要因素。

全球合作生产

从 2005 年起，全球软件开发成为本科阶段高级软件工程课程的教学重点。2005 年，佩斯大学和柬埔寨理工学院的学生合作开发针对柬埔寨市场的软件产品[1]。

我们组织的学生项目如下：

（1）柬埔寨理工学院的学生扮演客户和终端用户，因为学生们深谙系统中的问题、系统操作的环境以及需具备接受供应商产品的授权；

（2）佩斯大学的学生扮演供应商，因为他们有责任了解系统的需求，对设计操作提出建议、对选择的设计进行开发，并且在处理需求变化的同时对终端系统进行测试。

这些学生在数据库设计方面具备相当多的技术经验，并最终孕育了总承包商和三方供应商这一构想。当柬埔寨的学生们还在扮演客户角色的时候，解决方案悄悄发生了变化。

佩斯大学的学生一边准备端对端合约，一边将部分系统设计和系统开发转包给了印度的学生。这一行为的目的在于让学生积累仿真协作经验和互相协作的仿真经验，让全球合作伙伴利用各自的技能和专业知识对软件产品进行设计。

我们可以看出，美国和印度的学生密切合作共同为柬埔寨客户开发产品。该项目要求学生了解职责划分，并学会对各供应链的需求变化进行管理。他们掌握的重要技能之一是学会如何远距离获取需求并以某种方式对需求进行描述、加深了解、加速转变、加快分工，并进一步促进融合。软件工程课程涉及的领域越来越广泛，使学生增长了见识，积累了经验。学生可以了解课程中的软件建立、运行及服务契约评估的一整套程序和规定，他们发现在合同和条款、关系管理、软件沟通技能等方面会存在一定需求。

更为重要的是，学生可以从中学到不同的文化、专业的规章制度及职业动机，并在以服务为导向的商业环境中发展自己解决商业和技术问题的能力。

支 持 工 具

我们的研究生课程主要向学生介绍 IBM 在需求和测试领域方面的部分产品。需要指出的是，IBM Rational Requisite Pro（需求管理工具）常用来说明需求描述、需求管理和需求有效性的重要性。我们的软件测试课程主要向学生介绍 IBM 功能测试器，目的在于测试 GUI 应用程序。在这里，我们的课程依据 Java scripting 脚本，集中对自动化的功能测试和回归测试进行论述。此外，该课程也对开放源码和开放标准及用于单元测试的 Eclipse/JUnit 进行重点论述。本科阶段的高级软件工程课程向学生介绍了部分 IBM 产品和支持软件工程过程的开放源码技术。通过向学生介绍 UML（统一建模语言），将 IBM Rational 模型作为独立的模型设计应用程序，以此达到软件所需标准，从而更好的理解系统运行过程，并对客户需求进行回应。

这也进一步促进了在印度的设计人员和在美国的开发人员之间的沟通。开发的软件一般是以网络为基础的 Java 应用程序和 MySQL 的后端数据库，通过使用 Eclipse 开发环境，开发人员可以充分利用更为广泛的支持工具。学生利用 JUnit 插件程序用于单元测试，利用 CVS 来进行代码共享、变更和版本管理，并利用外化机制（externalization）加快软件国际化，也就是说，软件在交付之时，需要向柬埔寨用户提供英语和法语两种版本。Trac 语言是一种维护开放源码网页界面，并以 wiki 为基础的软件解决方案，目的用于供应链和项目管理。客户利用 trac 追踪缺陷且开发人员利用 trac 修复缺陷。

远 景 规 划

在过去两年中，我们强调于整个过程，目的在于帮助学生学会潜在的技能，从而促进其对服务技术的利用。我们的策略在于引入这些核心概念和技术，并继续在课程中采用开放源码开发环境及相关标准。依据 IBM 学院计划，我们在课程中利用 IBM 技术以支持软件工程过程中的不同阶段。

我们发现，目前我们所面临的瓶颈之一在于，目前为学生提供的课程内容只包含 IBM Rational Modeler、IBM Rational Developer、IBM Application Websphere 和 IBM DB2 Personal Developer，因而限制了学生使用 IBM Rational Requisite Pro 和 IBM Rational Functional Tester 的评估版本。规模偏小的学校存在的问题之一是不仅在安装、配置、管理会产生一定的成本，而且在为学生指定、设计、建立关于软件产品的端对端的技术架构也会产生一定的成本。为此，佩斯大学参与 IBM 学院计划，目的在于促进校际之间的共享服务架构平台。下一学年，当我们具备一定技能，并以服务为导向时，我们期望通过落实软件和相关必备的配置需求，进一步参与该计划，为我们的核心课程提供支持。一般情况下，在教室利用一定的技术往往存在一定的局限和困难，而参与 IBM 学院计划是克服此种障碍的一项重要步骤。此外佩斯大学与 IBM 学院课件共享是共享服务架构计划的目的所在。

我们期望学生从课程中获取经验，特别是从全球供应链项目的研究中获取经验，并在全球服务交付培训过程中的核心业务中导入需求分析和质量管理。作为计算机科学的教师，我们当前的挑战是为学生提供机遇并创造环境，通过这些机遇和环境，学生可以感受计算机领域的跨学科特性，将技能训练和传统的工程、社会科学和管理相互整合。这一整合反映了计算机科学课程的发展，该发展更多地强调服务、商业、技术需求相结合，而并非强调实际应用和工作环境相脱离的教学。我们在本科和研究生阶段已开始对这些问题加以积极回应，特别是全球合作的尝试。我们计划进一步与 IBM 和纽约的软件业加强合作，在以项目为基础的课程中，引入（然后输出）以服务为中心的软件开发应用程序。

　　灵活的方法象征了软件开发过程的进步，该方法集中对人员管理、过程和技术加以整合。该方法促进了客户和终端用户双方的紧密合作，双方相互沟通并对话进一步确认需求，作为研发人员，如果我们能够充分意识到动态服务的益处，我们就会对分散而灵活的软件开发产生兴趣。通过我们与 IBM 的通力合作，2005年秋季和 2006 年春季，我们组织了面向师生的系列研讨会。在研讨会中，我们向师生传达了 IBM 的最新对策、研究成果和技术。2005 年，研讨会专注于服务导向架构和网络服务，并将其在此课题中作为开设研究生课程的初期内容。我们相信通过双方良好合作，可以孕育新思想并推动课程与企业需求相结合。

参 考 文 献

[1]　　Gotel O. , Scharff S. and Seng. S. Preparing Computer Science Students for Global Software Development. *36th ASEE/IEEE Frontiers in Education Conference*，2006（to appear）.

罗彻斯特理工学院——服务管理

James W Jacobs
（罗彻斯特理工学院服务管理系）
Guy Johnson
（罗彻斯特理工学院网络设施研究中心）

本论文着重论述与服务管理教育相关的问题，其中包括我院服务管理教育的当前现状、机构服务的当前现状、课件列表、目前教师研究纲要、项目资助及部分学生研究项目实例。最后，就如何围绕服务科学、管理和工程进行有益合作提出建议。

引　言

罗彻斯特理工学院硕士学位的服务管理专业距今已有 16 年的历史。它是由酒店与服务管理专业发展起来的，罗彻斯特理工学院硕士项目发展至今在任何一个能想到的商业机构或服务环境中都是适用的。目前，我院大部分毕业生受雇于以下企业和行业：多米尼加的 Verizon Dominicana、T-Com 和 T-Com Wireless、大众银行、Kompas、微软、万豪酒店、the Coquille Indian Nation 和其他行业包括各种教育机构、与旅游和食品相关的机构、零售机构、银行、卫生保健机构、非营利机构、顾问等。该全日制硕士项目或管理专业硕士项目不仅在美国的罗彻斯特理工学院，而且在克罗地亚、科索沃及多米尼加共和国的国际学院都有开设。当今，商业环境变幻莫测，高速发展，基于这一现实，我们期待该项目将获得长足发展。

当前服务现状

大多数机构的主管常常会宣扬他们以客户为中心的思想和做事风格，我们认为众多机构的服务充其量不过在平均水平或平均水平以下。你只要处于任何一位终端用户或任何一个价值链客户的立场，就能感受他们的经历并理解我所陈述的观点。同样，本文也会举出大量有意义且说服性强的事例用于说明机构试图理解并不断提升他们的服务。长期以来，我们会看到所有的机构都渴望理解、促进、运用、评估并反思他们的服务宗旨、服务流程和对客户的了解。该需求是必要的，具体如下：客户在公司积累的经验；客户价值的新渠道的了解；客户在公司以外的行为活动；全球化及其影响；广泛地利用率及其信息的获取；新技术发展的速度和商业应用[1,2]。学习和变革能力的不断发展是所有机构的真实且永无止境的追求。该需求意义深远，正如普通的市场营销、经济发展、运营和其他公司实践一样需要在如今快速变化的服务环境中进行不断反思。

课件列表

理科硕士的服务管理专业和高度灵活的程序设计满足了以上的需求，并发展了一套新的理论用于描述一套新的技能理论，其中包括以下核心课程：

——服务系统观点和服务系统开发；

——发现服务，服务创新和创造；

——新时期的服务性能测度；

——学会学习、改变我们的商业模式；

——服务环境的概况、战略过程和决策；

——工程服务环境（开发）；

——人力资源发展；

——积累客户经验和致力关系开发以获得并维持客户；

——服务的主导性。

此外，全日制本科学生还有几门选修课程，其中包括：人力资源开发、项目管理、信息技术、保健系统和几门商业金融选修课。

研究、项目和资助

项目教师一般都是全职或来自各个商业机构和几个大的学科门类，其中包括经济、工程、系统学科、信息技术、保健和旅游。其中，兼职教师占 60%，并受雇于罗彻斯特理工学院之外的机构，此外，许多教师目前都有研究项目或相关拨款项目。比如，保健与营养专业拨款；经济影响研究；为 SUNY 系统建构信息技术平台的多个拨款项目；模拟开发；旅游计划和开发；6σ 培训开发和培训项目。学生研究项目则包含所有应用专业内容，以下为学生项目进展实例：

1. 国际电信供应商呼叫中心的考试包括现有系统分析、系统新阶段和新过程的开发、系统训练模式及训练执行的补充和分析、为了增强呼叫中心整个系统从而对附加软件和技术的需求和购买。学生们对项目提出建议，并得到采纳，最终加以执行，最初的呼叫且最初的呼叫中心指标显示了强大的新功能。

2. 在第二个实例中，以一门主课为基础的项目中（作为学生研究项目，该项目被进一步加以研究）软件开发公司的主管或 CEO 服务环境，其目的在于反映他的客户所获得改良产品有可能应运而生。项目最初包含终端用户行为共同体的开发和与软件或 IT 需求相契合的过程，并研究计算机软件和硬件处理、存在的问题及其他系统中的更改。在价值链的前端，其他行为共同体将被开发，以用来服务新的终端共同体，探究最佳应用程序、基准测试及其他机构内和机构外的实际应用程序。

罗彻斯特理工学院的行为共同体

在罗彻斯特理工学院，服务管理项目将有力地促进该学院的行为共同体，并促进大学的不同合作部门与学院进行合作，以及促进其他大学和相关商业联系。从短期来讲，该项目还包括与计算机和信息科学学院（计算机基础结构）和应用科学和技术学院（工程技术和包装科学（Packaging Science）系）的联系。

其中，服务管理项目已涵盖硕士项目中共同体间的跨课程领域，当前实际案例研究和模拟的开发，以及新实践、新过程、新的组织架构、计划、策略和执行过程的探究和执行。

此外，计算机和信息科学学院的一个博士项目刚刚得到了批准，该项目主要以领域驱动计算处理为核心，而对于希望获取该学位的研究生则必须具备计算机领域外的经验。服务科学、管理和工程给这些学生们提供了很多的机会以帮助他们获得最终的学位（该学位号称服务业的引擎）。

最后，服务管理项目的教师开始与以上的大学共同体进行合作，并对工程服务环境课程进行设计，并集中在服务管理加以提高。

课程的目标和重心在于：

1. 重新确立课程重心，该重心给我们的合作院系和机构传递了基本的服务理念和相关实践，这将涉及对现有认证项目加以修改；

2. 与合作伙伴共同建立一门服务工程或服务科学课程，各方将共同涉及课程目标；

3. 为优秀教师和学生把握不同的研究动向；

4. 邀请更多的合作伙伴参与到以上的开发活动中。

结　　论

我们相信通过与 IBM 和其他伙伴的合作，在发展学科重点方面开展更为广泛的工作是非常重要的。通过与各合作伙伴的通力合作，罗彻斯特理工学院的服务管理项目必定为商业伙伴提供更新颖的方法，从而共同为机构带来财富并取得成功。最终，罗彻斯特理工学院的成功必将在客户和商业机构中建立并保持一种信任的伙伴关系，而且这种关系是建立在新的商业实践、新的理念和新的客户合作基础之上。

参 考 文 献

[1] Lanning，M. J.，(1998).*Delivering Profitable Value：A Revolutionary Framework to Accelerate Growth，Generate Wealth，and Rediscover the Heart of Business*. Great Britain：Perseus Publishing.

[2] Prahalad，C. K. & Ramaswamy，V.，(2004).*The Future of Competition：Co-creating Unique Value with Customers*. Boston，Mass：Harvard Business School Publishing.

提供能够让学生应用新获取知识的环境
以引导他们对服务的兴趣

Majid Iqbal

（美国卡内基—梅隆大学 IT 服务认证中心）

当学生每个学期上选修课的时候，他们不得不在选修课上投入学分、精力，自然而然，他们期望有所回报，那就是通过学习知识和技能，能够在将来找到一份好工作。当为学生创造一种创新与解决问题的氛围时，他们在信息技术、软件工程、设计和管理服务等各方面的能力也会不断提高。卡内基梅隆大学的一个研究生项目向学生介绍了相关服务管理的基本知识，其中包括相关概念、原理和方法。企业家和经理人从实际应用的角度为学生讲座，这是对教学的有益补充，以此消除学生产生的疑惑，并为学生们提供了新的挑战和机遇。

引　　言

人力、过程、系统、工具和技术都是知识的载体[1]。机构个体是隐形知识的重要载体，当这些个体短期或长期跨入到其他机构时，这些知识也转移到了其他机构。经过多年大学的教学和研究，师生双方都学到了很多知识。当通过应用研究或师生充当劳动者角色的时候，知识就可以有效地转移到众多产业[2]。的确，知识转移形式被认为对美国服务经济的部门产业发展产生了深远的影响。当个体从产业跨入学术界，也会产生相关的转移，通过学术研究和教育对产业发展的影响，从而进一步促进了知识向产业转移。大学毕业生在服务产业中接受教育是非常重要的，因为服务产业会增强他们组织能力和竞争优势。职业经理人和大学教授相互合作会进一步明确组织能力和竞争优势的学习需求[3]。

学科项目的教师和管理者可以对本科生和研究生阶段特定的课程需求制定计划。当研究生参与到应用研究项目或成为劳动者，现有的内容和结构或新课程通过转移的知识会对产业发展产生巨大的影响。该方法在卡内基梅隆大学进行的相当顺利，我们将通过研究生课程《管理服务组织》（课程编号：95-806）的实例加以说明。

《管理服务组织》概要

《管理服务组织》是卡内基梅隆大学一门选修课程，2003年上学期开始教授。它是服务管理中研究生阶段的核心课程。课程内容由公共管理学院的John H. Heinz Ⅲ和IT服务资格中心联合制定。其中，介绍了合同理论课程、谈判、服务机构管理、外包管理、服务机构的效能提高及IT编程管理[4]。学生大部分是来自信息服务管理硕士项目和科学信息技术研究生项目的研究生。其内容也吸引了部分软件工程和公共政策项目的学生，其中，大部分学生都是全职工作者，他们参加兼职性的夜间项目。课程包括机构效能、决策、过程、系统及在服务组织中对工程师和管理者行之有效的方法。总之，该课程为学生们在服务组织的环境中提供一种认知结构，帮助学生思考问题解决、创新、效率和效果。和大部分研究生课程一样，该课程要求学生参与课堂讨论、操练、阐述观点、形成批判性分析的观点和问题。在学期结束，学生需承诺他们将对服务引起一种思考，该思考各不相同并要对产业有所帮助。

转变思想乃第一要务

在教授课程的第一步是学生必须具备服务的基本概念作为学习其他知识的储备。因而学生需具备一定的知识获取能力[5]，以便认识服务系统中特定的行为、模式、角色和相互关系。学生开始对广泛认可的特性服务提出质疑，例如模糊性、不均匀性、不可分离性、毁灭性等，并对这些是否具有普及性进行了争论。在早期的训练中，学生迅速地感受了随机的各种服务[6]。学生通过对服务的基本认知[7]，了解客户对产品变化的要求和为客户实现价值的一些常规模式[8]。他们认识到客户认知中有益的变化可能是真实的或不真实的，可能是长期的或暂时的，而且可能通过个体或财产表现出来[9]。

次 要 影 响

因而，课堂的讨论着重强调主要和次要影响，即学生在这些领域所学习到的知识对服务组织产生的影响。通过了解信息技术和管理科学的方法被用于促进服务管理的效能提高和资源的扩充，学生们更倾向于主要影响。例如，IT服务管理的案例中[10]，学生会了解软件会使服务经理人会根据持续的商业进程的需求变化迅速调节资源储备，而该软件会使计算机和存储系统虚拟化。虚拟资源会通过动态的需求渠道，将无用的资源变成可复制的备用设备。

通过这样的联系，会帮助学生理解潜在知识对软件系统和架构的主要影响。通过理解服务的可测量性和持续性以及如何对客户需求的实现过程或客户服务中心产生影响，学生们也就会了解服务环境中知识所产生的次要影响；通过加强这种联系，也可促进学生学习经验的积累[5]。

三大分子键

本课程的重要性在于帮助学生了解客户服务和商务服务的相同点和不同点，并集中对客户角色和用户角色两种类型的不同进行讨论，并从以下几个问题展开：用户对服务质量的理解、需求说明、良好服务水平的选择、与服务供应商的关系、服务资源的所有权和控制等。作为案例研究练习的一部分，学生需要检查信息流、互动、角色及客户和服务供应组织之间的关系。以下的三棱柱如图 1 所示，三棱柱代表学习辅助，通过课程的学习，帮助学生的分析、比较和讨论。

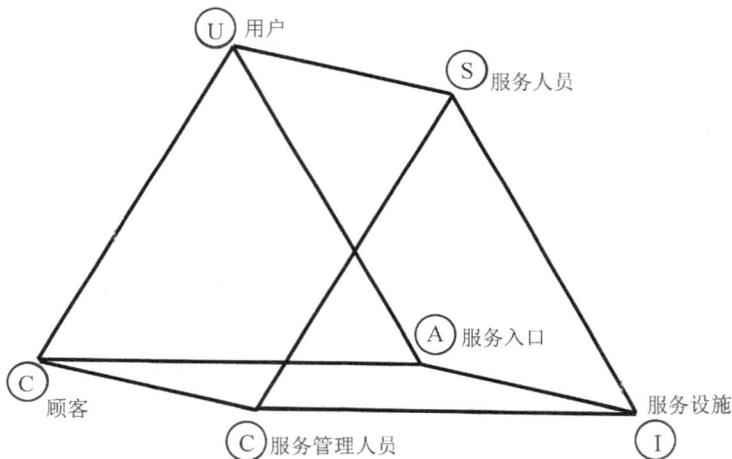

图 1　三棱柱学习辅助工具

把三棱柱与分子模型、服务计划等可视方法相联系，学生就能较好地领会基本原则和服务管理方法。一旦让学生理解其中各个参与者、对象、性能、措施，就更容易让学生分析服务阶段的内容、结构、有效性的评价等。我们切不可高估经典案例的研究价值，四个案例的讨论加强了学生整个学习的经验，每一个案例都说明服务组织做出的不同决策。例如，一旦学生学会如何利用分子模型直观地描述服务，教师就要求他们共同研究美国 Netflix 公司[13]和 Blockbuster 影视出租连锁店[14]的案例。学生们直接比较两大不同的电影租金服务的交付模型，并对服务补救、交付问题和客户影响等几个方面的相同点和不同点进行批判性的分析。通过分析，学生认识到了服务设计的两个因素：它是什么及应该怎样做。同样，对其他案例研究，是对新概念的阐述或对新概念的补充。

联合包裹服务公司的研究案例[15]很好地阐释了基础设施的服务，同时也阐释了数字技术是如何被用于自动控制服务过程和界面的。

国家税务局的研究案例[16]很好地阐释了在控制成本的同时，以客户为中心的机构效用和提高客户满意度的共享服务。

最后，Lion Financial Services 案例[17]不仅为能力管理对策的优缺点的讨论提供了好的环境，而且也为强化实施对策的认为因素的讨论提供了良好的氛围。

五加二等于良好

简易课程（或半个学期）包括五周的讲座和案例研究、二周的作业布置、实地观察和行业专业人员的客座讲座。课程的结构包括应用练习范围内的新概念和新学科的介绍。学生的反馈说明这些仿真商业行为的练习对学生是相当有帮助的，例如，让学生信任校外顾问，并对服务阶段的结构进行检查的练习就是一个很好的例子。一个练习是让学生观察在自助终端的客户行为，并对其有效性进行评论。通过类似的角色练习，可以帮助学生为其在今后的职场中做好积累与铺垫，并同时为其在当前的工作环境中提供便利的条件。

六 道 问 题

课程学习的最后一关是考试。闭卷考试中的六道论文式的问题要求学生就最基础的概念、中心思想、原则进行回答，而这些是课本中所没有的。为了帮助学生准备考试，通常在课程的最初就给学生样卷，并鼓励他们随着课程的进程尝试回答样卷的问题。期末考试中的六道问题的每一道都是关于对服务管理方面的理解。这样设计问题的目的在于单纯对事实和数字的回忆是不会帮助学生回答好问题的。这些问题让学生处在不同的角色和情境中，可以让他们自由发挥。

通过六道问题，学生有机会充分表现自己，并让教师对其进行充分地评估。为了能在考试中获得高分，建议学生六道问题需全部回答，只有回答最佳的四道问题才能让其在期末考试中获得高分。

结 论

从好的方面来说，只有将不同学科领域的知识放在恰当的环境中，才能帮助学生积累好的学习经验。为了在服务管理的教学中提高效率，有必要让学生明白他们自身的潜力，并积极让学生参与并乐在其中。为了让学生参与，有必要让他们了解一定的服务背景知识，能更好地提高他们在整个课程中对知识的吸收能力。对一些重要概念，学生可以学习感兴趣的模型和原理，开始对服务有感性的认识。当他们意识到这样的感性认识能够让他们有创造力，并能解决问题时，他们就会对服务业和类似新科学非常的感兴趣。学生们希望他们刚学到的知识能在快速发展的经济中得到运用。然而，如果他们学到的知识是模棱两可的，而且他们工作的场所还需要进行整理，那么学生的激情就不会非常高涨。

参 考 文 献

［1］　Argote，L. & Ingram，P. Knowledge Transfer：A Basis for Competitive Advantage in Firms. Organizational Behavior and Human Decision Processes. Vol. 82，No. 1，pp. 150-169. 2000.

［2］　National Academy of Engineering. *The Impact of Academic Research on Industrial Performance*. The National Academies Press，2003.

［3］　ITSqc. *Global Strategic Service Management Symposium*.［ITSqc Working Paper CMU-ITSQC-WP04-001a］. Carnegie Mellon University，Pittsburgh，PA，USA，2004.

［4］　Hefley，B. Educating an Innovative Services Science Workforce. Position paper for *Workshop on Education for Service Innovation*，National Science Foundation，US Department of Commerce，and IBM Research，Washington，D. C.，April 18，2006.

［5］　Szulanski，G. *Sticky Knowledge：Barriers to Knowing in the Firm*. Sage Publications，Thousand Oaks，CA，USA，2003.

［6］　Lovelock，C. & Gummesson，E. Whither Services Marketing? In Search of a New Paradigm and Fresh Perspectives. *Journal of Service Research*，Vol. 7，No. 1：20-41. 2004.

［7］　Hill，T. P. On goods and services. *Review of Income and Wealth*，315-338，1976.

［8］　Rathmell，J. M. What Is Meant by Services? *Journal of Marketing*，Vol. 30，pp. 32-36，1966.

［9］　Lovelock，C. & Wirtz，J. Service Marketing：People，Technology，Strategy. Pearson Prentice Hall，Upper Saddle River，NJ，USA，2004.

［10］　Newing，R. Overview of Managed Services. Financial Times on FT. com. 2004. http：//news. ft. com/cms/s/4090bdc4-000e- 11d9-ad3100000e2511c8，dwp _ uuid=59667ca8-fc2b- 11 d8-ab9f00000e25 1 1 c8. html

［11］　Shostack，L. G. How to Design a Service. *European Journal of Marketing*. Vol. 16，No. 1：49-63，1984.

［12］　Shostack，L. G. Designing Services that Deliver. *Harvard Business Review*. Vol. 62，No. 1：133-139，1984.

［13］　Mayfield，E. S. Netflix. com，Inc. Harvard Business School Case No. 9-201-037，2003.

［14］　Hennessy，J. Blockbuster，Inc.：Casting a New Movie. Kellogg School of Management Case No. KEL066. Northwestern University，2004.

［15］　Ross，J.，Draper，W.，Kang，P.，Schuler，S.，Gozum，O.，& Tolle，J. United Parcel Services：Business Transformation through Information Technology.［Sloan School of Management Working Paper No. 4399-03］. Massachusetts Institute of Technology，2002.

［16］　Edmondson，A. C. & Frei，F. X. Transformation at the IRS. Harvard Business School Case No. 9-603-010，2002.

［17］　Stanford Business School. Call Center Design for Lion Financial Services. Case No. OIT-29. Stanford University，2003.

教育服务科学的领导者用全局观点思考企业发展

Donna H. Rhodes   Deborah J. Nightingale
（美国麻省理工学院工程系统系）

现代企业是由人力、过程和实际技能构成的复杂而高度一体的系统。一个有战略意义的商业模式决定了企业的未来并达到该企业的目标和任务。企业要素从本质上说明了多方面的相互依赖和相互影响。现代企业的挑战为高级的商业服务带来了巨大的需求。在这里，服务被认为供应商和客户的相互影响而创造了价值。同时，新技术的使用和有竞争力的需求迫使人们把目光集中在提供标准化服务。随着对更多熟练个体的（这些个体能够领导并管理复杂的服务项目）迫切需求，这样的需求只有以及时有效的方式，通过服务公司和学术机构的合作才能得以实现。

引　　言

服务公司试图寻求合作伙伴，其中的挑战在于要确定什么类型的学术机构才最有可能提供与服务架构者的需求相关的教育。这些专家的技能包含工程、管理科学、社会科学和人文学科。美国麻省理工学院工程系统系是唯一一家该领域的学术机构，该机构涵盖教授此类新型工程管理者所需要的不同学科。该学术机构把麻省理工学院的所有科系集中起来，其中包括工程学院 、理学院、人文艺术社会科学学院、斯隆管理学院等。此外，工程系统组的教师、研究者、学生和战略合作伙伴共同了解、模拟，并预测技术功能复杂系统，目的就是帮助工程行业处理当前棘手的难题，能更好地服务于社会广泛的需求。在最后的十年，工程系统逐渐成为了一项重要的新型研究领域，该领域以综合的、全局性的视角看待大规模、复杂的、技术功能系统，这些系统具有企业级别的交互作用和社会与技术的界面。工程系统组的研究领域集中于如何建造、如何全面、如何管理并如何改造大规模企业的方方面面，而且充分考虑在操作过程中的环境问题。工程系统组也集中对产品、服务的架构和企业架构之间的联系进行研究。

企 业 科 学

本论文作者将企业科学发展视为整个工程系统中一项重要组成部分[3]。麻省理工大学和遍及全球的其他主要大学正在进行一项有意义的研究，该研究将会促进艺术、科学甚至更多学科有更大的发展。尤其是麻省理工学院的美国精益航空进取计划研究小组正在对一项研究进行努力，该研究把现实世界的企业作为实验室，然后将研究结果整理出行业和政府可用的"产品"，研究的课题包括企业架构、企业整合、企业模拟、企业评估、企业价值核心改变等。其中该学院的两门研究生课程的设计正是从美国精益航空进取计划对企业和工程系统范式的研究中借鉴。

　　管理科学家和社会科学家都对企业做过长期研究，但是大部分都只是从企业的一个方面进行研究，如组织结构或信息技术结构等。在麻省理工学院，企业架构从系统的角度，将整个企业看做一个系统，该系统从一个完整的结构元素多视角对企业进行考察，这些视角包括：策略视角、政策观章视角、人群和组织视角、过程视角、知识视角、信息技术视角及视角之间的相互关系。

企 业 架 构

　　目前企业架构已投入实践，而且正从软件架构和系统架构的运用中扩展开来[1]。信息技术中心成为当前的一个趋势，该中心为结构简单的企业服务，主要讲过程和技术与组织结构相结合。随着企业从简单的组织迈向复杂的网络组织（企业扩大），作者认为应对视角进行不断补充。我们相信该方法必须要与企业战略和文化融为一体，并用新的视角去看待企业。值得说明的是，互动视角现正变得更为重要。

　　在企业的架构中，我们正面临着重要的抉择：你如何架构可最有效地生产出所需产品的企业？今天，就如何架构企业，我们充其量不过是采用启发式的方法和相关原理。麻省理工学院对企业架构的研究正从一种科学艺术转变为对企业的架构，正是在这样的艺术中，对企业进行着架构。当然，也许会出现一些常规的企业模型和模式，通过了解这些模式，将通过设计并交付标准的商业和基础架构解决方案，并最终实现服务供应商的目标。

　　现代企业是高度复杂的，而且所运用的管理方法是不断变化的。因此，必须对企业的多方面进行考量，其中包括政治、文化、法律、经济、环境、技术、社会学、心理学、地理和时间。正如在图1中所示，任何复杂的企业都有多个利益相关方参与到企业的方方面面。

　　当企业以客户为主要宗旨，越来越多的企业研究表明当今企业的成功因素在于平衡所有利益相关方的需求。这些众多的利益相关方对企业的贡献在于他们的设计将达到所需要的绩效目标并提供价值。

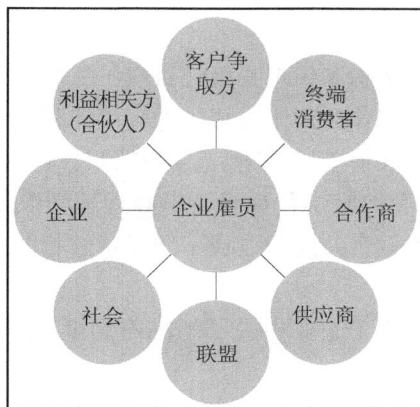

图 1　企业的多个利益相关方

　　Maier[2]将架构界定为"信息集为赞助商规定了系统的价值、成本和风险"。企业架构提供了对策和建模方法用于确保随时可能发生的状况，并对未来企业所需特性和标准的替代物进行评估和挑选。

　　对于已成立的企业，企业架构为它提供分析和了解企业的方法，并对其他变化和干预进行分析。当企业变得更加复杂时，有可能会考虑设计最佳企业及企业架构的扩大的重要性。

　　通过对企业架构的重视，我们应不仅仅看到现在向未来转变的状况，而且应该看到新企业（或正在改造的企业）可能达到的状况的一种潜在决策分析。通过架构企业，使人们进一步通过剖析每个企业的视角来思考企业，更重要的是，通过各个角度的相互联系和相互关系对企业进行思考。对于方案的抉择是基于商业模式、技术决策、文化、目的和其他因素的情况下进行考虑的。企业架构并不是在学术机构中常见的课程。产业的培训趋向于以 IT 为中心，且培训人员熟练使用模型来描述企业的方方面面。对技能的培养很少会从企业进行全盘的考虑。麻省理工学院的此类第一门课程开始于 1998 年，该门课程"精益企业整合"利用精益原则和实际运用方法对企业进行管理和变革，且被视为研究生入门阶段的课程[3]。

企业架构课程

　　2004 年，本文作者开设了一门高级阶段的研究生课程"企业架构"。以前班级的学生积极参与一种新型的企业架构的研究日程的安排、理论和实践，并写出很实际的项目报告。作者相信该课程为研究生们传授了重要的主旨和新的思考方式，这些研究生将参与复杂的企业项目，其中包括引导普通服务的提供和商业服务的交付和管理等项目。

迄今为止，本门企业架构高级课程已经讲授了三次，第一年作为博士研究班讨论课程，第二年和第三年作为硕士与博士的高级课程。学术项目包括美国麻省理工学院工程系统组硕士和博士学位项目、系统设计与管理项目、生产项目经理（LMP）、航空项目硕士和博士学位项目、斯隆管理学院硕士和博士项目。大部分学生至少具备几年的产业、政府行业或不同领域的相关经验。本门课程的目标包括：

——把建构的思想运用于企业中去了解现有企业，研究并评估可能的架构，挑选未来的企业。

——了解战略驱动（商业模式、战略焦点、企业业绩目标等）来影响企业的架构。

——对企业进行明确的定性，其中包括（灵活性、可扩展性、机动性等）。

——从不同的企业架构组成和相互影响的视角描述企业，如战略、政治、组织结构、过程、知识、产品系统、具备的技能等视角。

——熟悉目前在实践和研究领域中应用的企业架构框架、模式、成套工具并熟悉这些内容在过程中何时增加价值。

——了解企业架构如何在现实世界组织中得以应用以及对企业架构研究的见解。

课程的主题包括企业思维的基本概念、架构思考、利益相关方的思考及价值论思考、架构图、企业真实案例和研究讲座。在课程当中，启发学生积极参与到项目组，该项目主要将企业架构应用到真实企业。对于优秀企业，学生团队会为企业进行界定，对企业架构定性，指导利益相关方并进行架构分析，将所需要的行为与未来目标相结合，确定潜在架构，运用交易评价选择优秀架构并起草转型计划。

服务科学适用范围

该课程基于教育管理者应从全局把握企业，并通过项目体验学习。课程的方法适用于制造产品或服务的不同类型企业。在服务的环境中，作者认为其适用于三种类型的管理角色：

1. 把以科学为基础的标准服务设计提供给多个客户；

2. 为特别客户打造的商业服务解决方案的客户设计；

3. 在变化的企业环境中用于商业服务管理的策略获取。

对以上每一个管理角色，需对企业进行综合、整体的把握。在第一个角色中，当架构者考虑到企业之间的不同时，架构者须了解不同的企业，以确认提供的服务满足利益相关方的需求。在第二个角色中，架构这需要对客户进行深入分析及仔细研究以找出最佳服务解决方案。在第三个角色中，需具备对企业的框架进行思考的能力，该能力对理解服务交付合同的时间的最佳决策和变更是至关重要的。

结　论

大学中有相当多的课程是适合服务科学课程的。然而大部分的课程都只教给学生一些个人所关注的领域的知识。麻省理工大学的企业架构课程就是一个教给服务科学的学生从整体把握企业的范例。我们相信该课程的本质对任何服务科学教育项目都是有重大意义的。

参 考 文 献

[1]　Rechtin，E.，*Systems Architecting of Organizations*，CRC Press，2000.

[2]　Maier，M.，Rechtin，E.，*The Art of Systems Architecting*，*Second Edition*，CRC Press，2000.

[3]　Nightingale，D. and Rhodes，D. *Enterprise Systems Architecting*，MIT ESD Symposium，2004.

超越学术象牙塔服务研究的合作

Neeli Bendapudi　Mindy Stobart

（美国俄亥俄州立大学费舍尔商学院）

学术机构、商业、社会和政府为了更好地对科学、管理和服务工程加以理解而进行了大量的投入。然而，与其等待从实验室里面找到答案，不如授予奖学金使其从实践入手，然后再从实践回归至学术理论之中。本论文就此阐述了俄亥俄州立大学费舍尔商学院进行以上服务管理的三大案例的个案。文中内容包括大学生的项目，这些是和相关警察主管、中学领导，以及帮助公立中学校长的合作企业一起完成的项目。

费舍尔学院的服务管理

在俄亥俄州立大学的费舍尔商学院，服务正开展地如火如荼。在远见卓识的企业家 Willian E Arthur 的支持下，2004 年，一只由 Dean Joseph A. Alutto 带领的学术小组成立，在集中对服务经济的需求进行研究后，又成立了管理服务规范中心。俄亥俄州和其他传统的美国中部地区不尽相同，该州面临着自身发展并要使服务具有全球竞争力。曾经这是作为旗舰学院的俄亥俄州立大学无法接受的，因为学院要发展未来，但在商业教育方面的服务却没有一个正式机构和学科。服务管理中心迅速规范地整合跨学科的教师和大量的主要商业机构，其目的是促进服务领域的创新、传播、实践应用及跨学科服务研究。服务管理中心的各项活动由十大合作机构支持，其中包括联盟数据系统、美国 Cardinal 健康集团、肯沃基公司、德勤会计师事务所、亨廷顿财报延期公司、有限品牌、美国全国保险公司、俄亥俄州立大学医疗中心、Poter Wright、莫里斯 & 亚瑟和斯科茨草坪护理等。服务管理中心通过采纳中心教师顾问的意见在以下方面获益匪浅，其中包括会计、商业决策、金融、人力资源、市场、管理和经营等。商业顾问积极参与发展和鼓励校园与社区之间的互动。以下，我们将详细概述服务模式和及其三大案例的应用。

服务管理模式

我们提出了专业服务的四大支柱概念，换言之，有效的管理服务需关注四大支柱，即：供应商、合作伙伴、过程和收益。专业服务的第一支柱是作为服务供应商如何管理自身和他人。在服务主动型领域里，公司最重要的资产就是人力和社会资本，这些资本因素每天晚上都要回家。服务机构的管理人员需要一定的领导力，并需要对人力资源管理的招聘、遴选、培训、补偿和服务人才奖励等。专业服务的第二支柱是合作关系的管理及其他服务供应链中的客户和重要伙伴。此种专业服务的因素需能较好地把握市场原则，其中包括理解其他伙伴如何看待服务公司、如何对价值观点进行界定、如何交流并提出主张及最后如何获得价值。专业服务的第三大支柱是对服务过程进行管理，以最大限度地提高效率和客户满意度。在日益复杂和纷乱的服务关系中，区别于其他服务的关键在于是否更简单、更容易把握服务过程。精益 6σ 过程改进方法的运用不仅仅只是备份，它需要深刻理解部分特定问题和人力资源密集服务过程中的潜在性。专业服务的第四大支柱是收益。服务机构对经费进行合理分配、最佳资源配置和安排、客户计算、服务供应商在收益及影响。此外，成功的服务科学参与者必须透彻理解会计和金融学原理。我们运用专业服务四大支柱模式教育我们的学生并在商业中加以应用。以下将要阐述的是服务管理中心服务研究在三大应用案例中的探索。

象牙塔之外的三个环境

服务管理中心不断秉承费舍尔学院"理论联系实际"精神，充分运用运用四大支柱模式，结合不同实际环境中的服务原则。三大案例应用如下。

学生通过共同协作积累学习经验

为了应对不景气的服务环境，我们与公司共同合作为费舍尔学院的学生创造教育机会。研究生项目副院长 Karen Wruck 教授支持工商管理硕士的服务管理未来的发展，在工商管理硕士项目中，学生可以在存在问题的学科之间对解决服务的方法进行广泛地研究。我们相信，这种方法对大部分以市场和 IT 为中心的服务是一个巨大的进步。为了帮助学生实践，服务管理中心开展了一项短期实习项目，该项目允许第一年工商管理硕士的学生完成硕士课程后，可以在服务公司参与具体项目。因此，当夏天短期实习结束时，我们的学生可以展示比课程分数更多的内容。我们的合作机构成员会帮助我们对这些项目重心做出计划。去年，学生就集中在服务业务中搜集客户满意信息，今年将会转向集中在服务公司能力的发展。在本科生项目副院长 Rao Unnava 教授带领下，我们的本科生完成了特许公司之一，全球人力资源外包业务的开创者肯沃基（Convergys）有限公司的一个项目。这些项目允许学生对肯沃基人才招聘进行实践指导。印度有肯沃基的呼叫中心，我们的学生与印度的学生小组合作，为肯沃基的学生进行指导。通过项目参与，学生意识到了全球服务运营的复杂性、离岸操作中的跨语言和文化障碍的实际工作状况、建立可转移雇主品牌的困难。我们的学生作为专业服务公司的专业服务顾问学习了专业的服务。这些项目反映了我们服务教育中的服务理念——正如在其他众多的服务机构中一样，客户是服务成果的共同缔造者[1]。

需要或不需要的服务：警察署长和社区之间的合作关系

服务科学在政府机构和商业机构中同等重要，甚至比在商业机构中更重要。在司法部的协助下，俄亥俄州的警察署长开展了一项特别的项目，为我们提供了与全国范围内警察署长和警司交流并对其进行教育的机会，其挑战在于创建与社区在服务方面的合作关系。宣传材料之前，2006 年 6 月在芝加哥召开了为期 2 天的专题研讨会之后，管理服务中心副主任 Mindy Stobart 与费舍尔商学院的部分教师进行了磋商，共同起草了相关宣传资料。

警察署长们积极应对挑战，在保证公共安全的同时，不采用粗暴手段，并确保警察利益与民众权利的平衡。此外，通过向警察渗透每一位警察都是警局的活品牌的理念来激发警察[2]。这一概念强化了乔治梅森大学的研究，该研究提及了执法机构公共形象的重要性[3]。从毒品滥用防治教育到社区配备警察制，集中记录警方支持项目的结果是社会服务义务的重要范例。

想要或没准备好的协作：与学校校长合作的服务管理中心项目

公共服务的一个重要内容是公共教育。当地报纸没有政客或学者反对公立学校的状况或诉责宠物政策的信息的情况是非常罕见的。现实情况是今天公立学校需要付出更多。唯一可持续对策在于学校、企业管理者、广大社区之间建立密切的联系。学校负责人应该认为且把自己看做公司的 CEO，如果公司几乎没有正规培训或让服务科学专业人员利用的资源。为了扭转并解决这种趋势，管理服务中心和富兰克林镇教育服务办公室共同赞助一个项目。教育服务社区的 Bart Anderson 博士和 Ralph Johnson 博士和管理服务中心确立了企业合作者，共同培训学校负责人专业服务四大支柱。今年五月，构建品牌，建立伙伴关系将成为焦点。

管理服务中心是学术问题知识的资源，也是学生参与的信息交换站，其最大的特点在于为专业服务的方方面面挑选不同的企业赞助人。还有比"Limited Brands"、"Victoria's Secret"和 " Bath and Body Works"更能够教授品牌的基础知识的公司吗？Ed Gaydos 是 Limited Brand 社区事务的工作人员，他请公司的几位资深管理人给学校负责人教授品牌，其中包括这家成功零售巨头经常使用的入职过程。每一组学校负责人都与一名 Limited Brands 管理人和一名费舍尔学院的学生协助者配对。学校负责人的反馈非常积极，特别是有关社区目睹事实的管理[4]。很多人承认他们从未真正考虑过在为他们服务或辖区内的学校在打响品牌方面有什么样的需求。正是几位企业管理人和我们的研究生不断致力于支持他们学校的服务事业才取得了意外但令人满意的结果。正如以上案例所说明的，费舍尔学院致力于参与企业、非营利机构、政府实体以更好地为优秀的研究生在迎接服务科学、管理和工程的挑战作好充分的准备。

结 论

本论文着重论述在传统的学术机构的研究中心通过一些方法担任更多角色，并运用服务学习方法过程中普及非传统地区的服务科学理论。本文期待这些案例将促进学术界、商界、政府之间进一步相互影响，并积极合作，从而共同协助规模庞大的社区。

参 考 文 献

[1] Bendapudi, Neeli and Robert P. Leone, "Psychological Implications of Customer Participation in Co-Production," *Journal of Marketing*, January 2003, Vol. 67 Issue 1, p14, 15p.

[2] Bendapudi, Neeli and Venkat Bendapudi, "Creating the Living Brand." *Harvard Business Review*; May 2005, Vol. 83 Issue 5, p124, 6p.

[3] Gallagher, Catherine, Maguire, Edward R., Mastrofski, Stephen D., and Reisig, Michael D. (2001) The Public Image of the Police, a report prepared for The International Association of Chiefs of Police.

[4] Berry, Leonard L. and Neeli Bendapudi, "Clueing in Customers," *Harvard Business Review*; February 2003, Vol. 81 Issue 2, p100, 7p.

在欧盟和希腊服务科学研究和教育的进展报告

Christos Nikolaoul

（希腊克里特大学计算机科学系转型服务实验室）

需要用 SSME 了解和预测新兴的世界服务经济趋势。报告在欧洲确定适当研究日程的进度。提出一个整合训练与研究的新途径。报告在希腊克里特大学按计划及提议所正在进行的科研活动。

引　　言

当前世界经济正快速地转向服务业；过去 25 年在中国转向服务业的比例为 191%，而在大多数发达国家，其经济的 70% 为服务业。世界经济的剧烈转型，加上一波又一波的科技创新（尤其是在 ICT）、劳动力市场的全球化及日趋激烈的竞争迫使（公共及私人、营利性及非营利性）组织：

——不断转变经营结构、流程、网络、联盟；

——与成功的价值主张形成联盟及网络；

——不断努力利用急剧演变的科技；

——小心那些可能破坏他们市场份额的技术；

——充分表现和驾驭对人与组织的核心竞争力。

这些挑战所涉及的利害关系的严重性和复杂性使所有特定的、经验主义方法无法发挥作用。单个的学科方法（比如，仅仅使用计算机科学和工程学）也无效。

以最佳（或至少高效）、可观测及可动态变化的方式将经营策略及目标与业务流程匹配并接着将它们与人及 ICT 基础设施及构成服务的要素匹配是一项极为严峻的多学科挑战。而这正是 SSME 今天所面临的挑战。

技 术 现 状

对电子商务的研究，尤其是近期对业务流程转型的研究使业界和学术界越来越意识到 SSME 的必要性。世界各地出现许多学习计划、研究中心和研究项目[1,2,3]。如今提供信息系统和管理的跨学科教育的院系已经很普遍了，但他们并未将重点放在日益增长的服务经济以及由此引出的新的社会、经济、法律和技术挑战上。文献［4］提供的 SSME 项目就是首批同类项目之一。本校最近开设了一个类似的研究方向，这在文中有所阐述。

欧盟一项新的研究议程

在最近由"卓越网络"（来自业界与学术界的高度专业化的研究团体，致力于研究特定的开放问题）举办并由欧洲委员会（IST/FET 单位）资助的研讨会中，大家日渐意识到新兴服务经济的复杂性及动态性质及对用于了解新兴服务经济及预测未来趋势的新科学及工程方法的需要。此外，会上还创建了 NESSI 技术平台。

有关 SoS 的 ONCE-CS 研讨会[5]

ONCE-CS 即 Complex Systems Network of Excellence（卓越网络-复杂系统），其所组织的研讨会从复杂性角度讨论服务。我们的结论是，"一个巨大的挑战就是计算理论的创立，产生用以帮助我们理解并且指导如何用服务联系人类、关联信息与通信技术的模型，并了解这些结构是如何相互作用、演变和调整的，以便更好地满足人类、经营及更宽泛的社会需求"。

超越地平线研讨会[6]

这一系列研讨会由 ERCIM 组织[8]，用于"通过有组织、广泛及系统地咨询整个欧洲的相关研究团体，包括相关领域的主要成员及专家来提供有关 IST 相关新兴趋势及需要支持的战略研究领域的输入"。在已形成的两大"网上社区"——智能与认知系统和密集型软件系统中对服务型社会和经济的出现已有提及。

NESSI 技术平台[7]

NESSI 由"欧洲 13 个主要的 ICT 公司（总计提供近 1 百万工作岗位和大约 300 B€的收入）创立……旨在为欧洲对服务架构和软件基础设施的研究提供统一观点，用以定义技术、战略和部署政策，来培育新的、开放的工业化解决方案和社会化应用，从而提高安全性、治安和公民福利"。它还组建了一个科学工作小组，致力于编制研究和教育日程，由欧盟提供部分赞助。

有关新的教育及培训日程

除了正在开设或即将开设的较传统的多学科专业外，我认为有必要为学术界、产业界和政府整合到一起创造机会，使他们能够讨论在现实中出现的新问题，探索最佳做法和进行个案研究，培育新的服务供应商与客户的关系及他们的共同项目，并允许青年一代研究人员和专业人士以及我们 SSME 团体的主要成员，以一种轻松的形式互动交流。像暑期班这样的短期课程，或者是最多一到两周一次的系列讲座，都可以满足这一目的。我们将从 2007 年夏天开始在希腊的克利特大学组织这样的暑期班。

克利特大学的 SSME 暑期班

理念很简单：在欧洲一个轻松、度假式的，远离办公室压力的环境中，建立一个有关服务科学的教育和研究活动的论坛。

暑期班的教育内容为：

——教授有关服务科学、管理和工程的实务和基本概念；

——研究新出现的服务以及它们在不同业务部门的生存能力；

——邀请该领域的领袖（研究人员、从业人员、企业和政治领导者）作为主题发言人、短期课程的讲师或顾问。

暑期班的研究内容为：

——组织 SSME 有关的会议与研讨会；

——为来自世界各地的研究生出席筹集资金；

——与 EU-IST、NSF（美国国家科学基金会）等合作主办自由讨论式的研讨会，从而建立起 SSME 的研究日程。

暑期班的目标人群为：

——技术专家、决策者、年轻的专业人士（虽然全体会议上可能有各不同领域的演讲者和嘉宾，但这些听众一般参加不同期的暑期学校）；

——客户，因为期望主导 SSME 学科形成的 IT 企业利用暑期班接触、培训其（实际的或潜在的）客户；

——年轻有为的专业人士，他们可以通过完成一个更加正式的项目（为期两周到一、二个月不等）获得硕士学位；

——管理人员，他们可将策略会议与参加研讨会及与本领域的领袖一起讨论相结合；

——面临"现实世界"问题的研究人员、学者、技术指导，确定新的研究计划和项目；

——学生学习，交流，发现新问题等。

当地的组织机构将会是克利特大学计算机科学系（希腊重点研究型大学）和FORTH（希腊重点公共研究中心，ERCIM 的成员）的计算机科学学会（ICS）。

也将会有与荷兰蒂尔堡大学经济学院（世界范围内领先的院校）系统与管理系合作。

为什么在克利特

——显著的研究实力与学术基础设施，同时，ENISA（欧洲网络与信息安全机构）总部设在克利特（FORTH 大楼）；

——当地研究团体在组织大型活动和会议如 ECDL 98、HCI2003、iTrust2003 方面有着丰富的经验；

——作为地中海岛屿的克利特，是有着 3000 年的历史文化、风景秀丽的度假胜地；

——克里特大学已经为组织前两期暑期班提供了启动资金（自 2007 年起大约每年 2~3 万欧元）；

——计算机科学的研究生课程有很强的服务方向和参与 IBM 学术计划取向；

——与世界各地的其他大学有强大的合作网：与巴黎奥尔赛大学和格勒诺布尔大学的联合研究生学位课程；和加拿大约克大学合作的暑期项目；与荷兰蒂尔堡大学系统与管理系合作；与维也纳大学和北卡罗来纳州立大学有联合学位计划。

克利特大学的 SSME

最近我们对研究生课程的电子商务研究方向（现改名为"服务科学"方向）进行了完全重组。我们将为学生提供以下几大主题课程：无线网络与移动计算系统、安全系统、密码学、互联网系统与技术、万维网数据与知识管理、过程管理系统、数字经济与电子商务、高级电子商务、电子商务经济原理导论、基于组件的编程、面向服务的体系结构（Service-Oriented Architecture，SOA）、客户关系管理（Customer Relationship Management，CRM）、个性化与数据挖掘。本系参加了 IBM 学术教育计划并且使用了许多 WebSphere（IBM 的软件集成平台）与 Rational（IBM 软件集团旗下的软件开发平台）家族系列产品。

此外，本系最近建立了转型服务实验室（Transformation Service Laboratory，TSL），针对转型组织进行研究，提供服务培训及教育，从而提高他们的竞争力与提高服务的质量。TSL 已经活跃在以下项目中：

——为众多在克利特市安装宽带和无线网络的市政当局提供咨询服务，同时也推动了当地宽带服务的建设；

——参与政府转型（电子护照）的解决方案开发；

——指导研究，与 IBM 的纽约霍桑 T. J. Watson 研究中心研究人员合作，评价网络模型、分析和服务供应模型；

——带头创建一个在克利特的经营转型中心，该中心由欧盟提供启动资金，首要任务是确定可能成为转型项目合作伙伴的公司和公共组织。

政府与 SSME

政府应发挥关键作用：一方面要建立政策保证为所有市民都能受益的服务经济提供稳定的过渡，通过注入服务经济方向的 R&D 启动资金以及重组其自身的服务来提高质量。另一方面，必须克服惰性，政府职员除了要重新参加培训还要被鼓励从事服务经济相关之事。在最近的一次由希腊国家乡镇与城市协会举办的大会上，我们有关创建地区业务及流程转型中心的提案获得赞同，被允许建立一个区域操作与进程转换中心，其将在地区一级负责推广最佳实践及促进对自治区政府为公民所提供的服务进行改革。

结　　论

见证与参与一个新学科 SSME 的发展，着实令人兴奋。在这之上的投入以及将要面临的挑战，迫使我们对许多传统的学术活动重新进行思考，如：如何教育青年一代；如何引导不同学科背景的同事共同开展研究；如何在行业与政府之间建立起成功的合作关系。

参 考 文 献

［1］　Institute for eCommerce, Carnegie-Mellon University. http：//euro. ecom. cmu. edu/indexoldsite. shtml/.

［2］　Center for e-BusinessTechnology (CEBT) . http：//www. cebt. re. kr/.

［3］　Fisher Center for Information Technology and Marketplace Transformation (CITM), U. of California, Berkeley. http：//groups. haas. berkeley. edu/citm/citmhome. htm/.

［4］　News release-MBA Services Science Concentration, NC State College of Management. http：//www. mgt. ncsu. edu/news/2006/mba ssme. php/.

［5］　ONCE-CS Portal：SOS Homepage. http：//complexsystems. lri. fr/Portal/tikiindex. php? page＝SOS＋Homepage/.

［6］　Beyond-the-Horizon. http：//www. beyond-the-horizon. net/.

［7］　NESSI-Networked European & Services Initiative. http：//www. nessi-europe. com/.

［8］　ERCIM-The European Research Consortium for Informatics and Mathematics. http：//www. ercim. org/.

波尔图大学的服务工程和管理硕士专业

J. Falcão e Cunha　　Lia Patricio　　Ana Camanho
（葡萄牙波尔图大学）

Raymond Fisk
（美国新奥尔良大学）

虽然许多学生毕业后将会一直在服务机构工作，但是对专业工程师的培养已经趋向于工业需求。服务往往需要涉及互动，不管是直接的人与人之间的互动还是通过使用机器。现在大多数的服务都牵涉到技术，其中包括自助机器、互联网与移动设备，甚至有可能牵扯到复杂的社会与组织问题。虽然为了适应经济的转变，工程项目已经不断变革，但是新方案必须纳入到新一代的本科生与研究生教育中。

本文提出 MESG，一项与欧洲博洛尼亚框架类似的服务工程与管理硕士计划。这仍然只是一项教育专业工程师的计划，某种意义上说，毕业生将具备构思、设计、操作与实施（Conceive, Design, Implement and Operate CDIO）的复杂工程增值系统。不过 MESG 强调的重点是：（1）对现在服务规定要求的创新技术的理解；（2）理解人们使用服务的功能以及经验要求；（3）掌握 CDIO 服务过程并理解其价值。在社会化组织环境中，关于人和业务的知识与经验，是培养服务工程师与管理人员的高等教育中的重要部分。

引　　言

服务产业系统的开发与实现促进了企业、政府以及其他组织的进步与创新。服务业占当前美国、欧洲以及日本经济的 70%，并且通过构建更高效的系统、精简业务流程等，创造新的商业机会，尤其是在与互联网、移动电话等其他自助服务技术的结合使用中。

技术的注入使得服务环境发生了巨大的转变。现在人们通过各种形式的技术联系与企业或其他组织进行互动。这一环境为服务提供者带来了新的挑战，并且使经济和社会都发生了改变。

FEUP（Faculdade de Engenharia da Universidade do Porto），即波尔图工程大学，在过去的 20 年中已经开设了科技、工程与管理相关课程，比如 LEIG/MEIG、工业工程与管理 BSc/MSc 以及 LEIG/MEIG 计算工程与信息学 BSc/

MSc。这些专业现在已经有大约 1000 名毕业生，他们大多数都工作在经济服务领域，如葡萄牙和其他许多国家的公司。

那些公司对教育和培训的评价是基于学生们掌握了基础的工程科学知识和相关科目。他们也对一些更具体的科目与项目通过信息技术、定量方法以及管理科学来进行评价。

最优秀的创新是工程师行业培训的基础。工程师们被教导设计问题，这些问题大多数都是互动系统的一部分，他们的工作就是如何进行权衡，并且不停地衡量他们建立的系统的健康性。这一想法促使创新能力的培养。或许这并不是巧合，在美国、欧洲以及日本，过去和现在的许多最伟大的公司领导人，都是首先被培训为工程师的[1]。

虽然所有的工程毕业生都需要学习一些相同的基础科学课程，比如数学和物理，并且需要工程学科技术性的专业知识（如数学、化学、电子、材料学或者计算科学），但更多的精力必须放在服务系统上，理解人与系统之间的互动方式，并且把创造力集中到创新上。

在欧洲博洛尼亚框架下，FEUP 工程专业的发展已经由 CDIO 主导[2]，向着教育专业工程师的目标前进。FEUP 的毕业生在他们的专业活动管理、处理复杂社交以及组织问题中不断承担更多的责任。因此它要求一个专业服务工程师必须接收管理学以及其他社会学科的教育。

CDIO 工程教育模式

CDIO 是一个教育性框架，主要是用来满足当今社会对工程人才的需求标准。它的目的是为学生提供在构想、设计、实施以及操作真实系统与产品中强调以工程基本的教育。整体方面必须设计以下教育项目：（1）技术性知识与推理；（2）个人、专业性技能、价值；（3）人际交往技巧、团队精神与交流协作；（4）构思、设计、实施以及操作企业与社会相关系统。

CDIO 框架在也适用于处理葡萄牙认证机构特许工程教育的专业认证。

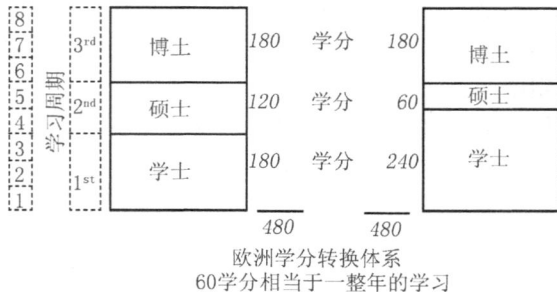

欧洲学分转换体系
60学分相当于一整年的学习

图 1　两大学位设置（基于欧洲博洛尼亚框架），波尔图大学工程学院适用于左边的表格

欧洲博洛尼亚框架

同欧洲大多数学校一样，FEUP 正在按照博洛尼亚框架不断发展其学位结构。FEUP 将遵照图 1 左边所显示的学位模型。在获取工程学学士学位后，如果再通过两年全日制的学习，将授予硕士学位。

过去，最初的 FEUP 工程专业预计读 5 年。下一学年开始的新计划，仍将致力于 5 年初始教育，但是分为两个阶段：第一阶段 3 年，主要学习基础科学与工程学课程；第二阶段学习关于专业领域的高级技能与知识，学生的目标是能融入相关行业。

专业工程师

FEUP 目标是培养专业工程师，具体意义如下：

它可以被视为由欧洲不同国家，进一步的高级教育系统培养的两种不同类型的工程师。我们专注于提供学术基础知识以及开发相应技能，使我们的学生成为"专业"工程师。所谓专业工程师就是要具备领导能力，对工程任务具备创新能力，并且能够承担设计、研究以及能够开展高层次调查研究的人才。对于培养这类工程师来说，合格完成第二阶段是最低标准（很多情况下都要求第三阶段标准）。在这种情况下，第一阶段标准被视为向第二阶段的过渡期……并且研究认为完成第二阶段就取得了入职资格[3]。

这就要求学校教师在教学研究活动中高度负责、积极参与。第二阶段毕业的所有学生，必须完成一篇硕士论文，并参与研究或者完成在 FEUP 监督下的类似实习项目。

服务工程师与管理者

笔者具有监管研究生实习与研究工作的大量经验，这些工作往往通过与各种组织的合作实现，特别是与信息系统以及银行市场部门、零售企业或者政府单位的合作。这些合作强调的服务专业教育中的基本相关内容如下：

——新技术（例如设计能力、理解与评价创新技术与过程）；

——新的互动模式或服务（例如理解使用者和客户需求并能够应对各种需求及质量要求）；

——新的业务模式（例如，领导能力与管理能力，来处理股东利益与组织灵活性、高效性以及责任感需求）。服务工程师与管理者在向客户提供技术服务时必须全面了解相应的技术知识，这样才能产生价值。所以服务工程师必须掌握如下技能：技术、业务、社会组织。

　　因此，我们建议提供一个服务工程与管理的硕士点，在学生顺利完成第一阶段的工程科学学习，并且具备有数学、科学、信息与通信技术、定量方法与社会科学方面的基本技能（如：数据库、统计学、经济学、业务研究）后便于其进行深造。

　　接下来对 FEUP 做一个简短介绍，它与现有的计划与资源以及教育环境关系更紧密。然后将简要介绍 FEUP 研究的特征。最后会介绍建立硕士计划与总体目标，以及大致结构的设计指导原则。这其中包括一些 IBM 参与其中相关提议的方式理念。

FEUP 工程学教育

　　FEUP 是葡萄牙研究工程学中最大以及最著名的学校之一。其历史可追溯到 18 世纪波尔图建立的航海学校，现在拥有超过 5000 名学生。其大多数教师与研究人员拥有博士学位，并且参与到其他国家或国际化组织的合作项目中。

　　尽管许多毕业生最终都在服务经济领域工作，但 LEIG/MEIG 与 LEIG/MEIG 专业的毕业生也将几乎肯定会在这一领域工作。

更多相关的已有专业

　　LEIG/MEIG 的全职工业工程学与管理 BSc/MSc，基于健全科学以及机械工程学背景，并且在定量方法、信息系统以及操作管理方面实行专业化。尽管它具有产业定位，但大多数毕业生最终是在服务性组织或部门工作，从事物流、质量、市场或者信息系统等方面的工作。

　　LEIC/MEIC 的全职计算工程学与信息学 BSc/MSc，基于健全科学以及计算工程学背景，并且在信息系统、软件工程与网络工程上进行专业化。其大部分毕业生最终在服务性组织或部门工作，处理工程需求，用户接口规范或项目管理。

　　鉴于葡萄牙北部的工业经济环境，这两个专业最初分别试图与机械工程和电子工程学产生紧密的联系。然而这两项专业的侧重点近年来发生了转变，随着环境需求的改变自身也在不断的改进，例如制造工业将不再是最主要的雇主。

　　这些专业已经为技术与管理专业的教育提供了经验：理解现实中的人、使用者或用户。社会科学，特别是心理学与社会学，以及艺术与人文方面，与为社交与情绪方面提供的知识与技能有着密切的关系，这往往是工程学教育中缺失的部分。

工程学专业中的科学、技术与管理

　　FEUP 的大多数学生将会接受第一阶段为期 3 年的学习，这期间的教育主要围绕基础科学与技术展开。图2显示了我们对学士与硕士攻读过程中相关科学、技术以及管理（这里引用了波尔图大学 MBA 项目）所处相对位置的理解。工程学硕士计划、MEIG 以及提出的 MESG，在 ECTS 的条款中具有与 MBA 计划中类似的管理学内容，不过学生的发展以及教学中心是截然不同的。

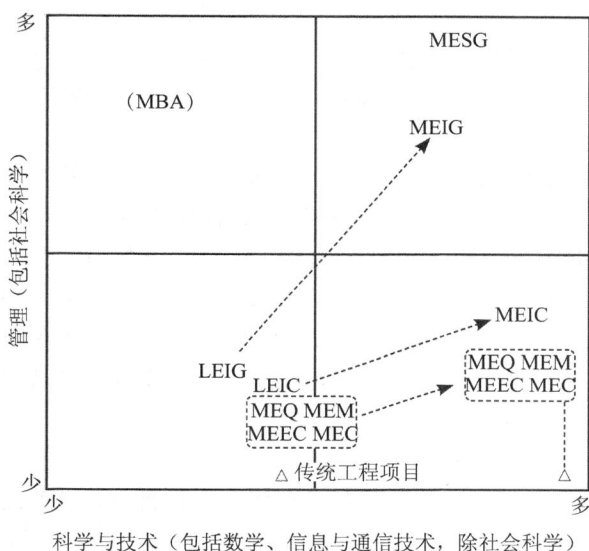

图2　FEUP 中管理学 & 科学与技术重点强调工程学项目的选择
（基于作者的定性评价）

适合的环境与资源

正如一些相似机构，FEUP 过去几年的教育一直强调学生的学习过程。CDIO 同样强调项目中学习的重要性。在 2000 年 FEUP 搬入了新校区，那里有非常好的环境与资源，特别是对于学生更是如此。国家艺术博物馆，计算与通信资源随时对学生开放。这里同样拥有与欧洲、巴西以及美国的交流计划。学生毕业前在外界组织实习的活动也已经持续了好几年，特别是 MEIG 和 MEIC 专业的学生。这种6个月的全职实习计划要求学员参与监管。最终要形成一份总结报告，然后在一次公开活动上陈述并予以评价。

学生与教师正在不断的参与到跨学科项目中，其中涉及来自其他大学不同的工程学技能、管理学以及专业知识。我们也在增加对 Moodle、Luvit 或者 WebCT 数字化学习平台的使用。

FEUP 的服务研究

在工程学院进行的服务研究必须涉及科学、工程学以及管理学部分。根据朗文当代英语在线字典（www. ldoceonline. com）：

科学：关于世界的知识，特别是那些基于研究、测试以及证明了的事实。

工程学：涉及设计以及建造公路、桥梁、机械等活动。

管理：企业或组织从事的对工作的控制与组织行为。

服务：一种由企业为客户提供，但不涉及生产货物的特殊形式的帮助或工作。

服务同样可以被视为"一个契约、一种履行、一种成就"（Rathmell，1966），引用于文献［4］，或者服务是"有价值的合作行为，承诺，通过共同完成工作结成的关系、风险、信息、资产、决策、责任以及权力[5]"。

许多研究项目已经在 FEUP 开展，这些项目是跟外界的企业以及一些服务机构合作的，例如与银行业、零售业以及政府机构合作[6,7,8]。这些项目的研究显示，人与社会方面正变得越来越重要，主要是由于人与技术、社会以及组织环境之间的互动次数与其所需掌握的技能越来越多。

因此服务工程研究中的一些问题如下：

——技术如何促进服务，为服务提供正确合适的功能，并且使之成为一种愉快的经历？

——什么才是在不同社会条件下，通过使用恰当的混合式服务接口，来为人们提高服务的最合适的方法？

——在给定业务的情况下如何为不同的股东提供更多价值？

在硕士和博士研究中 FEUP 采用如下方式：（1）在特定环境内鉴定问题；（2）从理论角度进行研究，必须考虑到组织、用户或股东以及社会环境；（3）提出解决方案；（4）建立或者确定一个原型；（5）对原型进行评估。研究项目经常要求与外界企业或组织进行合作。

与 IBM 的合作

IBM 已经参与到 FEUP 的项目中，有时是非常成功的项目，它主要提供硬件与软件系统。同在世界其他地区一样，IBM 在葡萄牙已经涉足为企业、政府以及其他组织提供服务。例如 IBM 为许多公司和政府部门提供数据中心服务，特别是 IRS 提交的服务就托管给 IBM 在里斯本附近的一个服务中心。IBM 直接或间接对 FEUP 的项目的支持已经使得许多硕士和博士论文以此为题。笔者同样已经与英国 IBM 可用性服务间建立起了项目联系。这样的合作已经带来许多这样的和组织内部的研讨会与讲习班。

MSEG 硕士方案

一个正式的服务工程与管理学硕士计划提案必须遵守许多不同层次上的规则以及框架：欧洲葡萄牙波尔图大学、工程学院与工程学专业机构。对尽可能多的以往的概念性框架进行总结，比如博洛尼亚框架，以及 CDIO 工程教育模式。提出的课程主要强调三大领域，总结如图 3。

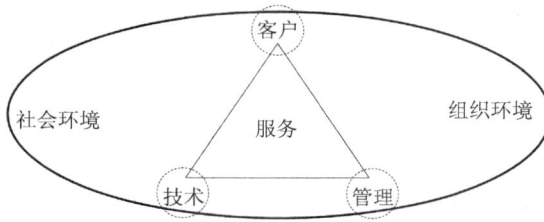

图 3　MSEG 服务相关的 3 个面

MSEG 一些其他相关需求都是由一些普通程度的要求发展出来的。例如，计划必须包含一个最终的论文项目，它需要最少 42 ECTS 的努力和大约 8 个月的全职工作。

考虑到所有的这些情况，我们提出 MESG 计划将具备三大课程或科学领域的相关学习，以及最终的一个项目（见图 4）：

——ICT：信息与通讯技术；

——PSA：心理学、社会学与艺术；

——OMM：操作、管理与市场营销。

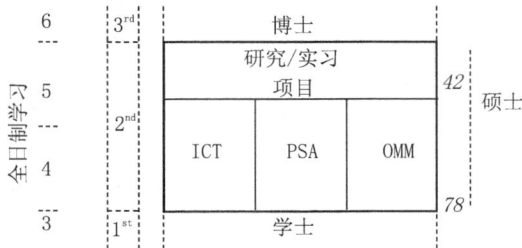

图 4　MSEG 的主要组成部分

候选学科，可能成为选修课程的科目如下：

——ICT：移动技术（硬件与软件）、信息系统（处理、计划与控制）、人机交互、互联网技术（例如：XML、Ajax）、多媒体技术；

　　——PSA：认知科学、组织社会学、书面语口头表达能力（人文领域）、说服科学；

　　——OMM：服务营销、业务重组、投资与金融学、多元统计学、管理科学。

　　这些领域都是在适当的监管下并行的一组项目，处理 ICT（如：定义与实施一项创新服务的模板）、PSA（如：通过多媒体视频的支持，上映一出戏剧、舞台剧或者广告，内容涉及该团队的成员）以及 OMM（如：为服务准备一份企业计划甚至创建一家公司）。

　　与本计划的股东进行详细的谈判必须加以引导，从而使得这些初步的理念得以完善与细化。

结　　论

　　西方世界正在向知识性社会转变。专业型工程师的教育已经在考虑向服务经济转型。对数学、物理学以及技术的充分理解仍然是必要的，但更多是关于对人与管理知识的理解，这看起来也成为了对大批毕业生的重要要求。

　　服务工程师必须掌握如何构想、涉及、实施以及操作新的服务交付过程，将适当的技术与恰当的个人经验融合起来，从而在这样一个充满竞争的环境中增加价值。理解如何在人与机器之间进行互动，并且理解社会与组织中生产者与使用者的环境，在服务工程学教育上扮演了越来越重要的角色。

参 考 文 献

[1]　　Michael Hammer：Re-Engineering the Corporation，Special Report on Business Innovation，*The Economist*，April 24，2004.

[2]　　Edward F Crawley：The CDIO Syllabus-A Statement of Goals for Undergraduate Engineering Education，Massachusetts Institute of Technology，MIT CDIO Report ♯1，January 2001，41 pp.

[3]　　Imperial College London：Comments on the 2nd Version of the EUR-ACE Document "Standards and Procedures for the Accreditation of Engineering Programmes，2005-10-31，2 pp.

[4]　　Ray Fisk，S. J. Grove，and J. John：*Interactive Services Marketing*，*2nd Ed.*，Houghton Mifflin Co.，Boston，2004.

[5]　　Jim Spohrer：Services Sciences，Management，and Engineering (SSME)，A Next Frontier in Education and Innovation，IBM Research presentation，2006.

[6]　　Lia Patrício，Raymond Fisk，J. Falcão e Cunha：Improving Satisfaction with Bank Service Offerings：Measuring the Contribution of each Delivery Channels，*Managing Service Quality Journal*，Vol. 13，No. 6，2003，471-483.

[7]　　An S. Camanho and R. G. Dyson：Cost efficiency，production and value-added models in the analysis of bank branch performance，*Journal of the Operational Research Society*，Vol. 56，No. 5，483-494，2005.

[8] J. Falcāo e Cunha，M. Leitāo，J. Faria，A. Monteiro，M. Carravilla：A Methodology for Auditing e-Voting Processes and Systems used at the Elections for the Portuguese Parliament，2nd Int. Workshop on Electronic Voting 2006（www. e-voting. cc/2006），2006. 08. 02-04，forthcoming in *Lecture Notes in Informatics*.

数字服务工程——集成商业流程和信息工程的新型学位

Gianmario Motta

（意大利帕维亚大学）

IT 行业正在从传统计算机工程转变为 IT 服务工程，首先，IT 服务开销不断增长，无论哪个国家其 IT 服务开销都超过总开销的 50%，其次，在许多工业领域，面向商业服务也不断地增长，另外，面向产业的服务能够形成服务链。为了应对这些浮现的需求，从明年开始，帕维亚大学为 IT 工程师的第四年、第五年制定了新的教学大纲，我们的毕业生将会成为一个知道怎样分析和设计商业服务链系统的 IT 工程师，会定制和集成合适的 IT 模块。通过两门业务流程分析的课程以及两门企业系统设计的课程的学习，学生可以从中学会具体的服务理念。另外，通过两个项目的实战经验，学生将从中得到实际的锻炼。

引　言

在任何一个国家，服务占据 IT 开销中最大的一部分，从图 1 中可以看出：虽然意大利 IT 总花费比美国和法国少很多，但是在服务方面的开销都占了最大比重，从事 IT 服务产业的专业人士大概在 100 000 到 200 000 之间，其中每年人员流动量大概在 5 000 到 10 000 之间，这些人主要从事软件开发和系统分析工作，他们工作于跨国公司比如 IBM、Accenture 或者当地的一些小型顾问公司，还有些工作于健康医疗机构、公用事业公司、能源公司、通信公司、商业过程公司等。

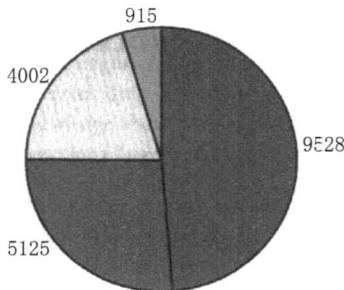

图 1　2004 年意大利在 IT 方面的开销（单位：百万欧元）

从人才供应上来说，2005 年意大利的高校毕业生中大约有 3000 多个工程师和计算机专业人才（5 年制），其中 490 个工业工程师在商务组织以及过程方面已经受过了专门的训练，但他们在 IT 工程方面仍处于初级阶段。不到 1000 人的 IT 和计算机科学专业的毕业生，虽然在 IT 方面非常精通但是他们缺乏商业分析以及组织管理能力。此外，虽然商业管理与经济类的毕业生达到了 1.134 万，但他们缺乏信息需求分析以及软件实施方面的知识。因此不管从哪方面来说，高校提供的人才远远不能满足商业的需求。

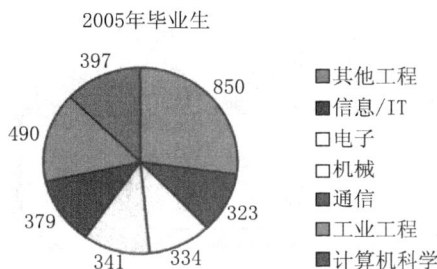

图 2　2005 年意大利 IT 和计算机科学专业的毕业生分布图

为了填补这个空缺，我们的任务和目标是缩小上述人才的供求差距，培养既懂得 IT 项目的实施又能够准确的分析与理解客户的需求的人才。当然并非只有我们有这种想法，服务科学[1]已经成为欧美许多高校的共同目标。下面我们将对培养的技能模型做一个大概的概括。

技 能 模 型

我们的服务工程专业面向的是三年制的信息工程或计算机科学专业的毕业生。因此，这样的学生已经具备了计算机科学以及信息工程的基础知识，并且他们已经学习过了数据库、软件工程以及信息系统等课程。因此可以在此基础上制定教学大纲。

在较少的几个学期里，专业学习的主要目标是将商业过程工程、信息技术工程、信息工程这几个学科的技能相融合，如图 3 所示。技能培养涵盖三种工程技能的培养以及工业领域的培养，这里总结了三种主要的领域：工业、服务、政府。接下来简单的介绍三种工程技能的培养方法。

商业过程工程应该培养学生对组织理论的理解以及鉴别和分析端到端的商务处理能力。为了培养这些技能，我们开设了两门商业过程课程和一门组织理论课程。

为了培养信息工程技能，我们开设了相应的培养技术的课程，例如高级软件工程和高级数据库，同时开设了企业系统管理课程，学生学习这些企业系统的模块与函数，并利用这些模块与函数来开发企业软件以及构建创新的数字服务。

最后，为了培养信息技术工程的技能，我们开设了一系列有关性能与网络的课程。然而，学生在学习时没有实际动手操作，这种学习是没有效率的，因此，很多课程以案例学习的方式来教学，同时，我们专门开设了两门课程以进行项目实训，这些课程在第二与第三学期开设，学生分组开发一个典型的数字服务原型系统。

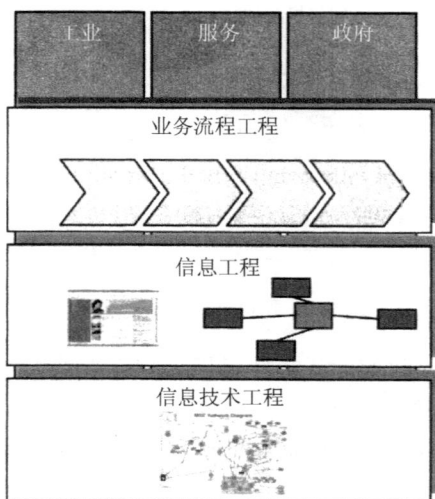

图 3　数字服务的能力模型

我们来讨论下领域的技能问题，图 3 中灰色的三个领域，在两个学期中，我们认为不太可能培养一个或多个领域的技能。然而，通过项目实践以及最后一个学期的论文，要求学生掌握一个具体工业领域的专业技能，另外，在商业过程分析课程中通过讨论工业模型（例如，SCOR[2] 以及 Telemangement 论坛），我们将教学生一些工业过程框架[3]。

最终，毕业生将学会两部分技能，一方面，通过相关课程，学生将学会设计IT 业务软件以及数字服务的技能；另一方面，通过具体的项目经验，学生将学会工业领域的技能。总之，关键的能力以及知识包括如下几个部分：

前端、后端以及管理控制的商业需求分析；在学习了软件工程、数据库、信息工程等开发技术之后，能够设计并实现企业系统；面向结构服务的设计与实现。

这种技能培养模式已经被一些大学以及大公司（比如，IBM、SAP、意大利电信）以及当地工业协会的管理层所接受。因此，我们相信我们的毕业生将会比较容易地找到工作。

　　课程的提纲：概述

　　我们的课程提纲是在"Laurea Specialitica"的基础之上设计的。主修课程分为 4 个学期，如图 4 所示，接下来让我们看下每个学期的课程安排。

　　第一个学期的目标是给学生打好基础，课程包括典型的信息工程方面的课程（比如，软件工程、数据库）以及商业方面的课程（比如，组织理论），另外，数值方法用以解决计算代数、数据收集与分析技术为仿真与定量分析提供了统计与数学背景。

　　第二和第三学期包括学位的核心课程。两个学期是三门课程：业务分析、企业系统以及项目工作。让我们重点讨论"业务分析"。

基础知识	SEM3——分析与设计
1. 计算方法	1. 业务分析 Ⅱ
2. 多媒体技术与系统	2. 企业系统 Ⅱ
3. 企业组织	3. 创新经济
4. 数据库（高级的）	4. 计算机网络
5. 软件工程	5. 项目
6. 数据收集与分析技巧	6. 商业题目的挑选（例如：创新管理、关系营销或自由选择）
分析与设计	结尾部分
1. 业务分析 Ⅰ	1. 选择的时期与证书（EUCIP 基础、证书选择、实验室设计）
2. 企业系统 Ⅰ	2. 学位论文：一般为做项目或研究任务
3. 流程系统 LS	
4. 项目工作 Ⅰ	
5. 基础知识的选修班（优化、数学）	
6. 人工智能的管理信息系统内容的选修	

图 4　课程大纲一览表

业务分析课程

　　业务分析分成两个阶段，课程业务分析 1 主要内容是分析并发现一种方法从过程性能与组织配置角度来分析过程。课程业务分析 2 主要内容是从需求、软件选择与业务案例角度来进行分析。

　　业务分析 1 是业务过程分析，考虑给定的组织结构过程的变量定义。我们用了一个系统框架，这个框架包括了处理流程、组织工作结构、奖励与控制系统、人力资源能力、技术基础。学生可以学习怎样用这个框架来分析清单以及个案研究中的各种相关工具并且在解决关键问题和条件改变时确定诊断（类似于 SWOT 分析）。这种框架是建立在 20 世纪 90 年代产生[10]并且沿用至今的 MIT[8] 和 BPR/BPM 思想[6]的框架研究基础上的。

我们再来看业务分析 1，过程分析性能依赖于一个框架[7]，这个框架认为开销、时间和过程质量的关键性能应该来自不同的方面，即管理，即谁来确保经济的可行性，哪些用户获得输出，哪些员工在这一过程中工作。学生要学会上述的性能分析和相应的模拟技能。

业务分析 2 专注于分析信息需求。这一阶段的分析借助 UML 和 BPM 技术[4,5,9]。学生将案例研究写成报告并提出一种新的数字服务流程。该项目的收益通过成本效益分析和项目的可行性来证明。并且学生提出一个支持这个过程的系统的 IT 结构草案。

业务分析不仅仅是理论。学生分组工作，每个小组有一个独立的部分来分析和设计。为了确保一个有效的学习周期，每个主题会经过三个步骤的循环：第一步是演讲，演讲的目标是要解释学生所用到的基础概念；第二步是证明怎样把这些基础用到单个的案例学习当中；第三步就是进入实验室实训，学生将理论分析应用到实践并由教师进行指导评定。在整个课程的最后，学生讨论他们的工作并证明他们正确使用了所学的分析工具。

企 业 系 统

在第一学期，学生已经掌握了 web 设计（多媒体系统）、软件工程和数据库的基本理论知识。

企业系统课程的目的就是为学生对支持前端交互（web 和 CRM 系统）和后台执行以及提供服务（ERP 和 ad hoc 系统）的软件系统模型有个清楚的理解。这包括对包含新出现的服务导向结构框架的总体框架和样本函数的定制和实施研究。

企业系统 1 是在前台系统上学习，而企业系统 2 是在后台上学习。这两个课程重点都是业务事件导向的系统。管理信息系统的设计和开发是一门很实用的课程。

结 论

在意大利，我们的这种新型专业是一种革新。目前为止我们还没有发现类似的工程专业。这种专业顺应了服务转向型经济的挑战，它的独特性体现在：

动手能力：6 门课程的分析与设计（业务分析 1&2、企业分析 1&2、项目实践 1&2）；

设计能力：学生学会如何评估现有的过程和系统，以及如何设计好的过程和系统；

综合角度：我们有选择的设计了这些课程，这些课程在经济、管理和信息工程等之间搭建了一座桥梁。

我们的愿望是这个新型的专业能够填补我们在服务转向型经济的人才供求间的空缺。

参 考 文 献

［1］ Almaden http：//www. almaden. ibm. com/

［2］ SCOR www. supply-chain. org

［3］ Telemanagement Forum www. tmforum. org

［4］ Eriksson H-E. ，Penker M. ，*Business Modelling with UML：Business Patterns at Work*，Addison Wesley，1999.

［5］ Eriksson，E. ，Penker M. ，Lyons，B. ，and Fado D. ，*UML 2 toolkit*. Indianapolis，Ind. ：Wiley Pub. ，2004.

［6］ Hammer M. ，"The Superefficient company"，*Harvard Business Review*，September/October 2001，pp. 82-91.

［7］ Longo，A. ，Motta，G. "Designing Processes for Sustainable Performances：A Model and a Method"，*3rd International Conference on Business Process Management*，Nancy France，Nancy，France，5 September 2005.

［8］ Malone T. W. ，Crowston K. ，Herman G. A. ，*Organizing Business Knowledge*（*the MITProcess Handbook*），MIT Press，Boston 2003.

［9］ Scheer A. W. ，ARIS-*Business Process Modelling*，Berlin：Springer，2000.

［10］ Scott-Morton M（ed. ）*The Corporation of the 1990s：Information Technology and Organizational Transformation*，New York：Oxford University Press，1991.

曼彻斯特大学的服务科学、管理和工程
——把人、商业和技术结合在一起

Liping Zhao　　Linda Macaulay
（英国曼彻斯特大学信息学院）

　　IBM 的服务科学、管理和工程（SSME）议程提出一种新的多学科领域，在一般性"服务"概念下，整合了多个技术与商业领域。SSME 议程的一个重要思想是 21 世纪的创新设计。本文介绍了我们围绕商业创新与课程设计开展的与 SSME 相关的活动。我们的商业设计着重于 IBM 的电子商务模式，而我们的课程设计目的在于使学生掌握新的技能。由于我们通过设立 IBM 学院奖以及战略伙伴计划与 IBM 进行合作，所以这两项活动是交叉进行的。未来的研究将依赖进一步的合作和 SSME 研究人员队伍的发展壮大。论文最后介绍了由作者发起的英国 SSME 学术网络发展的初期状况。

引　　言

　　IBM 的服务科学、管理与工程（SSME）议程提出一种新的多学科领域[10]，在一般性"服务"概念下，整合了多个技术与商业领域。SSME 议程的一个重要思想是 21 世纪的创新设计。Wladawsky-Berger[26]在曼彻斯特大学的演讲中提出了两种创新设计的案例：商业设计与大学课程设计。商业设计的目的是确定它的结构以及组成，从而能够成功的（尽可能全部的）整合入企业；大学课程设计的目的是为了帮助学生理解启用这一业务所要求的技术。虽然 SSME 框架仍然需要定义与发展，但我们相信它将建立在两个主要基础——系统理论与设计理论，以及三大基石——人、商业和技术之上。

　　本文介绍了我们围绕商业创新与课程设计开展的与 SSME 相关的活动。我们的商业设计着重于 IBM 的电子商务模式，而我们的课程设计目的在于使学生掌握新的技能。我们与 IBM 进行合作，这两项活动是交叉进行的。

背　　景

IBM 学院奖

　　2004 年，IBM 一位名为 Jonathan Adams 的卓越工程师，为两所不同大学——UMIST 和 VUM 赞助了 IBM 全球学院奖。奖金颁发给了四位学者，分别是：首席调查人员 Linda Macaulay 教授（计算学，UMIST）和 Brain Warboys 教授（计算机科学，VUM）、联合调查人员 Peter Kawalek 博士（曼彻斯特商学院，UMIST）和赵丽萍（音译）博士（计算学，UMIST）。

　　该奖项的最初目的是联合不同学校不同学科的研究人员，从研究、教学和商业三个方面探索 IBM 的电子商务模式[1]。然而这一奖项带来的实际影响却更为显著。首先，该奖项在一个变革的时代联合两所大学的研究人员，促进了对不同观点的理解和尊重。第二，该奖项促进了一个新的硕士项目——电子商务技术硕士的发展——带来的 IBM 模式将引起新一代研究生的关注。最后，该奖项引起了对 IBM 电子商务模式更深的兴趣，在 IBM 与曼彻斯特大学战略伙伴计划中，这种兴趣将在今后成为我们面向 SSME 研究模式的共同核心。

　　继第一次 IBM 学院奖之后，Macaulay 和赵在 2005 年获得了第二个 IBM 学院奖，以鼓励他们通过教学与研究，探索电子商务模式在支持新兴的服务科学学科中所扮演的角色。该奖项进一步加强了信息学与 IBM 的关系，并且帮助发展了与 IBM 高级咨询师和 IBM 模式管理委员会主席 Paul Verschueren 的全新合作。

曼彻斯特大学与 IBM 战略伙伴计划

　　曼彻斯特大学与 IBM 战略伙伴计划于 2006 年 1 月推出，用以探索在研究、教学与招聘领域中，两个组织交叉合作的战略意义。表 1 总结了英国曼彻斯特大学与 IBM 战略伙伴计划。显然，这个计划符合 SSME 议程。

表 1　英国曼彻斯特大学与 IBM 战略伙伴计划

合作伙伴（UoM/IBM）	计划
Linda Macaulat/ Jonathan Adams	扩展促进合作领域的 IBM 模式，探索 SSME 议程
Liping Zhao/ Paul Verschueren	探索模式在 SSME 议程中扮演的角色，开发支持模式的各种技术
Bob Wood/ Henry Law	探索 IT 架构角色以及对未来教学与研究的影响
Kung-Klu Lau/ Trevor Hookins	使用组件构建大型应用软件
Barbara Jones/ Angelo Failla	致力于开发正在迅速转变的组织内新的 ICT 技能，以及在新的挑战出现时，员工如何应用这些知识
Alex May/ Andy Heys	发展生物健康信息学

商业设计使用模式

　　IBM 是领先的商业设计者，已经发展了大量方法与技术用以支持商业设计。

这其中包括商业组件建模（CBM）、面向服务的建模与体系结构（SOMA）、电子商务模式（P4eb）。CBM 和 SOMA 用于识别与描述商业进程，而 P4eb 用于在软件系统的体系结构组件中映射这些进程。

P4eb 被组织成层次结构。最顶层是四种商业模式：自助服务、合作、信息融合、扩展型企业。这四种模式表示四种特殊类型的商业互动。具体来讲，自助服务模式描绘了用户与企业之间的互动；合作模式捕获用户之间的互动；信息融合模式表示用户与数据之间的互动；扩展型企业表达了企业之间的互动。每种商业模式被专门分为一组应用模式，应用模式依次被进一步分为运行模式。应用模式描述了系统的逻辑设计，而运行模式意味着系统的实施计划（产品定位）。商业模式被诸如集成模式的其他模式所支持，该模式分为：访问集成，用于前端系统集成；以及应用集成，用于后端系统集成。

我们在以下领域加强 P4eb 的研究：

——通过新模式，例如促进合作模式，来扩充合作模式家族。

——通过商业逻辑模式扩展 P4eb。P4eb 是商业系统体系结构设计的解决方案，但不是商业应用程序逻辑设计的解决方案。尽管商业逻辑解决方案可以由诸如 CBM 和 SOMA 的其他方案提供，但我们正在探索一个面向模式的方案，用以设计业务逻辑与组件。

——开发模式组织与选择的方法和工具。尽管 P4eb 的最顶层只有四种商业模式，但是底层的模式正在按指数级增长，目前大约有 100 种的应用模式和数百种的运行模式。因此，迫切需要能够有效支持模式组织与选择的方法和工具。

基于如下相关原因，我们建议使用模式来支持涉及 SSME 议程的商业设计。

——模式是一种通用设计理念。无论在艺术还是工程方面，模式代表那些可以反复使用的部件的几何排列。仅举几例，如用于设计服装、地毯、壁纸、飞机、建筑和软件的模式。作为设计理念，模式具有尝试过、测试过的经验和最佳实践。模式意味着恰到好处。

——模式是一种反复发生的现象。我们可以说气候模式、病状、DNA 序列、通信与控制模式以及行为模式。

——模式是自然与人工系统中的部分与整体关系[5]。因此，模式捕获系统的基本组织原则与结构，例如分子结构、社会以及电脑系统。

此外，模式为我们提供了一个有效的、进行沟通交流的共同语言，使得我们能够说出："在这个商业应用中，让我们使用自助服务吧"，或者"这是一个扩展型企业问题"。如同 IBM 的 P4eb 形式，模式被组织成层次结构。通过使用这种模式的层级结构，我们可以分解问题空间。例如，自助服务模式可以被分解成不同的应用模式，而应用模式又可以被分解成不同的运行模式等等。在这方面，模式帮助我们降低设计的复杂性。

SSME 课程设计

Wladawsky-Berger 认为曼彻斯特大学是具有比较成熟的 SSME 课程的 11 所大学之一。特别是，曼彻斯特大学已经推出一项新的科学硕士学位计划，称为电子商务技术硕士，概述如下：

如今，几乎每个企业都涉及一些技术支持。互联网已经成为大多数企业的出入口。因此电子商务成为了企业的标准业务。这项硕士计划使学生具备分析、设计与开发电子商务应用系统的能力。成功完成这项计划的学生，可能的职业生涯包括电子商务分析与设计、解决方案开发，以及 Web 服务开发和 Web 网站设计。

这项计划讲授的其他课程中有电子商务和电子商务应用模式，这些课程与 SSME 议程直接相关。电子商务课程给学生讲授如下内容：（1）电子商务基础设施与战略；（2）供应链管理与电子采购；（3）客户关系管理；（4）网络营销；（5）协同商务；（6）案例研究。电子商务应用模式课程给学生讲授如下内容：（1）商务需求与电子商务应用体系结构之间的关系；（2）商业驱动与技术之间的关系；（3）IBM 的电子商务模式作为电子商务应用系统设计的解决方案；（4）商业流程与 IBM 模式之间的关系；（5）真实案例研究。

这两项课程的开发基于上面所述的两项 IBM 学院奖以及四位教师的教学团队的成果：Macaulay 是电子商务课程的教师，Adams 是该课程的企业教师；Zhao 是电子商务模式课程的教师，Verschueren 是该课程的企业教师。这些课程吸引了英国及其他国家的 80 名学生，它们已被证明是非常成功的，在学生中很受欢迎。学生的表现与反馈说明模式为电子商务应用设计提供了有效的教学工具，并且帮助学生更好地理解商业需求与技术解决方案之间的关系。

英国 SSME 学术网络

为了联合英国各学科领域的研究人员共享发展理念与研究 SSME 议程，Macaulay 和赵领导了一个英国 SSME 学术网络，用以发展英国的 SSME 研究议程。这个网络称为 SSMEnetUK，是由英国工程学和物理科学研究委员会（EPSRC）建立的。这个网络现在拥有来自英国 7 所不同大学以及 5 家公司（包括 IBM、BT 和 HP）的创始成员。SSME 议程确认了一些重大挑战问题。例如，NESSI（Networked European Software and Services Initiative）工作组提出的 SSME 挑战是"在整个寿命周期内，根据其功能规格和预算成本，建立可达到预期目标的服务系统"。由于其规模、一体化、环境和通讯问题，现在与这个挑战并存的是开发服务系统遇到的技术难题。其他挑战包括人的语义表示、技术和组织、他们的能力、目标、权利和价值以及来自不同文化背景与组织的信息与知识的整合[15]。

然而，基于以下事实，这项建议认识到处理服务复杂性是 SSME 议程的终极挑战。

——今天，许多服务要求许多不同学科的人、企业以及技术相互合作。提供和创新服务将涉及了解人的行为、他们开展业务的方式以及技术在商业中的作用。

——由于跨行业、跨市场，以及跨国商业活动与协作，服务已经变得越来越复杂和多变。

——互联网与 IT 技术已经使得各公司采用全新方式进行紧密合作成为可能，形成复杂的供应链和服务网络。技术已经成为服务与服务创新的重要部分。可以说技术是现代服务的本质特征，SSME 挑战就是围绕技术的设计与创新服务的复杂性。

为了应对以上挑战，SSMEnetUK 的目标，就是在英国工程学和物理科学研究委员会（EPSRC）内外支持下，促进服务设计与服务创新的研究与教育的合作。

1. 服务设计。设计服务的目的是确定他们的结构和部件，使他们可以改变、管理和控制[27]。但是，服务设计是一个挑战，因为现今的服务与其他系统互动和整合，其中包括人、产品、企业、经济学、社会系统、政治制度以及 IT 系统。因此，服务设计是一项非常复杂的活动。建议的网络将会建立在其创始成员的实力与专业知识上，以确定服务所需的设计方法、技术和体系结构。特别是，Bennett 和 Gold[3,4,8]对面向服务的体系结构感兴趣；而赵和 Sampiao[6,19,20,21]正在研究使用 Web 服务技术来支持电子服务；Hollins[9]则关注设计标准与规则，而 Macaulay 与赵[27]倡导采用模式方法进行商业设计。Van Moorsel 目前正致力于自我管理计算系统与服务[23,24,25]，使服务可以更有效地运作，更好的被个人和企业使用。这些努力将被合并，以应对建议的网络内服务设计的挑战。

2. 服务创新。服务创新已经成为现代经济的成功标准之一[13,16]。由于服务的关键在于人的相互合作以及以技术为他人提供价值，新的技能需要整合商业、人和技术。因此，技术创新将与服务创新携手并进。学术网络的两位创始成员 Miles 和 Jones[11,12,13,14,17]就是服务创新与技术创新方面的专家。他们强调多样化的服务活动和相关的创新过程，并且定性了不同类型的知识基础与网络组织。Fowler[22]对人与服务的交互十分感兴趣，而 Sako[18]则从社会科学的角度看待服务。这些努力将合并，通过建议的网络应对服务创新的挑战。

结 论

本篇论文报告了我们与 SSME 相关的研究与教学活动。我们的研究活动关注使用模式解决商业设计问题，我们的教学活动则重点放在为硕士生设计新的服务类课程。本文也概述了我们与 IBM 的合作以及强调了建立一个英国 SSME 学术网络的目标。我们相信 SSME 研究议程的成功依赖于来自不同学科的一大批核心研究人员，他们对议程有共同的愿望，并会为使此愿望成为现实而共同做出努力。

参 考 文 献

[1] J. Adams, S. Koushik, G. Vasudeva, and G. Galambos, *Patterns for e-business: A Strategy for Reuse*, IBM Press, 2001. Pattern descriptions also available at www.ibm.com/developer Works/patterns.

[2] C. Alexander, *The Timeless Way of Building*, New York: Oxford University Press, 1979.

[3] K. H. Bennett, M. Munro, N. E. Gold, P. J. Layzell, D. Budgen, P. Brereton, "An Architectural Model for Service-Based Software with Ultra Rapid Evolution", *Proceedings of the IEEE International Conference on Software Maintenance (ICSM) 2001*, 6-10 November 2001, Florence, Italy, PP. 292-300.

[4] K. H. Bennett, N. E. Gold, P. J. Layzell, F. Zhu, O. P. Brereton, D. Budgen, J. Keane, I. Kotsiopoulos, M. Turner, J. Xu, O. Almilaji, J. C. Chen, A. Owrak, "A Broker Architecture for Integrating Data Using a Web Services Environment," *Proceedings of the First International Conference on Service-Oriented Computing (IC-SOC)*, Trento, Italy, 15-19 December 2003, PP. 409-422.

[5] F. Capra, *The Web of Life*, Flamingo. 1997.

[6] L. Eleyan, L. Mikhailov and L. Zhao, "Quality-of-Services in web Services Architecture," *Ingénierie des Systèmes d'Information*, *Special Issue on Information Systems Quality*, vol. 9, no. 5-6, PP. 185-203, 2004.

[7] E. Gamma, R. Helm, R. Johson, and J. Vlissides, *Design Patterns*. Addison-Wesley, Reading, MA, 1996.

[8] N. Gold, "SOSoRNet: Service-Oriented Software Research Network," Case for Support, Proposal for EPSRC Grant.

[9] B. Holins, "About: Service Design", available at www.designcouncil.org.uk. 2006.

[10] P. Horn, "The New Discipline of Services Science," *Viewpoint*, *BusinessWeek online*, January 21 st 2005.

[11] B. Jones and A. R. Miller, *Innovation Diffusion in the New Economy: the Tacit Component*, Routledge Advances in Management & Business Studies, 2006.

[12] B. Jones, J. Cullen and A. R. Miller, "European Movement Towards a Competency-based Skills Taxonomy and Personal Skills Profile," *Management of Technology*, T Khalil, L A Lefebre and R M Mason (eds), Pergamon - Elsevier Science, 2001.

[13] B. Jones and K. Hadjivassilou, "New Methods of Skill Definition and Accreditation", in *Identification, Evaluation and Recognition of Non-formal Learning: Agora V*, E Guggenheim (ed), CEDEFOP Panorama Series, Luxembourg, 2002.

[14] B. Jones, A. Failla and A. R. Miller, "Tacit knowledge in rapidly evolving organisational environments," *International Journal of Technology and Human Interaction*, (forthcoming Autumn 2006).

[15] M. Lyons, D. Pym, R. Taylor, J. Sairamesh, C. Schulze, L. Svobodova, "NESSI Working Group: Services Sciences &. Systems Engineering," White paper, 2006.

[16] S Metcalfe and I. Miles (eds), *Innovation Systems in the Service Economy* Dordrecht: Kluwer, 2000.

[17] I. Miles, "Knowledge Intensive Business Services: Prospects and policies" *Foresight* vol. 7 no. 6, pp 39-63.

[18] M. Sako, "Grand Challenges in Services," GCS Workshop Presentation, Said Business School. Oxford, 19 May 2006.

[19] P. Sampaio and H. Yong, "Unbundling and delivering CRM applications as e-Services: A case study in customer segmentation," to appear in *the International Journal of Services Technology and Management*, *Special Issue on e-Services Delivery*, 2006.

[20] P. Sampaio, "Business process design and implementation for customer segmentation e-services", *Proceedings of the IEEE International Conference on e-Technology, e-Commerce and e-Service*, Hong Kong. April 2005, pp 228-234.

[21] P. Sampaio and H. Yong, "Unbundling and Deploying CRM Applications as e-Services," *Proceedings of 5th Workshop in Enterprise Modelling and Information Systems Architectures, Current Research Topics and Future Perspectives*, Lecture Notes in Informatics, Klagenfurt, Carinthia, Austria, Oct 24-25, 2005, issue 75, pp 123-136.

[22] J. Van Helvert and C. J. H. Fowler, "Scenarios for Innovation (SUNA," . In I. Alexander &. N Maiden (eds) *Scenarios and Use Cases Stories through the System Life-Cycle*. Wiley, 2004.

[23] A. van Moorsel, "Grid, Management and Self-Management," *The Computer Journal*, British Computer Society, Oxford University Press, UK, vol. 48, no. 3, pp. 325-332, 2005.

[24] A. van Moorsel, "Ten-Step Survival Guide for the Emerging Business Web," Invited paper accompanying keynote, in Lecture Notes in Computer Science, International Workshop on Web Services, E-Business, and the Semantic Web, pp. 1-11, Springer, LNCS 2512, 2002.

[25] A. van Moorsel. "Metrics for the Internet Age: Quality of Experience and Quality of Business," Hewlett Packard Laboratories, *Technical Report HPL*-2001-179, 2001.

[26] I. Wladawsky-Berger, "Innovation in the 21 Century," *The Irving Wladawsky-BergerLecture at the University of Manchester*, 21 March, 2006. Available at www. cs. manchester. ac. uk.

[27] L. Zhao, N. Mehandjiev and L. Macaulay, "Agent roles and patterns for supporting dynamic behavior of web service applications," *Workshop on Web Services and Agent-Based Engineering (WSABE), International Joint Conference on Autonomous Agents and Multi-Agent Systems (AAMAS'04)* New York, 2004.

ICT/S 的研究和教学框架

Guido Dedene　Rik Maes
（荷兰阿姆斯特丹大学应用经济学系）
Monique Snoeck
（比利时鲁汶天主教大学决策科学和信息系）

　　本文介绍了一个显著改善 ICT/S（信息通信技术与系统）服务管理的扩展信息管理框架。这一框架已经成为鲁汶天主教大学信息管理课程体系中的一种新的 ICT/S 服务管理课程的基础。

引　　言

　　近来的文献表明，信息和通信管理在许多组织中仍然是一项不平凡的任务[3]。探索商业、信息通信技术和协调与信息通信技术管理中的最佳实践做法是思维发散程度在这方面很好的体现[1]。ICT 的日益成熟允许 ICT/S 的活动能更好的伸缩和传播。作为天然的商业资产，外包（离岸）越来越多地使用已经成为它的一个重要指标。同时，ICT/S 的供应方与需求方之间的差距也越拉越大。而尚未被广泛接受的管理框架现在可用来缩小这种差距。

　　一种做法包括在 ICT/S 的活动中以"服务"方面为重点。它的衡量参数非常多，其中之一就是面向服务的体系结构（SOA），以一种新的方式解锁信息与通信技术。

　　另一种做法就是如 IBM 和 ACM 所强调的一样[5,6]，将对服务兴趣的日益增长作为一种科学的管理规则。本文介绍了一个显著改善 ICT/S（信息通信技术与系统）服务管理的扩展信息管理框架。这一框架已经成为比利时鲁汶天主教大学信息管理课程体系中的一种新的 ICT/S 服务管理课程的基础。

扩展的 ICT/S 管理框架

　　代表 ICT 与商业之间关系的最常用模型是亨德森与文卡特曼（Henderson and Venkatraman）模型[2]。从外部（"策略"）与内部（"业务"）的角度出发，模型中的商业被认为是反对向信息技术以及商业和 IT 领域的管理发展的。

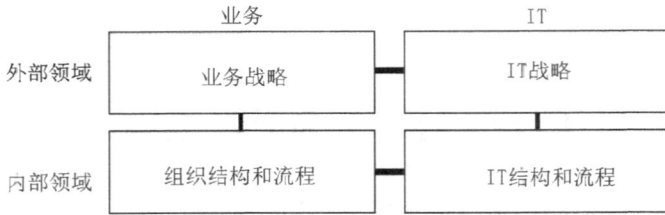

图 1　关于 ICT/S 管理框架的传统观点

随着这一模型在案例研究中的反复应用，它存在钓两个根本缺陷开始显现出来：

——"技术"与"商业"之间的区别过于简单化。数据被看做是技术问题，并且与信息明显地区别开来，然而数据在特定情况下也包含了一定的含义[4]。反过来讲，"信息"也不应该与"知识"混淆，因为有些知识就是通过在商业活动中运用某些"信息"得出的结论。因此，商业与 IT 之间的双重区别，就应被扩展成商业—信息与通信和技术的三重区别。

——不成熟之处，比如认为"战略"（外部因素分析）可以直接转化为"业务"（内部行为）。中间"结构"层需要通过模型的含义将"策略"转化为"业务"，而这一模型的含义需要用到结构概念，如对象、事件和过程。

结果是一个扩展信息管理框架，一个 3 * 3 的框架（一个"九面体"），其中的每一单元代表了 ICT/S 管理学科的有效子域。

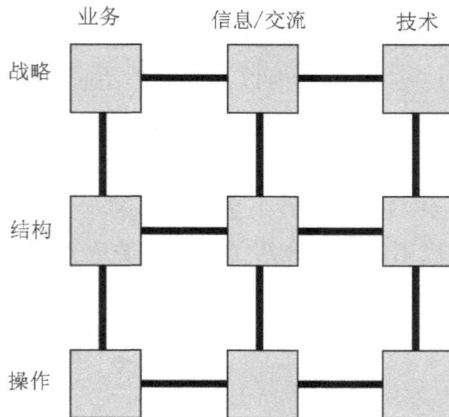

图 2　IC 管理的九面体

因而，在这个框架内，信息管理涉及策略、结构以及业务（该框架的行）。

此外，对信息管理相关的商业和技术提供了一个上下文相关的技术含义。

在正确认识这个框架的过程中，最大的挑战来自于前面介绍的新的层次和新的列。很多时候，信息/通信会与技术相混淆，不重视赋予技术以"含义"，使它由成本转变成价值因素。那些列也可能将服务辨认为适当的活动：ICT/S 服务是中间列的一部分，将 ICT/S 业务作为服务业务精确表示了什么是现代框架，如COBIT 和 ITIL 的规定。因此，提出的管理框架为 ICT/S 在具体管理环境中的服务提供了一个合适的位置。这样的位置在亨德森与文卡特曼模型中是没有的。

扩展信息管理框架可以用来作为首席信息官的路线图，同时也可作为 ICT/S 总计划的指导工具。它已经成功应用于各种研究案例，以发展这种类型的 ICT/S 组织总计划。下面将介绍该框架同样可以作为教学的路线图。提出了一个特定课程的案例研究。荷兰阿姆斯特丹大学长期招收基于扩展信息管理框架的覆盖硕士教育体制和内容的信息管理硕士。

案例研究：ICT/S 服务管理课程大纲

在重新更新的比利时鲁汶天主教大学学士和硕士课程计划中，引入了一种新的硕士水平课程，侧重于管理 ICT/S 的各种活动作为服务。在旧的课程计划中，硕士水平课程中有三门课程将重点放在了 IC 管理方面：经济信息处理、软件管理以及 ICT 性能和容量规划。新的课程不仅是对以往课程的整合：它使用了 IC 管理"九面体"作为课程内容的基本准则。

特别是，框架的行论述了成本结构与协调方面的内容。框架的列允许将重点放在收益与整合方面。框架的对角线也容许对外包和管理方面进行更好的讨论。这是新的 ICT/S 服务管理课程的主题内容结构：

0. 引言

将信息与通信管理"九面体"作为管理框架和路线图的动机。

1. 回顾相应经济模型

提示那些适用于整个课程的基础（微观）经济模型和财务技巧。所有的例子都是以 ICT/S 为基础的。风险与质量方面的模型将成为一个特定重点。

2. CT/S 业务的成本结构

讨论 ICT/S 业务的成本回收。基于成本的面向服务框架的活动将通过案例研究加以说明。"按需"业务的可供选择的最优化模型（增量成本分配，基于价值的成本）。

3. ICT/S 策略结构

本章将讨论使用各种评分模型，如本森/帕克（Benson/Parker）的信息经济学。商业 ICT 协调和 ICT 管理实践的度量。ICT/S 资产组合模型（在 ICT 设施下的重新审视)。

4. 系统开发的成本模型

批判性地讨论了 COCOMO、Putnam、功能与对象点模型。介绍了软件维护模型、重用模型和系统转换模型。外包在单独的一章中讨论。

5. 业务流程集成的效益模型

价值链集成模型(向前和向后的整合与客户导向流程)、电子商务与电子中心价值模型、业务过程发现模型。事务和服务成本分析模型。

6. 技术集成的效益模型

重点讨论了 ICT/S 总拥有成本(TCO)模型中的 Grosch 法则和规模经济效益。对 ICT 设施需求的投资效益模型(使用 Weil/BroadbentICT/S 投资组合模型)。集中与分散化管理模型。根据需要调整大小的模型。

7. 信息/通信的效益模型

经济决策的事前与事后模型。团队理论模型和传播价值。信息分析模型作为经济资产(包括响应时间与吞吐量模型)。基于信息/通信价值指标的经验和情感。数字化社区专业技能的优势。

8. ICT/S 服务外包模型

提出了各种形式的外包模型。讨论了在外包管理模型和合同结构方面使用麦克法伦框架。

9. ICT/S 行为准则

讨论了官方的软件和系统工作者“道德准则”。分析了 P2P 网络(开源、资源共享等)的经济意义。提出了隐私权、所有权、盗版和销售问题。

10. ICT/S 质量与管理框架

最后一章讨论了框架的相关性,例如 COBIT/ ITIL,以及质量框架,例如若干 CMM 和 ISO 模型。

一些附录提出了进一步的技术(例如,投资回报率模型、投资模型、融资模型和税收的思考)。这是我们的信念,所提出的章节对相关的服务管理问题提供了一个相当广泛的覆盖面。IM“九面体”的支持使课程内容开放灵活,特别适用于快速发展的 ICT/S 部门。

结　　论

本文特别从教育的观点出发,介绍了一种能应用于 ICT/S 服务管理的扩展信息管理框架。进一步的研究可以集中精力改进分析模型以及定量的案例研究。这里给出的课程材料是作为主要信息管理问题的服务科学学术融合的一座里程碑。

参 考 文 献

[1] Cumps B., Viaene S. & Dedene G., How to management your information Systems Investments for better Business-IT Alignment, accepted for *IEEE IT Professional*, vol. 8, No. 5, 2006.

[2] Henderson J. C. & Venkatraman N., Strategic Alignment: Leveraging Information Technology for Transforming Organizations, *IBM Systems Journal*, vol. 32, No. 1, 1993.

[3] Maes R., *Information Management: a Roadmap*, PrimaVera Working Paper 2004-13, University of Amsterdam.

[4] Maes R., Data and reality: a plea for management realism and data modesty, *Journal for Convergence*, vol. 7, No 1, 2006.

[5] Maglio P. P. Srinivasan S., Kreulen J. & Spohrer J., Service systems, service scientists, SSME, and in-novation, *Communications of the ACM*, Vol 49, No. 7, 2006.

[6] Spohrer J. & Riecken D., Services Science, *Communications of the ACM*, Vol 49, No. 7, 2006.

清华大学服务科学与技术的教育与研究

Jie Zhou   Qiaoge Liu   Yanda Li
（清华大学现代服务科学与技术研究中心）

伴随着中国服务经济时代的到来，现在应当强调服务科学教育与研究的重要性。作为一个新兴学科，与其相关的教育与研究确实是一个挑战。本文将介绍清华大学现代服务科学与技术研究中心在服务科学的教育与研究方面所做出的努力。

背　　景

成熟的现代服务业是衡量一个国家经济与社会发展的重要指标。在中国政府的"十一五"规划中，现代服务业是政府打算在未来五年或更长时间内重点发展的主要议题。这将对中国的经济发展以及在全球市场上的竞争力产生极其深远的影响。

一年前，清华大学成立了现代服务科学与技术研究中心。它被定位于在现有学科合并和逐渐发展成一门交叉学科的基础上开展人才培养与研究。它着重于创新与广泛而系统的研究。并与 IBM 中国研究院展开了广泛合作。中心通过联合研究项目、咨询与继续教育计划，与政府和企业建立了良好的关系。

中国服务业

中国的服务业正在高速发展。据"中国服务业：增长与结构"蓝皮书称，服务业的迅猛增长甚至超过了过去二十年的发展。服务业增加的产值在 2002 年占中国 GDP 的 34％，而在 1980 年只占 21％。

然而，服务业的发展没有制造业发展那样迅速，与发达国家相比，仍然有很大的差距。因此，中国在推动服务改革与创新方面做出了巨大的努力。对大学来讲，教育与研究是在实现服务业发展过程中最重要的方面。

教　　育

我们中心十分关注服务科学教育。投资于现代中国的现代服务人才需求。一系列的服务科学课程是经过仔细编排的。此外，我们也邀请了全世界范围内许多服务科学方面著名的专家学者给老师和学生讲课。

中国 SSME 人才调查

为了获得社会对现代服务人才的需求，并指导服务科学的发展方向，研究中心发起了一项在政府机构和企业中进行的调查。

这是对中国服务人才的首次调查，因此整个过程收获很多，不仅对清华大学而且对许多社会单位都很有帮助。156 家政府部门和 278 家企业参与了这次活动，并且返回了 434 份有效调查问卷。调查的覆盖面非常广泛，包括 26 个省和 4 个直辖市，从而保证了调查的普遍性。

我们对获得的基本数据进行了深入的分析。报告显示，现代服务业非常需要大量掌握高级专业技术以及管理知识的人才。这些人可以帮助企业提高经济效益，增强政府机构的服务能力，推动国民经济的持续发展。目前，中国十分缺乏这类人才，因此培养学生就显得尤为迫切。

这一调查对建立服务科学发展规划和教学模式提供了很大帮助。

课程

为了造就高级人才，为中国现代服务业发展作出贡献，我们开始制定了一项特别教学计划。

服务科学是一个交叉学科，它需要学生获取关于工程、技术和管理等方面的信息。因此设置的课程应当满足培养的学生不仅具有基础知识，而且具有专业领域，且能锻炼他们解决实际问题能力的要求。通过分析中心的定位与特点，我们决定中心教育的基本原则是"以信息科学与技术为基础，并结合管理科学"。

以现有学科为基础，我们与世界知名院校与国际著名企业合作，开设了新课程。

我们研究中心与 IBM 中国研究院在为清华大学研究生开设的"IT 服务"课程上开展合作。这是第一门与 SSME 有关的课程，目的在于为现代服务业所需人才提供预备知识，并且介绍应用于政府、企业和个人的具有代表性的信息技术和方法。这一课程获得了良好的效果，而且学生对课程内容表现出了浓厚的兴趣。

我们分别为本科生和研究生制订了两套教学计划。一些基础课程，比如"服务科学导论"将在明年给本科生开课。我们鼓励主修"服务科学"的学生选修管理学院开设的其他课程。

研究与创新

研究中心在许多研究领域都具有很强的实力。利用以往在复杂系统建模、系统工程、信息融合、数据挖掘、商业流程建模和管理等方面的经验，探索SSME，尤其是服务科学的基础。

面向服务的数据分析研究

如今硬件与软件的发展，已经能够捕获广泛领域内的不同模式的测量数据。这些测量数据连续产生并且具有高波动数据率。例如交通监控系统、电子商务网站、大型零售商、电信运营商、大型银行的 ATM 和信用卡操作。这种形式的数据被称为数据流。这对数据存储和查询，以及数据理解或数据挖掘都带来了挑战。

针对许多实际领域中普遍存在的数据流，目前已经有很多的研究课题。解决流挑战的算法、系统和框架近几年在逐渐发展。已经有一些方法用于解决流数据挖掘任务，比如分类、聚类、频率计数和时间序列分析等。但是只有极少数的研究结果可以满足应用驱动的挖掘任务。因此，针对真实任务下的数据流挖掘所进行的新型算法研究无疑是一个挑战，还需要进一步的研究。

面向服务的商业流程建模与优化研究

伴随着商业模式由以产品为中心向以客户为中心的稳定转变，大多数企业审视他们内部商业流程时，服务已经成为新的观点。商业流程的性能，很大程度上依赖于内部信息系统的高效执行，这对企业管理者而言是一个重要的问题。

为了应对这一问题，提出了面向服务的商业流程建模与优化方法论。基于对商业服务与 IT 服务的定义和精确描述，我们可以建模并且观察商业流程与 IT 设施之间的关系和相互之间的依赖，商业和 IT 专家能够监控 IT 设施的性能，评估和优化商业流程的性能。

基于电子政务平台的 SOA 与语义 Web 研究

网络使得公民与商业或政府机构的互动方式正在发生变革。作为加强政府与公民之间互动的一部分，政府机构提供了广泛的在线服务。电子政务的主要挑战是，如何促进公民与公共管理的互动，从而通过网络为公民提供无缝服务。

Web 服务由新兴的用以处理包括电子政务在内的大量 Web 应用的一系列相关技术构成。语义 Web 在自动传送定制的电子政务服务过程中扮演着重要角色。它通过一个能够为数据和应用的自动处理提供语义的技术框架来扩展现有的 Web。

在促进知识共享和重复使用方面，本体论，即形式化的、明确规范的共享概念空间，对语义 Web 是不可或缺的。

服务业人机行为模型研究

服务中最重要的方面之一就是人的参与、人事组织，以及他们在整个服务的创建与传递过程中的互动。由于人及其组织行为的内在复杂性，许多研究人员把注意力集中在定性和简单的数学模型上。

那些针对服务业中人与组织行为的随机和基于代理的模型需要得到发展。特别是，个体在与社会交往中是如何表现的，以及在网络环境下人与人之间频繁的合作或竞争是如何影响服务经济的。通过针对经济和社会网络的随机和基于代理的模型的开发与应用，我们将获得网络环境下针对传统与非传统人类行为的全新见解。我们打算制定一个通用框架，能够指导针对服务业的模型开发。

结　　论

现代服务业将会成为经济可持续发展的主要推动力量以及增加就业的主要渠道。

清华大学现代服务科学与技术研究中心将为服务科学作出广泛而深远的努力，并紧扣社会需求，并寻求在中国建立一个健康的服务生态系统。

哈尔滨工业大学服务科学、管理和工程教育和研究的现状以及发展

Xiao-fei Xu　Zhong-jie Wang　Tong Mo
（哈尔滨工业大学企业智能计算研究中心）

本文是我们目前对于服务以及服务科学、管理和工程的理解。并且简单地介绍了哈尔滨工业大学服务科学、管理和工程研究教育的现状以及发展。

引　　言

在最近三十年，服务产业在 GDP 中所占比重快速增加。在一些发达国家，百分之七十以上的劳动力是为服务产业工作的。在中国，2004 年的比重为 35%，并且成逐年递增的趋势。服务业经济的时代已经到来。然而如何为客户提供更好的服务已经成为了各类服务提供者关注的焦点，例如：政府、企业、医疗机构等。

在我们看来，良好的服务目标可以说是："在最恰当的时间进度，分配最恰当的资源（包括人力资源以及物质资源），以便为客户提供最适合的服务，用多变的模式来满足不同种类的客户。"

为了能够实现这样的目标，服务产业的研究者和实验员必须尽自己的最大努力总结出以下事件完整的解决方案：

——怎样快速理解并且稳妥地表述出顾客的需求？

——怎样高效地设计出服务行为以及服务进度？

——怎样去分配有效的资源来完成具体的服务？

——哪一类的 IT 能够提供一些工具和平台来帮助人们收集有关客户的重要数据来更好地完善他们的工作。

——怎样去评估之前的服务质量，并且在以后进一步提高这项服务。服务科学、管理和工程（SSME，IBM 于 2004 年首次提出）[1,2,3]，一个全新的学科并且听起来是能很完美地去解决以上问题的方法，但是它远远没有成熟，还需要做很多的工作。

服务科学、管理和工程可以从以下三个方面来理解：

服务科学。努力增加充足的服务模型来形式化描述服务行为、容量、进程、顾问、客户，以及最重要的他们之间的联系。这样的模型可能会不断地被用作精确的重复的验证、推理、模拟、优化以及科学的重构。

科学管理。努力去解答"怎样才为客户设计出良好的服务"以及"怎样去引导提供服务者完成有效率并且有利益的服务工作"等等。

科学工程。"服务"不仅仅只是一系列抽象的概念和结论，而且需要相应的方法论、技术平台以及基础设施来帮助分析、设计、建模、建设和运行管理全套的服务。

目前对于 SSME 的研究正关注以下的五个方面：

——传统的服务管理；

——服务模型和建模技术；

——服务业教育的主持平台的架构；

——服务的规范和标准，旨在服务过程的正常化、标准化、完整化，例如 ITIL IT Service CMM 等等；

——服务质量的评价。例如 Economic Value Added（EVA）、Balance Score-Card（BSC）为基础的办法，SERVQUAL，等等。

在 SSME 教育领域，IBM 现在正在和美国、英国以及中国的一些知名大学进行合作或者谈判来建立一个关于 SSME 的新的服务科学研究课题。并帮助大学毕业生学会新的技能，以及跨越传统学科集成领域在服务的营商环境中取得全球有效的解决方案。

哈尔滨工业大学 SSME 项目的研究现状

SSME 和服务工程

目前，哈尔滨工业大学的 SSME 研究调查集中在如何执行良好的服务这一问题上。

在我们看来，与软件系统很相似，生态系统服务有它自己的模型（比如行为和过程）、体系（比如多个合作伙伴之间的关系和资源）和平台（支持服务执行）等。它的核心是服务方法论，去实现服务在生命周期的服务体系中的描述、设计、优化、执行。

我们的目标是提出一个综合的服务方法论和服务平台的快速施工方法，包括：

——服务观念、描述、范围、度量、模型和过程；

——服务工程，包括方法论和支持工具；

——面向服务的模型驱动架构；

——按需服务系统作为运行时的执行平台是以 SOA 技术为基础的；

——服务价值评估和相应的指标。

所有这些研究有一个共同的目标——优化效率和服务系统的性能以及对消费者频繁的需求变化做出快速的反映。

服务工程方法论：SMDA

我们把服务工程方法论叫做面向服务的模型驱动架构（SMDA）。SMDA 的架构被分解成执行模式和服务平台四层，也就是服务需求模型、服务能力模型、服务执行模型和服务平台，如图 1 所示。

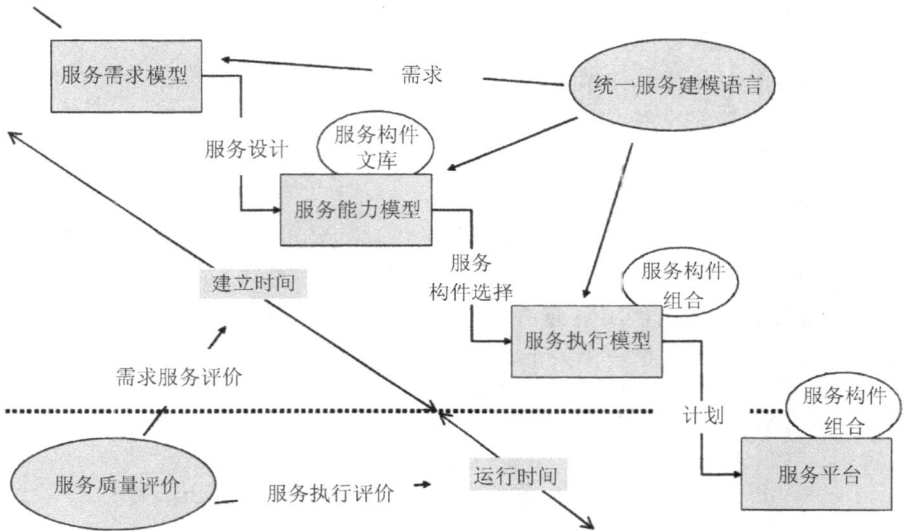

图 1   服务架构与平台模型

在服务需求模型里，消费者的需求被正式描述，也就是"做什么和什么时候做"。然后适当的服务进程和行为根据具体的服务需求模型被选中，形成服务能力模型，它回答了"怎么做"。之后，具体的资源（也就是人和基础设施）被选中，组成在一起，形成服务执行模型，它回答了"谁去做"。最后 SP 根据服务执行模型建成，在服务执行进程中去支持涉及多个伙伴关系的协作和互操作性 。

一些详细的研究内容包括：

统一服务建模语言（USML）

我们设计一个统一服务建模语言用来作为一个在服务工程方法论的不同层中统一描述各种型号的工具。统一服务建模语言是以 UML 的基本语法为基础的，而且它扩展 UML 去支持服务的独特功能。针对典型的服务模式，标准模型 API 和模板将会被设计出来。

服务组件的重用

　　各类服务资源像人员、基础设施的支持、服务进程、活动、知识和行为是均匀封装成可重用服务组件的形式（SC），然后被重新用于服务工程方法论建立模型，并在它的不同层间实现快速映射。

SFD 和 ODS 的基础服务评价

　　我们引进服务函数部署（SFD）技术来评价服务的质量，当然这个评价过程可以分解成三个部分：

　　1. "按需服务"（ODS）面向服务质量的评价模型；

　　2. 可重用性和能力为导向资深质量评价；

　　3. 执行效率和花费关系到服务平台质量评估。

SMDA 面向 IT 协作咨询的平台

　　SMDA 将适用于我们的 IT 咨询项目。例如，图 2 展示了 IT 协作咨询服务平台的构架来实施企业软件及应用（如 ESA、ERP、SCM 、CRM ）。这个平台以 SOA 为基础。

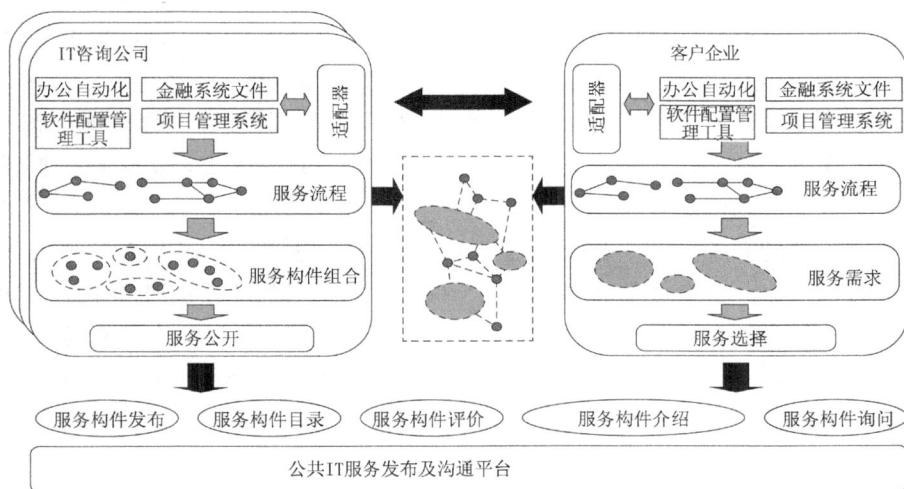

图 2　基于 SOA-IT 咨询平台的架构

SSME 在哈尔滨工业大学的教育和研究发展计划

SSME 的研究工作

　　在哈尔滨工业大学，相关研究和发展路线已经被四个连续的关于 SSME 的阶段确定下来。

——阶段 1（理论和概念研究）——以经典的服务研究为基础，阐述概念、描述、范围和现代服务业的指标和建议，并提出多维研究框架，包括一系列有待解决的理论问题；

——阶段 2（方法论研究）——通过收集一些需求和分析一些典型的进程还有那些在我们执行 IT 服务的经历基础上的行为，尝试现在的服务模型和相应的模型的方法论，如 SMDA；

——阶段 3（分机详细信息统计工具和平台的研究）——这个阶段包含了服务平台的架构和支持建设这种平台的工具，如以 USML 为基础的服务模型工具、服务组件的程序库、服务执行工具集等；

——阶段 4（应用程序）——在这种支持的工具发展后，ESA 的商谈（就像是 IT 的服务）将要通过像实际案件一样去验证理论和方法论研究的结果。

SSME 上的教育：课程的发展、部门的发展和纪律的发展

通过 SSME 上的调查研究和服务工程，在 HIT 里，我们计划去开创一个新的课程名字叫"SSME 的介绍"，在这个课程里，以 SMDA 为基础的服务方法论将会被提升为核心内容。这个课程将会在 2006 年开始实行。

在接下来的三年里，一系列关于 SSME 的课程也将在 HIT 理开创出来，其中包括了服务心理学、服务行为、组织理论、战略管理、人类资源管理、管理心理学、服务的市场营销等。

在接下来的五年里，一个服务部门将会在 HIT 中成立，在 SSME 中去培训特殊人才的学生。这个任务看起来有点仓促，但是一些从计算机科学学院、管理学院和人文社会科学学院出来的杰出的研究员在 HIT 已经展示出了对这个服务部门强烈的兴趣。一些在 SSME 的知名专家被当成参观者或者说是嘉宾也将会被邀请去 HIT 去观看这个部门。

结　　论

做以下总结，HIT 将会在 SSME 研究、发展和教育上得以提高，特别是在服务工程方法论和相关的工作上，例如：SMDA，USML 等。由于和 IBM 的紧密合作，哈尔滨工业大学的服务科学、管理和工程的研究和教育在不久的将来肯定可以获得丰硕成果。

参 考 文 献

[1]　IBM. Services Sciences, Management and Engineering. http：//www.research.ibm.com/SSME/

[2] Services Sciences，Management，and Engineering (SSME) -Course Materials. http：//www. almaden. ibm. com/asr/SSME/coursemateri als/index. shtml

[3] Paul Horn. The New Discipline of Service Science. *Business Week*，Jan. 21，2005.

服务科学、管理和工程研究篇

服务科学的进程：基础、发展和挑战

Mary J Bitner   Stephen W. Brown   Michael Goul   Susan Urban

（美国亚利桑那州立大学服务领导中心、服务市场小组、信息系统系、计算机科学与工程系）

随着服务业在全球经济的高速增长，人们日益认识到需要一种跨学科的研究、新的商业模式和创新的学位课程，来推动服务的创新。本文描绘了过去在亚利桑那州立大学（Arizona State University）为了解决这些需求而采取的一些新举措。这项跨越 20 多年的研究是在亚利桑那州立大学凯瑞商学院（W. P. Carey School of Business）的服务领导研究中心完成的，我们目前正在着手进行一项服务科学创新，以扩大我们在企业学科之外的成功，并与更广泛的学术团体建立联系。本文分享了我们现在遇到的一些需克服的挑战和继续前进需要的资源。由跨越多个学科的资深教授授权，本文象征着我们的信念，这种大规模的跨学科的努力需要能量和资深教授的承诺以及与企业和政府的伙伴关系。

服务科学进程的开始

服务业在世界各地经济领域的爆炸性增长，对企业的经营、学术知识的创新、教育以及政府的政策起了极大的影响。在 IBM、学术带头人、一些政府以及政府实体富有远见的带领下，人们日益认识到这些影响以及需要将重点放在服务创新上的必要性。例如，经济合作与发展组织（经合组织）办公室最近发布的一份报告指出，发达国家政府的政策还没有适应服务业[1]。随着对服务创新的必要性的认识，人们发现，对于服务创新的研究需要进行跨学科的工作。

虽然目前还不清楚最终结果，但重视服务创新可能会引导形成一个新的学科（例如，"服务科学"或"服务科学、管理和工程"），或者是更大的跨学科合作，以便来符合教育和知识的发展需要。如果未能有效地创新服务，那么可能会毁灭个别企业为了竞争和经济的增长所作的努力。失败的结果将会减少个人机会并会降低生活质量。

在过去的 20 多年，亚利桑那州立大学（ASU）通过其服务领导中心已成为在工商学科中发展知识和教育项目的领导者。为此，我们的跨学科研究已经包括商业学科的经营、销售、人力资源和先进的私营部门、营利性企业。今天，我们开始复制和放大这些成就，通过扩大服务领导的范围来容纳更多的跨学科——横跨社会科学、工程科学和计算机科学——包括我们的机构和联盟伙伴。除了学科，我们也设想更多地参与政府、行业协会、私人基金会和非营利机构，以支持业务创新研究和教育。

　　本文向我们描绘了在这一进程中，我们和其他人将要面临的挑战以及我们设想可能会发生的一些事。文章指出，如果要继续前进，那么我们需要从政府和私营部门那里得到帮助。请注意，本文是由多种学科的资深教授合著的。虽然不容易，但我们坚信这种合作和领导的模式对推动服务科学向前发展至关重要。

服务科学的工作定义

　　为了方便我们的工作，我们采用了以下服务科学的定义：

　　服务科学是一个新兴的学科，重点研究基础科学、模型、理论和应用，并通过服务来推动创新、竞争、提升生活质量。

　　该定义表明，重点放在实质性成果上（创新、竞争和生活质量），而且立足于严谨的研究基础上（科学、模型、理论和应用）。定义不排除相关学科的参与，也没有规定一个特定类型的研究方法。

亚利桑那州立大学商学院服务领导力的研究传统

　　商学院对于服务管理和市场营销方面研究有着悠久的传统[2]。这项工作注重于理论基础，而且通过关注服务来帮助个别企业解决实际问题。自 20 世纪 80 年代以来，模式、框架和实证研究都支持这一重点。由于大部分工作是从市场营销学科中产生的，因此研究带有一种非常强烈的以客户为中心的特点。优良的传统和引以为傲的来自世界各地学者的贡献，有许多值得借鉴，这些都根植于企业的实际工作和跨越多个商业领域的合作。

　　在亚利桑那州立大学，我们的服务领导力研究一直集中在 W. P. Carey School of Business 领导服务中心（CSL）上。超过 40 年与龙头企业的合作（包括 IBM、万豪国际（Marriott International）、惠普、嘉信理财（Charles Schwab）、美国西南航空公司、梅奥诊所（Mayo Clinic）、SAP 等等），CSL 提供行政教育和研究来促进在公司的服务科学领导力。CSL 的全体研究人员在主要的杂志上发表文章，写了一本在全球广泛使用的关于服务的教科书，并因为这些在服务科学领域的工作而获得了许多国家和国际荣誉。CSL 为我们在服务方面的学术课程、学位课程、学生实习和项目提供支持和指导。

ASU 服务科学的创新

　　目前，我们正在为学校研究下一代服务领导学。我们在 "服务科学创新" 下进行跨学科的工作，这将把在校园中的许多例如关于服务科学的广泛的定义集中到一起。理想情况下，该倡议也将提供一个论坛和新项目、学位课程和资金。W. P. Catey School of Business、富尔顿工程学院（the Fulton School of Engineering）、计算与信息科学学院（the School of Computing and Informatics）及心理学的预防研究中心（the Prevention Research Center in Psychology）的全体教师都参与其中。此外，该计划将在服务科学领域的校际联盟和商业合作伙伴之间提供纽带作用。

在 CSL，引导服务科学创新的学科是：服务领导力、市场营销、信息系统、计算机科学和信息。我们的个别教师还涉及供应链、医疗保健、心理学，同时还将包括设计、建筑和人类学的教师。

研究团队

跨学科研究的其中一个挑战是如何激发教师和研究人员进行跨学科的工作。原有意义上的挑战，就像自相矛盾的激励机制一样，是许多研究人员一起工作的障碍。这是艰苦的工作，而回报并不总是很明显。尤其是对于年轻教师，他们必然关注于他们的晋升和奖励。融合双任用和奖励可以解决部分问题。

我们将使用的另一种补充办法是使教师群体置身于真实世界，重大的挑战需要具备不同专业背景的研究者，去深入了解对方的观点（概念、方法和实质），依靠基于对专业的了解和合并的观点，来合作研究解决这些问题。通过确定关键挑战，组织对这些问题感兴趣的研究团队运用他们的知识来解决这些挑战，我们希望鼓励这种交叉型学科合作研究去解决许多具有全球性影响的问题。这种合作模式可以产生大量能对实际问题有现实影响的创新性解决方案。

我们预见一些研究团队或研究小组在服务科学创新性上的发展，需要关注于：IT 服务解决方案、商业模式的服务、计算模型的服务、医疗保健创新、科技和服务交付、服务设计、客户忠诚度和关系。我们有一些教员和跨学科小组，已经在以上这些领域进行工作。我们已经开始对各领域的教员和行业合作伙伴征求更广泛的意见。

服务科学学位课程

在 ASU，有许多现有的和拟提议的跨学科学位课程和专业被纳入到广泛的服务科学定义中，包括：

——在战略营销和服务领导中的工商管理硕士专业（超过 10 年）；

——上海工商管理硕士服务管理（针对中国管理人员，通过 W. P Carey School，从 2007 年开始）；

——技术科学和工程管理硕士学位（针对科技公司，通过 W. P Carey School

and FULTON SCHOOL of Engineering 提供）；

　　——商业和工程的本科双学位（建议）；

　　——关于服务领导力的博士研讨会，（在 W. P Carey School 预期跨校园招生，从 2006 年开始）。

　　此外，跨学科研究的成果——协同企业服务生态系统（CESE）已经建立，系统结合了在计算机科学中的研究与教育、工业工程、信息系统以及服务领导学、动态和自我调节行为的研究，需要计算支持面向服务环境的企业与企业、企业与客户的合作。CESE 希望建立一个有工业界参与和支持的跨学科的博士学位。

服务管理教育

　　除了针对学生的正式学位课程外，ASU 还为管理教育提供了许多在服务领导力方面的途径，主要包括两个年度方案：11 月的服务专题讨论会（16 年来每年一次），以及 3 月份服务领导力学院（20 年来每年一次）。此外，针对个别公司还提供了在服务领导力和供应链管理上的个性化项目。

伙伴关系和联盟

　　要真正成功，我们相信我们的服务科学创新性就必须超越自己的局限性和学术的边界，与私营企业、政府和其他大学结成联盟。

　　通过 CSL 我们已经与超过 40 家的商业伙伴和由主要的制造业和服务业公司的高级管理人员组成的董事会顾问建立了牢固的关系。这些商业伙伴都认识到在将来的服务中至关重要的是创新和竞争能力。我们设想逐步扩大包括大学的研究团队在内的合作伙伴的数量。

　　除了私营公司，我们还与全球拥有服务研究和教育中心的教师和大学结成联盟。这些服务科学的联盟，目前大部分是商学院和教师。我们设想扩大包括设计科学、计算机科学和信息系统在内的联盟。

发展跨学科创新的挑战

　　目前，我们许多大学都大力支持跨学科研究和教育项目。例如，ASU 的总裁 Michael Crow，已经为"新美国大学"建立了一个跨学科的研究和教育的中央平台。在过去 4 年里建立了超过 10 所跨学科研究所或学院，包括可持续发展国际研究所、全球研究学院、生物设计研究所、计算与信息科学与工程学院和新的计算与信息学院。

　　一些大学，如威斯康星大学麦迪逊分校（the University of Wisconsin at Madison），很长时间都把重点放在跨学科工作上，而其他许多人至少也会经常提到服务。

　　然而，在进行多学科创新的路上我们还要克服许多挑战和困难。其中就有如前面所说的奖励和激励机制不一致的情况。当我们在商业和工程学校共同努力时，我们已经意识到了这个挑战。商学院的老师们被要求通过研究经费和其他手段来获得越来越多的收益，包括我们学校在内，在大多数的商业学校的任期和升职在很大程度上取决于在核心刊物上发表文章的多少。另一方面，我们工程方面的同事被强烈鼓励除了发行期刊以外需要增加庞大的政府赠款和私人资助收入。这些不一致的地方，并非无法解决，但需要得到承认并且为了使跨学科研究合作伙伴关系能够成功进行处理。

　　另一大挑战与语义有关。各学科都有其独特的语言。我们发现不同学科的研究人员经常需要使用不同的术语谈论同一件事。虽然它可能无关紧要，但这些语义类型和定义的讨论会转移目标，可能会大大减缓合作研究的进展。

　　最后，还有资金和资源的挑战。跨学科的努力需要跨学科的资金，但传统的资助往往倾向于个别学科。因此，很难知道去哪里筹集这些跨学科创新的资金，并且提案的结果也是不确定的。此外，迄今几乎没有明确认定为服务研究、教育和创新提供资金的来源。尤其在美国，大部分的研究经费，是依赖于技术创新和自然科学学科的。

政府、行业和基金会该如何帮助

　　在全球商业界和学术界对于服务创新和服务科学的建设都有重大的积极性和兴趣。我们彼此分享见解，发表论文，举办讲习班，开办学位课程，并分享课程的教学大纲和教学方法。

　　看来，我们到达了一个积极性很高而且颇具潜力的关键时刻，准备鼓足干劲向前迈进。为了充分利用这一势头，我们必须得找到办法来为下一阶段的服务科学提供大量的资金资助。我们需要来自政府、私营企业和基金会的资助来促进这些努力，并继续迅速向前进。其他国家已这样在做了，美国也应该这么做。需要筹集资金，用于个人研究计划，以及企业和研究中心。需要筹集资金，激励教师和学校成为跨学科研究和教育产品的参与者。最后，需要集资的大量的宣传工作，以促进政府机构内服务科学的研究发展。

参 考 文 献

[1]　Organization for Economic Cooperation and Development（2005），"Promoting Innovation in Services."

[2]　Bitner，Mary Jo and Stephen W. Brown（2006），"The Evolution and Discovery of Services Science in Business Schools," *Communications of the ACM*，July，73-78.

美国国防部服务供应链的机遇和挑战

Uday Apte　Geraldo Ferrer　Ira Lewis　Rene Rendon
（美国海军研究院商业和公共政策学院）

在 2003 年，美国国防部（DoD）用于购买服务的费用超过了 118 亿美元。事实上，在过去十年的每一年，美国国防部花在服务上的费用要多于花在补给上的费用，如设备和货物，包括在武器系统和其他军事项目上。随着美国国防部的服务采购范围和资金不断增加，代理商必须对诸如适当的采购计划、完整的需求定义、适当合同的建立、适当的承包商的监督给予更多的关注。服务的独特性和服务采购的重要性为在美国国防部的服务管理供应链的研究提供了一个重大的机遇。

引　言

在过去的十年中，美国国防部的服务采购在范围和资金上在不断增加。从 1999 财政年度至 2003 财政年度，美国国防部的在服务方面的开支增加了 66％，在 2003 财政年度，美国国防部用于服务采购经费超过了 180 亿美元，约占总额的 57％[13]。近年来，美国国防部花在服务上的费用要高于补给的费用，如设备和货物，甚至比购置高价的大型武器系统和军事物品的费用还要高[15]。这些服务包括从地面维修到航空发射业务等非常广泛的一系列活动。主要类别包括专业、行政和管理支持、建造、修理和设施和器材保养、信息技术、研究和开发以及医疗服务。

随着美国国防部的服务采购范围和资金继续增加，代理商必须更多地注意保持适当的采购计划、足够的需求定义、充分的价格评估、适当的承包商的监督[11]。在许多方面，这些都是影响实物供应和武器采集系统获取的同样的问题。

但是，服务的生产、获取和交付也存在着与制成品之间重要的差别。例如，服务不能清点，需要客户联系和合作生产，并有客户具体的投入。此外，我们观察到服务在不同程度上的无形，使得我们很难评估服务运作的质量和性能[14]。服务的独特性和越来越重要的服务采购为进行国防部服务供应链管理的研究提供了重要机会。

　　本研究的目的，是对美国国防部服务采购进行初步探索性分析，以勾画出美国国防部服务采购的整体环境。我们的研究有助于在联邦政府服务采购中的理论和实践。理论上的贡献包括开发一个概念性框架以来理解和分析服务供应链，包括严格的业务管理的文献资料、物流、公共政策、编制预算和微观经济。我们期望这些知识能给美国国防部的服务采购带来更有效和更高效的管理。

　　这项探索性研究工作由一个在美国国防部的服务采购实践考察活动组成。它包括去参观美国国防部服务采购的设备，与承包人员、项目经理以及其他与这些设备安装相关的人员进行面谈。

　　国防部装置的访问计划涵盖了陆军、海军、空军的设施样本。迄今为止，我们访问了特拉维斯空军基地，不久的将来计划访问在蒙特雷的圣迭戈海军基地。这些国防部的装置已经采取重大运营支持外包服务，并提供了很好的资源分析案例。

服 务 特 色

　　服务生产与产品制造在某些方面有所不同。在许多操作文本中，所确定的关键事件包括服务输出的无形性、可转移的困难性、服务定义测量的复杂性（例如，参见 [9]）。对于这些，我们要补充的意见是服务往往涉及买方和卖方协作生产。这些特点导致了生产和服务的在营销上一定的差异。例如，联合生产意味着生产系统往往不是来自客户的。

　　当客户作为消费者的同时，往往正在或曾经参与了生产过程，需要"客户参与的合同"已经被 Chase[4] 分析过，即必须要把不同的服务企业和部门分类以参与不同生产过程。

合同启示

　　无形的服务成果，难以清楚地描述和量化，因此需要为服务签订合同。举个例子，撰写涉及学术讲座的教育服务合同就很困难。一个人如何定义教育的价值，如何才能确保合同满意地履行。像 Karmarkar 和 Pitbladdo [14] 解释的那样，这就是为什么我们无法签订很多的合同，而只能签订了基于过程交付的合同。总的来说，更多的密集信息服务给制定明确和有意义的合同带来更多的困难。在有形物体发挥主导作用的地方，服务中的困难会有所减少。

　　无形的产出也很难界定和衡量。举例来说，即使是简单的服务，如清洁，也不容易界定期望清洁的程度。办公室的清洁需要的等级肯定不同于医院的手术室。在以书面形式撰写清洁服务合同时，为保持清洁的状态所需的时间也应该是考虑的一个重要问题。正如服务质量研究发现的那样，客户通常评估服务质量是基于服务的结果以及客户在服务提供过程中的经历。例如，在一个餐厅，不仅要有好吃的食物，而且在提供食品过程中的服务态度也必须是礼貌、迅速和友好的。这意味着，对许多服务业的合同不应该只基于结果，而应包括结果和客户在享受服务过程中的经历。

合作生产要求在许多服务的创建中，客户存在和参与，这是服务的一个重要特征。例如，在 IT 服务行业，如软件开发、客户对软件系统所需的各种需求说明的投入是至关重要的。例如，无论软件开发人员有多能干，如果说明书并没有准确地反映顾客的真正需要，开发的软件也不会令客户满意。因此，服务业的合同不仅需明确指定服务供应商应该做什么，而且也应该指定客户应该做什么。否则，是无法实现满意的服务结果的。

多元化的服务使得制定合同变得困难，并且在不同的服务中也不能使用相同的合同手段和程序。例如，针对不同的医疗与看护服务，服务的合同进行定制是很重要的，这样可以来满足个性化服务的需求。

最后，服务很复杂，可能涉及多阶段的过程。这使得撰写合同变得重要而具有挑战性，这些合同具有足够的灵活性，以涵盖所有相关方案和意外。此外，如果这样的合同不能令人满意，使用一些内部的资源来交付这些服务变得可行，而不是把他们外包。

国防部的服务采购环境

美国国防部的采购过程目前正在经历一场类似私营企业的转变。这一转变是代理商如何管理它的采购功能，包括人员、流程、方法和政策。具体来说，采购变革，发生在三个主要领域：从购买商品到购买服务，政府与供货商之间的关系从指挥和控制迈向合作，从基于纸张的采购系统到电子采购系统[1]。本研究报告主要集中在第一个转换领域：服务的采购。

从购买商品到购买服务的转变，被认为是采购变革背后的动力。Gansler[10]描述了政府作用的转变，从"商品提供者"到"商品和服务提供管理者……"。此外，采购服务的方式也在变化。传统上，政府通过招标书（RFP）来说明承包商做什么和怎么做。通过利用详细的需求计划书，指导承包商如何去执行合同。采购变革是改变招标书的制定，业绩目标或最终合同要达到的结果要写入招标书中，而不是写入工作要如何做[5]。

这两个驱动力，在政府采购什么（服务）以及政府如何采购（业绩为基础的合同）的变化，导致了政府采购解决方案和知识的变化，而不是具体的供应品或标准化服务[6]。

国防部服务合同的范围和增长

在 2004 财政年度，美国联邦政府采购支出总额约 328 亿美元。在这些支出中，大约 99 亿美元用于文职机构，其余 228 亿美元用于国防部[8]，自 1999 财政年度以来国防部在服务上面的支出，增加了 66%，达到 70 亿美元，超过了 2003 财政年度的 118 亿美元，约占总采购额的 57%。相对于其他类别的合同，在服务方面的开支是最大的联邦政府单一开支类别。如图 1 比较了 1998 年度到 2002 年度之间的美国国防部服务和货物的采购情况[12]。

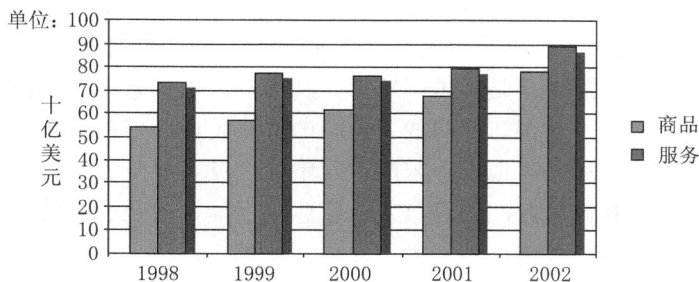

图 1 美国国防部关于商品和服务合同

国防部采购多种服务来支持它的任务。这些服务范围从传统的商业合同，如 IT 支持、保管服务和地面维护，以及与飞行任务有关的服务，如飞机和发动机维护，初级飞行员培训。由国防部采购的重要类别服务包括专业、行政和管理支持、结构和设施的建设、维修和保养。

在最近访问加州中部和北部地区的军事设施期间，我们确认了一些特定的例子。例如，在 Presidio of Monterey，一个陆军设施为国防语言学院和奥德军事社区提供支持服务，这个陆军合同包括基本业务支持、场地维修、保管服务、餐饮设施和其他合同[3]。

特拉维斯空军基地（Travis Air Force Base），是主要的空中机动司令部（AMC）的基地，这些相同类型的服务也是采购的，就像一些独特的任务服务，例如为飞行路线行动提供瞬时警报服务，为机场客运大楼提供旅客检查服务，为防止鸟击飞机危害（BASH）的猎鸟服务。此外，特拉维斯空军基地（Travis AFB）还为支持 David Grant 美国空军医疗中心（the David Grant Medical USAF Center）而提供合约。这样，特拉维斯空军基地采购各种医疗服务，如医疗转录、护士服务、血液检测、护士注册和医疗编码服务[17]。

美国国防部服务合同的政策

相比其他联邦机构，在遵守办公室管理和财政预算案的 A-76 上，以及商业活动的表现上，美国国防部常常被视为特别不合规矩。通知指出，联邦政府为了商业活动长期的政策需要依靠私营经济。通知还要求，虽然活动的实际执行可能会被外包，但依然被政府机构控制，无论怎样，最终的决定都是内部和商业提供者竞争的结果[16]。

伴随着这种外包活动的增长，美国国防部的文职和军事采购人员却在大幅减少，这要归功于这些合同的实施。此外，国会已经授权实行基于性能的服务采集（PBSA）。PBSA 是为了以较低的成本获得更高的承包商服务水平，促进面向伙伴，长期合作，使政府特别是美国国防部，从商业的最佳做法中获益[2,6,7]。

大规模的外包服务对国防部构成了独特的挑战。该部门的员工，无论是"采购部门"的正式员工还是其他服务采购过程中的人员，都是增加外包的数量和质量的焦点。然而，在同一时间的雇员人数已急剧下降，这是合理的，在许多情况下，现有的工作人员或技能已不能确保对增加的规模作适当的监控。

初步意见和结论

我们要强调，这是一个正在进行的针对一些活动的研究项目。这些活动包括已进行的其他军事基地的访问，与承包人员和客户的访谈。因此，意见和结论应该被看成只是初步的、不确定的。

1. 在过去的十年中，美国国防部的服务采购在范围和费用上继续增加。从服务支出的数量而言，四种服务超过了总支出的50％：（a）专业、行政和管理支持服务；（b）结构和设施的建造、修理和维护；（c）设备的维修；（d）信息技术服务。

2. Presidio of Monterey（POM）签订了一份为 Presidio 的市政服务局（PMSA）和 Monterey and Seaside 财团约155幢楼宇和建筑进行维护的合同。该 PMSA 协议使两个城市可以应用他们的专业知识到日常服务中，而陆军将重点放在其军事使命上。通过和 PMSA 的这种伙伴关系和合同，和过去的基本运营成本和私人合同相比，POM 削减了41％的开支。我们建议美国国防部探讨和评估这种与基地附近的各个城市建立协作合同关系的可能性，以支持基地各自的运行。

3. 积极主动和频繁的沟通对于一个成功的服务合同是必不可少的。我们发现在特拉维斯空军基地（Travis AFB）的一个成功的例子，在那里第60中队使用企业需求咨询小组（BRAGs）来签订一种如通信之类的合同。BRAGs 是代表功能组织的跨职能团队，它如客户一样来参与服务合同。

4. 我们访问和参观了特拉维斯空军基地，在那里第 60 中队（CONS）与第 60 空中机动翼（AMW）在同一地点，并在 POM 和 NAS 威斯康星州（POM NAS WI），我们确认了"美国联邦政府审计署"的调查结果："当陆军和海军集中安装管理机构的创建有可能通过精简和合并来提高效率和改善设施管理，这些计划的实施迄今为止的结果在质量上喜忧参半"。

5. 鉴于服务的独特性，建立服务规范，以及衡量和监测所提供的服务的质量比一般工业品要复杂得多。国防部的服务采购量也在不断增长，这个事实意味着大量熟练的承包人员进行收购服务是至关重要。但是，美国国防部的积极遵守 OMB's Circular A-76 已导致国防部的文职和军事采购人员的缩编。虽然这项探索性研究尚未完成，但我们认为上述两个趋势明显相互矛盾。这也意味着，在美国国防部的外包服务的需求既没有得到完全满足，也物非所值。

6. 虽然美国国防部期望获得更多的服务而不是货物，但为服务采购的管理基础设施也要比产品和系统采购更欠发达。针对服务采购有一个不太正式的项目管理方法和生命周期方法论。一个事实，即目前管理服务项目的职能部门人员，通常没有必需的采购培训。我们建议，应该通过提供正规服务科学到服务采购力的培训来改变这种状况。

参 考 文 献

[1]　Abramson, M. A., Harris, R. S. III: The Transformation of Government Procurement. In: Abramson, M. A., Harris, R. S. III (eds.). *The Procurement Revolution*. Rowman & Littlefield Publishers, Lanham, Maryland, 3-11 (2003).

[2]　Air Force Instruction: Acpuisition: Performance Based Services Acquisition (PBSA). 63-124 (2005).

[3]　Auernig, M.: Director of Contracting, Presidio of Monterey (2006).

[4]　Chase, R.: The Customer Contacr Approach to Services: Theoretical Bases and Practical Extensions. *Operations Research 21* (4), 698-705 (1981).

[5]　Denhardt, K. G.: The Procurement Partnership Model: Moving to a Team-Based Approach. In: Abramson, Mark A., Harris, Roland S. III (eds.). *The Procurement Revolution*. Rowman & Littlefield Publishers, Lanham, MD 59-86 (2003).

[6]　Department of Defense Office of the Inspector General: Acquisition: Contracts for Professional, Administrative and Management Support Services. (D-2005-015) (2003).

[7]　Federal Acquisition Council. *Federal Acquisition Regulation—Part 37. Services Contracting*. Downloaded from http: //farsite. hill. af. mil on March 27 (2006).

[8]　Federal Procurement Data System-Next Generation (FPDS-NG). Available at http: // www. fpdsng. com/downloads/top _ requests/total federal spending _ by _ dept.

[9]　Fitzsimmons, J. A., Fitzsimmons, M. J. *Service Management: Operations, Strategy, and Information Technology, 5th edition*. McGraw-Hill, NY (2006).

[10]　　Gansler, J. S. A Vision of the Government as a World-Class Buyer: Major Procurement Issues for the Coming Decade. In: Abramson, Mark A., Harris, Roland S. III (eds.) *The Procutement Revolution*. Rowman & Littlefield Publishers, Lanham, Maryland, 13-57 (2003).

[11]　　GAO. US Government Accountability Office. *Best Practices: Taking a Strategic Approach Could Improve DOD's Acquisition of Services*. (GAO-02-230) (2002).

[12]　　GAO. US Government Accountability Office. *Contract Management: High Level Attention Needed to Transform DOD Services Acquisition*. (GAO-03-935) (2003).

[13]　　GAO. US Government Accountability Office. *Contract Management: Opportunities to Improve Surveillance on Department of Defense Contracts*. (GAO-05-274) (2005).

[14]　　Karmarkar, U. S., Pitbladdo, R. Service Markets and Competition. *Journal of Operations Management 12* (3-4), 397-411 (1995).

[15]　　Levy, D. G., et al. *Base Realignment and Closure (BRAC) and Organizational Restructuring in the DoD: Implications for Education and Training and Infrastructure*. RAND, Santa Monica, CA, 36-50 (MG-153) (2004).

[16]　　Office of Management and Budget, Executive Office of the President. *Performance of Commercial Activities*. (Circular No. A-76 (REVISED)) (2003).

[17]　　US Air Force: 60th Contracting Squadron Mission Overview, Travis AFB (2006).

全球信息经济、服务产业化和美国加州大学洛杉矶分校的 BIT 项目

Uday S. Karmarkar

（美国加州大学洛杉矶分校安德森管理学院）

在大多数世界经济大国中，服务业已占主导地位。发达国家也即将成为信息经济体；这在美国和韩国已是事实。这些趋势的汇合意味着信息服务是美国和其他发达国家经济的最主要组成部分，其他国家也紧随其后。这种演变正伴随着一场革命：信息服务的迅速产业化。

这些发展对整体经济产生多方面的影响，如生产力、贸易、就业、全球化和竞争。很多行业正在部门级别进行大规模的结构化改革。同时这也对所有公司的管理战略和内部组织结构产生了重大影响。

加州大学洛杉矶分校安德森管理学院的商业和信息技术项目（简称 BIT），是一项集全球力量的项目，它通过国民生产总值研究，业务实践调查，重点行业部门的研究，来跟踪和评估这些变化。

引　　言

世界上最大的 25 个经济体中，除一个之外其余都由服务主导，服务在国内生产总值中占比超过 50%。即便是印度这样由农业主导就业（占 60%）的国家，服务业仍超过国内生产总值的 55%。唯一例外的是中国，但可以推测，这很可能是统计方法的问题。看来如果这个经济体没有一个庞大的服务部门，即使制造业或农业在经济中发挥着巨大的作用，它也不能有效运行。今天，我们要认识到另一个重要的趋势：物质经济转向信息经济。Apte 和 Nath[4]证实：美国早在1977 年就已是一个信息经济体，主要和次要的信息行业对国民生产总值的贡献超过 60%。Choi、Rhim 和 Park[18]按照同样的方法，总结出：2000 年，韩国拥有比美国还要大的制造业，这也正是一个有效的信息经济体的作用。Karmarkar[22]注意到，产品服务和材料信息的叠加（图 1）给出了一个有益的视角。

截至 1997 年，就国民生产总值而言，信息服务已经成为美国私营经济中最大的领域。图 1 的箭头显示了过去 30 年来的变化方向，我们期望在接下来的二

三十年中它能继续发展。但是，从就业角度来说，体力服务（如配售、运输、施工）主宰着美国的就业景象。韩国的数据也显示了相似的模式。虽然我们没有其他国家的数据，但它极有可能适用于所有发达经济体。发展中国家也有可能会遵循相同的道路，并可能要加速发展。不过，这一景象还需要进行扩充。

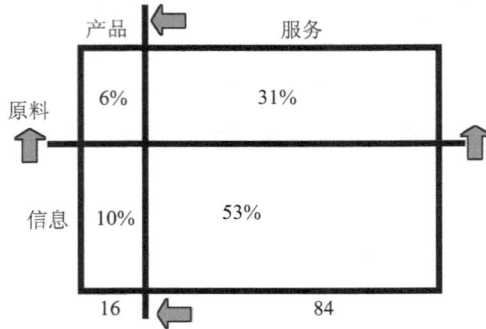

图 1　美国经济的 DGP 分布情况（除政府、农业及采矿业），该分布情况是基于 Apte 和 Nath 所获取的数据。图标中的信息部分包括一手与二手信息

迈向以信息服务为主的经济体系运动正伴随着"产业化"[24]。产业化从根本上以技术为驱动，并与制造业工业革命有一些相似之处。这个发展对全球贸易和竞争、经济和国策、工业领域，对企业和组织，以及个人的工作和职能都有十分重要的意义。总之，这些变革是广泛而深远的。

加州大学洛杉矶分校安德森管理学院的商业和信息技术项目（简称 BIT）的设立是为了从全球、国家到各部门、企业、职能和工作、多层次的经济和商业活动水平来研究这些变化。到 2006 年 6 月，该项目在世界各地的研究伙伴达到了 16 个，这个人际网络最终可能增长而覆盖到 20～25 个国家。它的目的是了解全球信息经济的转向，跟踪服务全球化的新浪潮，并比较不同国家的发展水平和商业惯例。

在下面的部分，先描述我们认为最重要的研究问题，它与新兴的全球信息经济的管理有关。这些问题是在全球范围内实施 BIT 项目的基础。

研 究 问 题

很显然，世界上主要经济体都朝向服务经济发展，发达国家甚至走得更远。然而，对基于信息的服务研究还远远不够，仍还需继续进行。建立这个发展趋势研究是 BIT 项目的主要目标之一。还有很多课题和趋势值得研究，但在此仅研究某些内容并不容易，从共性、全球化背景到特殊运营内容，并非所有都能涉及，以下内容将是我们的研究主题。

生产问题

如图 1 所示，生产率很可能是引起这一趋势的根本原因。服务业相对较低的生产率，长时间以来被确定为服务增长缓慢的一个原因[9,10]。均衡的高生产率行业如制造业和农业，服务起的作用就相对不大。另一个基本原因可能是，一些商品和服务（饱满）的消费有局限性。现在，一个新的因素正提升服务业的效率（尤其是信息服务）已开始显示出增长的趋势[20,21]。

信息密集型服务的"产业化"

制造业的产业化，受到标准化和高效的物流的驱动。终端产品的标准是遵循组件、进程和能力的标准。这使模块化进程的创建和如今已全球化的分布式供应链成为可能。在信息产业方面也一样，我们看到软件产品和信息进程的标准化（可具体列举）与现代信息物流联系在一起。产业化加工和通信的"车间"水平，正在迁移到交易进程、业务流程和企业结构[22]。进程和企业的模块化的增加，分布式信息链的创建，以及许多信息服务行业的重组，这些可见的变化带着实现产业价值链的重整的这一显著的趋势。为了描绘这张极度分散和极度模块化的图片：似乎高效率的生产规模在未来信息经济中将接近个人需求水平。也许这并不完全正确，但是，这对未来的产业结构、组织设计、企业规模会有很大的影响。

全球化

产业化的一个直接的后果是数据、信息和知识密集服务（和生产流程）的全球化，伴随着来自标准化和全球化的日益激烈的竞争。我们再次提醒，世界并不平坦。或至少是如下情况：虽然竞争可能会在能力和机会方面是同一水准，但该领域的经济梯度巨大，必须重新定位触发经济活动的巨大潜力。然而，与物质世界相反，信息世界自然更受语言和文化部门的影响，它们确定了其形势。消费市场尤其如此，而对工业信息服务和产品而言文化影响相对较少[5,24]。从比较的角度来看，不同国家的 BIT 研究表明，各国在模式的采用和完成新技术的方面大相径庭[27]。例如，美国的数据显示，新的信息技术导致所有公司发生了重大的组织改革。不过，相比之下，来自意大利的数据显示则是很小的变化（至少迄今）。相反，网上技术更多地被用来加强现有的对外业务联系。从另外一些研究 BIT 的国家也得到了丰富的比较信息。

部门重组和信息链

早期集中于在线信息技术的注意力，现正已经转向了企业和消费者之间的

B2C 层。可是，BIT 项目采取了端到端的信息产品和供应链的角度。电子商务的发展有目共睹，相当程度的重组已经发生并将继续发生在整个信息密集型部门，甚至发生在职能、工作和操作级别。我们已进行了一些有关技术驱动的转型，信息和服务链在某些领域（如零售银行业[17]、抵押贷款银行[13]、金融服务业[23]、电影及录像发行[12]、RFID 的供应和服务链[15]以及保健服务[1]）的研究。这些研究包括案例研究[2,7,14,15,16,18,22]、目前和未来的信息链结构以及有关的技术管理、战略和政策问题的分析。

这些领域的研究已经证实并加强了产业化的概念，诸如全球化、新竞争、模块化的后果，以及链的非一体化。不过，他们还发现，在许多行业，改革发生缓慢的原因是企业不愿承担改革的合理费用，并且不愿意协调改革的困难，以及遇到现有企业的保守势力的阻止，这些企业正受到新商业模式和链结构的威胁。

信息和链锁服务经济

当提出产业化、信息和服务链的结构时，我们已学会将其与全球制造业进行对比。然而，对比也有其局限性。特别是，信息服务经济学与物质产品和一般服务有很大的不同。在一个最基本的水平上，产出的量化往往是一个问题[25]。虽然我们倾向于认为信息理论在信息链中可能提供解决方案，但结果并非如此。的确，信息物流收益要对运输、储存和加工能力进行有目的技术分析。然而，其生产成本、生产率、加工质量和客户价值将出现另一些困难，特别是在信息服务中。我们已经开始着手解决其中一些问题，诸如质量管理[3]、信息链中介[19]、协作和联合生产服务[11]以及服务竞争[25]。

企业层面的产业化战略

从管理角度分析来看，为了改善货币意义上的生产率（即货币化输出/输入或收入/成本），产业化和全球化将导致一系列企业层面战略的改变。但这与真实的生产要素并不完全相符，因为离岸生产往往意味着较低生产率。产业化对企业战略改变的要求更直接关系到利润最大化的企业目标。

最基本的问题是：
——服务和产品的标准化；
——微观流程模块化；
——在线资讯物流的实施。
更多"宏观"的战略是：
——自动化；
——外包；

——离岸；

——服务和产品重新设计；

——流程再造工程和技术插入；

——市场和供应商的全球化；

——自助服务（更普遍的是信息链中的操作转移）。

除最后一条之外，这些战略对照在很大程度上反映了制造业在这几十年中发生的情况。正如我们的案例研究中表明的那样[13,15,17]，仍无法摆脱的困境是，许多服务组织在实施这些战略时，还很缺乏经验。

组织变化和企业结构

需要指出的至关重要的一点是，产业化问题和进程的变革，不仅仅适用于行业和部门。它们也同样适用于所有企业内的信息密集的工序。显然，大多数管理人员和任一公司的众多员工正从事内部信息和服务流程。在部门层面发生的模块化、重整、重组也同样发生在组织部门、职能和工作上。在我们已进行的案例研究中，这些影响是非常明显的。

有关企业层面改革的最严重问题之一，是重新考虑自上而下的公司组织结构的必要性。看来，传统管理层的职能组织并不能很好地满足新兴的内外部工作结构中的需求。当然，做出这些组织变革是最难的。

在一个更详尽的层次上，我们能够跟踪发生在不同行业和不同国家的工作场所的变革，并且已经开始进行这些方面的比较分析。

公司战略和运营管理

就公司的管理而言，从战略到运营，都有一系列庞大的问题需要解决。我们目前侧重于质量管理、生产效率、竞争战略、运营和营销综合治理等问题，以及流程工程外包和离岸方面。

商业和信息技术（BIT）项目

如前所述，BIT 项目于 2004 年作为一个全球研究网络，在加州大学洛杉矶分校安德森管理学院启动。它的合作伙伴是领先的管理研究机构和其他国家和地区的教育机构：企业管理学院（阿根廷）、天主教大学（智利）、Theseus 大学/EDHEC 大学（法国）、洪堡大学和 ESMT（德国）、雅典大学（希腊）、IITB 大学（印度）、SDA 伯克尼大学（意大利）、都灵大学（意大利）、高丽大学（韩国）、奥克兰大学（新西兰）、惠山大学（秘鲁）、ISCTE 大学（葡萄牙）、IESE 商学院（西班牙）、世界互联网协会（瑞典）、Lugano 大学（瑞士）和国立中山大学（台湾）。我们将继续增加新的合作伙伴，目标是覆盖至少 20~25 个国家。

　　截至 2006 年，6 个国家已与加州大学洛杉矶分校中历史最悠久的小组进行了合作研究。我们预计，其他许多小组将在一年内启动。

　　该项目的结构是一个联合会，每个团队独立运作，但合作进行一些共同感兴趣的研究。主要的共同活动是一个商业实践调查，每个合伙人使用完全相同的调查文件，这些文件内容须翻译成当地语言。加州大学洛杉矶分校团队作为数据收集和传输的中转枢纽，所有参加者都同意共享这些数据。

　　此外，所有国家的小组将进行国内生产总值分析，跟踪经济发展。在这一点上，三个小组都开展了这一分析。一个主要的困难是，各个国家的数据来源和定义存在着差异。在部门、问题和技术级别，我们不希望各国在主题或方法上完全相同。团队之间的兴趣差异很大，这取决于他们自己的国家。但某些行业和议题（金融、商业服务、射频/供应链、电子商务/零售、安全、电信、媒体和出版、卫生保健）显然是全世界都感兴趣的，我们希望，今后大多数团队能着手调查这些领域。

参 考 文 献

［1］　Andersen，M，F. Hasenberg，C. Inglesi，S. Lahooti，R. Simmons，"Impact of IT on Healthcare：the Development of a National Health Information Network"，UCLA Anderson AMR Research Study for BIT 2006.

［2］　Andersen，M.，F. Hasenberg，C. Inglesi，S. Lahooti，R. Simmons，"MEDS Inc. in 2005：Wireless Capsule Endoscopy"，UCLA Anderson AMR Research Case Study for BIT，2006.

［3］　Apte，U.，U. S. Karmarkar and R. Pitbladdo，"Quality Management in Services：Analysis and Applications," in Karmarkar，U. S.，and P. Lederer，*The Practice of Quality Management*，Kluwer 1997.

［4］　Apte，U. and H. Nath，"Size，Structure and Growth of the US Information Economy," in Apte，U. M. and U. S. Karmarkar（eds.），*Managing in the Information Economy：Current Research Issues*，Springer，2007.

［5］　Apte，U. and U. Karmarkar，"BPO and the Globalization of Information Intensive Services," in Apte，U. M and U. S. Karmarkar（eds.），*Managing in the Information Economy：Current Research Issues*，Springer，2007.

［6］　Apte，U. and C. Goh，"Applying Lean Manufacturing Principles to Information-Intensive Services," *International Journal of Service Technology and Management*. Fall 2004.

［7］　Bashyam，A. and U. S. Karmarkar，"Aspect Development Inc（A）"，in J. De La Torre，Y Doz and T Devinney（eds.），*Managing the Global Corporation：Case Studies in Strategy and Management*，McGraw Hill，New York. 2000.

［8］　Bashyam，A. and U. S. Karmarkar，"Usage Volume and Vatue Segmentation in the Business Services," in Chakravarty A. and J. Eliashberg（Eds.），*Managing Eusiness Interfaces：Marketing，Engineerin and Manufacturing Perspectives*，Kluwer Academic Publishers，2004.

［9］　Baumol，W J. Macroeconomics of unbalanced growth：the anatomy cf urban crisis *American Economic Review*，57，415-426，1967.

[10]　　Baumol，W. J. Productivity policy and the service sector. In R. P. Inman（ed.）*Managing the Service Economy：Prospects and Problems*. Cambridge：Cambridge University Press. 1985.

[11]　　Carr，S.，U. S. Karmarkar，"Joint Production and Collaboration in Services," UCLA Andersen Working Paper，presented at the MSOM Conference at USC，2002.

[12]　　Chang，J.，K. -w. Chang，J. Chu，Y Lee，Y Zhao，"Technology Induced Change in FIlm/Television Distribution"，in Karmarkar，U. S. and V Mangal（eds.），*The UCLA Business and Information Technologies（BIT）Global Projec*，World Scientific Press，（Forthcoming 2006）.

[13]　　Chaudhary，S.，M. Green，R. Mahmoudi，V. Ting，"The Impact of New Information technology on the US Mortagage Industry"，in Karmarkar U. S. and V Mangal（eds.），*The UCLA Business and Information Technologies（BIT）Globa Project*，World Scientific Press，（Forthcoming 2006）.

[14]　　Chaudhary，S.，M. Green，R. Mahmoudi，V Ting.，"IndyMac Bank in 2004," UCLA Andersen AMR Research Case Study for BIT，2005.

[15]　　Chaudhary，P.，G. Huang，J. Sun，K. Takekura，D. Zu，"Technology in Supply and Service Chains：The RFlD Adoption Decision". UCLA Anderson AMR Research Paper for BIT，2005.

[16]　　Choi，D.，"Wells Fargo and Electronic Banking"；*Technogy and Operations Review*，1996.

[17]　　Choi，D.，U. S. Karmarkar，H. Rhim，"Service Technology Selection，Pricing，and Process Economics in Retail Banking Transactions"，UCLA Anderson Working Paper，Submitted for publication，2005.

[18]　　Choi，M.，H. Rhim，K. Park，"New Business Models in the Information Economy：GDP and Case Studies in Korea"，Korea University Working Paper. 2006.

[19]　　Corbett，C.，U. S. Karmarkar，"Optimal Pricing Strategies for an Information Intermediary"，UCLA Anderson Working Paper 2002.

[20]　　Jorgenson，D. W. "Information Technology and the U. S. Economy." *American Economic Review* no. 91，（March）：1-32（2001）

[21]　　Jorgenson，D. W.，and K. J, Stiroh. "Raising the Speed Limit：U. S. Economic Growth in the InformationAge." *Brookings Papers on Economic Activity*，no. 1：125-211，2001.

[22]　　Karmarkar，U. S.，"Service Industrialization and the Global Information Economy"，presentation at multiple seminars and conferences，2002-2006.

[23]　　Karmarkar，U. S.，"Financial Service Networks：Access，Cost Structure and Competition"，in Melnick，E.，P. Nayyar，M. Pinedo，and S. Seshadri（Eds.），*Crating Value in Financial Services*，Kluwer 2000.

[24]　　Karmarkar，U. S.，"Will You Survive the Services Revolution?"，*Harvard Business Review*，June 2004.

[25]　　Karmarkar，U. S.，R. Pitbladdo. " Service Markets and Competition. " *Journal of Operatiom Management* 3，397-411，1995.

[26]　　Karmarkar，U. S. and U. M. Apte，eds.，*Managing in the Information Economy：Current Research Issues*. New York：Springer，2007.

[27]　　Karmarkar，U S.，Vandana Mangal，（eds.），with contributions by Alfredo Biffi，Anna Canato，Atanu Ghosh，Uday Karmarkar，Andreina Mandelli，VandanaMangal，Paolo Neirotti，Kwangtae Park，Cinzia Parolini，Emilio Paolucci，Hosun Rhim，Sandra Sieber，Iosep Valor，*The UCLA Business and Information Technologies（BIT）Global Project*，World Scientific Press，（Forthcoming 2006）.

服务科学建模的数据支持设计

Terry P. Harrison

（美国宾州大学供应链和信息系统系）

Seán McGarraghy

（爱尔兰国立都柏林大学管理信息系统系）

"服务科学"，这一新兴领域的中心原则是：对如何组织、建模、实施以及执行以人力资本为基础的供应链的理解。本文的关键工作在于分析和讨论传统制造导向供应链的概念，并试图应用这些概念到以服务形式交付的供应链研究之中。任何一个服务供应链实施的根本和必要的部分是一个详细的、灵活的和广泛的人力资源数据库。鉴于服务业务较大的可变性和不确定性，带有随机因素的数据模型显得尤为重要。

我们描述我们的工作是定义和实现一个能够提供访问大量数据资源的架构以支持服务科学模型。我们的方法是专门面向数据的灵活和可扩展的使用，从而增加新的数据来源以支持未来的建模和业务需求。

动　　机

多种类型的数据都需要创建一个供应链的具有高逼真度的表现形式。当供应链包含了大量的人力资源为基础的组成部分时，可能会有表示随机方式数据的需求。一些关于需要支持服务科学建模的各种类型的数据的例子包括如下，但不局限于此：

——资源条例草案，让项目小组形成以超过项目时限的技能需求为基础（供应与需求相匹配）。

——有关技能的关系：是紧密性或结盟性，从一种技能向多种技能培训中时间和现金方面成本分配。这些平衡要和技能水平大致匹配。

——从一个成功的项目团队中抽象出概要使之成为模版的能力，以便于开发出与首次的一类项目的标准产品。

——雇用/培训/流失人员率的分布。

这项工作的最初阶段是一种概念证明。我们希望让丰富的架构尽可能的被认可为"证明未来",保留提高处理随机信息或不可预见的属性及新兴概念(提供虚拟处理或存根方法)建模的可能性。

体 系 结 构

数据组织和处理的结构设计关键原则是"类"的概念,以支持建模和服务科学数据分析引擎。借鉴 Java 编程语言,一个类是一个自定义对象的一组多种数据与方法的描述,为了便于阐述我们的目的,我们定义五种元素或基本对象或类。它们是:

1. 人;
2. 组织;
3. 技能;
4. 项目;
5. 小组。

前四个类是传统意义上定义的类。也就是说,"人"类包含了有关的个人数据;"组织"类包含了公司等。最后一个类,"小组",允许对其他 4 个类扩展,还能够定义其他类型的数据对象。

这些思想都被运用到服务科学数据引擎上(SSDE)。从概念上说,SSDE 是一个元数据库。它与现有数据库连接在一起,例如连接一个技能调查数据库,通过一个专门设计的查询语言,以支持服务科学应用所需的数据,而这是不能够通过传统方式来支持的。

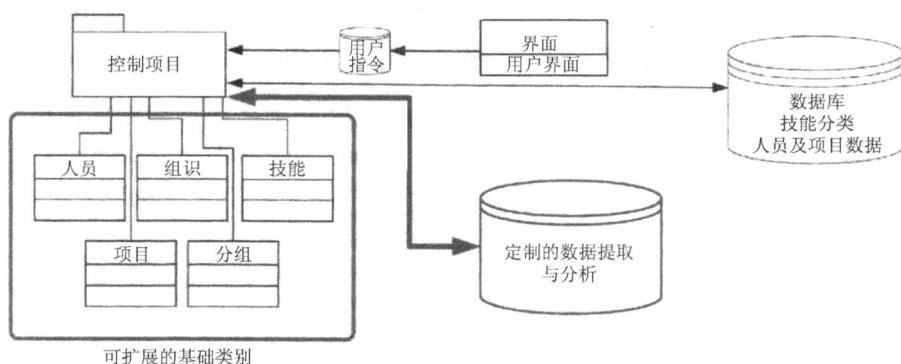

图 1　服务科学数据结构

图 1 是该 SSDE 示意图。关键组件是:

1. 用户界面,允许一系列的 SSDE 语言查询。以下就是具有代表性的例子。

2. 一个 Java 的控制程序，以 SSDE 查询为输入，并以查询结果为输出。这个控制程序实现了 SSDE 基类和扩展。它还提供了从低级（个别）向上或向下到聚合对象的技术/算法/直观推断的推理方法。例如，形成一个具有概要属性的小组。

3. 标准数据库的集合，如技能调查数据库和其他数据库，都是用 Java 控制程序通过 SQL 查询来访问的。

该 SSDE 核心功能是提供一个单点访问，以提供数据来支持服务提科学的建模工作。这种支持的功能包括两个基本类型：

（1）能够查询多种的、独特的和可能为分布式的数据库；

（2）能够聚合、分解，并进一步完善和分析基本数据，以创建元数据。

以下的问题都是数据和信息支持的各种具有代表性的例子。

组织

1. 在组织内的组是什么？

2. 在特定组中的个体是什么？

3. 在组中，各分组之间有什么层次关系？

4. 组和分组分别属于什么？

5. 从布局角度该如何定义组和分组？

6. 对于一个给定的参与，哪些群体提供必要的技能集，同时也是"最紧密的"？

技能集

1. 在组织中主要的技能集是什么？

2. 在一个主要的技能集中次要的技能集是什么？

3. 在一个组中可以找到哪些主要/次要技能集？

4. 从一个技能集过渡到另一个技能集的方法是什么？

5. 哪些技能集在布局上是可利用的，有多少数量？

6. 哪些技能集可以代替其他的技能集？

7. 在给定时间内，一个布局中的一个技能集的预期投资额是多少？

项目

1. 承接项目种类有哪些？

2. 在指定期间内，一个承接项目种类中实现的有哪些？

3. 承接一个指定项目需要什么样的技能集，需要多少的数量？

4. 与一个项目阶段时期相关联的收益是什么？

人

1. 一个人要有什么技能？

2. 有哪些办法可以让一个人掌握一种特殊的技能？

3. 一个人在下一年之后会离职的可能性是多大？

4. 一个人的花费/工作时间是多少？

5. 一个人在每一种能够胜任的技能集收入/时间是多少？

6. 将一个特定的 C＋＋程序员训练成一个 Java 程序员需要多久以及需要多少成本？

结　　论

服务科学提供了一个重要的新研究领域，提出了重大挑战，跨越了不同学科——组织行为学、供应链管理、运筹学和信息系统，等等。有关服务科学的基本理论和实践，是来自多种多样的和异构的数据源的根本和必然要求。旧的数据必须用新的方式组织起来，新的数据也有必要以新的方式组织起来，尤其是人力资源供应链随机方面的建模。

我们所描述的是一种可扩展的框架，可以确定和执行服务科学数据引擎。后续工作将集中在定义需要的额外数据以支持新的模型和结构。我们还设想了一个有基本的 XML 结构的科学服务建模语言，为长期的服务科学数据建模提供组织原则。

流程和服务融合影响评估：从工业协作和竞争力中心需求出发的服务科学、管理和工程的发现

Haluk Demirkan   Michael Goul

（美国亚利桑那州立大学信息系统系）

　　人们试图运用服务科学、管理和工程的方法——与面向服务的体系结构一起——来构建企业的灵敏度，但如今最普遍的问题之一是，企业该从哪里开始这项工程，如何开始。如果一个企业正打算开始这个项目，它该如何评估这些变化可能带来的真正影响，并从中获益呢？我们根据 SOA 建立了一个以企业为导向，综合的探讨方式，即 P&SFIA——流程与服务融合的影响评估，期待以此来创造一条企业的成功之路，来实现如何建立可靠、公平的企业流程。在与当地两家《财富》上排名前 100 的公司的合作中，我们找到了 8 个教训、1 个概念模型和 1 个与再利用有关的方法，这些与 P&SFIA 有关。我们建议用 P&SFIA 来提升对 SSME/SOA 的理解。

引　　言

　　"服务型企业"（SOE）通过面向服务架构（SOA）来实现和公开其业务流程，通过面向服务架构（SOA）领域来提供管理业务流程的框架[1]。服务型企业建立在当前的 SOA 的概念上，着眼于可扩展的企业和价值链中的 SOA 的潜在优势。关于服务科学、管理和工程（SSME）扩展企业框架，服务型企业参考模型已经正在朝着 OASIS 标准的进程前进。根据联邦企业参考体系结构（FERA），在 ebSOA 技术合作构想反映了协调业务和技术制高点的必要性[3]。这符合 SSME，特别是"持续业务优化"和"扩展型企业的商业标准化"，紧随需求商业峰会的架构[4]。价值链组[7]最近也推动了价值链运作参考（VCOR）与 FERA 和 ebSOA 的结盟。VCOR 的价值主张为：（1）贯穿整个价值链的共同语义；（2）在整个价值链的共同关键绩效指标；（3）整个价值链或部分价值链的性能的可视化；（4）把商业战略翻译成价值链战略的协作能力。

　　为了帮助发展 SOE 战略的组织与 FERA 和 ebSOA 的计划相一致，我们成立了一个"流程与服务融合的影响评估"（P&SFLA）方法，这种方法已在 Phoenix 中心地区的组织中应用。两种方法已具体应用在财富 100 强企业[1,5,6]中。基于这些经验，我们肯定：

1. SOE 的战略不能仅仅基于业务流程管理解决方案；

2. SOE 的战略不能仅仅基于 SOA 的解决方案；

3. SOE 战略的必然融合过程和服务观点，其中有可能需要通过一个正式的影响评估来刺激那些企业利益相关者；

4. 在创建一个可行的战略时，必须考虑到"业务流程服务"和"服务的计算基础设施"转变的样式再利用；

5. 在八个顺序阶段中，这种概念建模方法和通用再利用方法是适用于 P&SFIA 的；

6. 流程和服务融合能力中心（可以为基于 FERA 的 ebSOA 和 VCOR 的工业用例标准化提供一个空间）用来支持研究工作（这可以用来增加对行业服务科学的战略规划和 SSME 教育在商业和技术上结合的优势）。

流程和服务融合影响评估

P&SFIA 不能单独由一个 IT 部门来完成，它必须是一个较大规模的企业改革议程的一部分，这从而也增加了改革进程的复杂性——但也是成功的需要。P&SFIA 不单单是一次性事件，相反，它是一段进程的开始。此外，该进程与人们和生活中流程与服务的再利用息息相关。从人类的角度来看，重要的是，利益相关者通过概念建模工具，使用与企业生态系统相关的实际案例，企业生态系统说明了在流程和服务之间的相互依存关系。当然也必须表明，这种相互依存关系是动态的，是一种对基础设施日益商品化（实用程序或按需计算）的新兴市场的反思，是一种服务（软件即服务模式）——甚至用于预测商品化业务流程本身[2]。我们的立场是，通过预测来使企业生态系统的变化更容易获得灵敏性。

总之，我们基于本体的概念模型采用实际用例，绘制出服务结构的业务流程活动图，并以个别的服务结构映射到基础设施（以下简称 SOI）。这些映射或转换点代表了再利用的机会，例如，许多业务流程活动可共用同一种服务的结构模式，常见的服务结构模式的实施可以为快速虚拟基础设施的供应提供缓存。两个变点的模式的重用，可被定性为一种流程：相关模式的探索过程，实例化或以具体实例模式的人口化，实例化模式的得分，编舞选择，加上管弦乐编曲或演奏，然后发出"砰"或"！"的一声响，就是我们所称的"迪斯科模型"（图 1）。

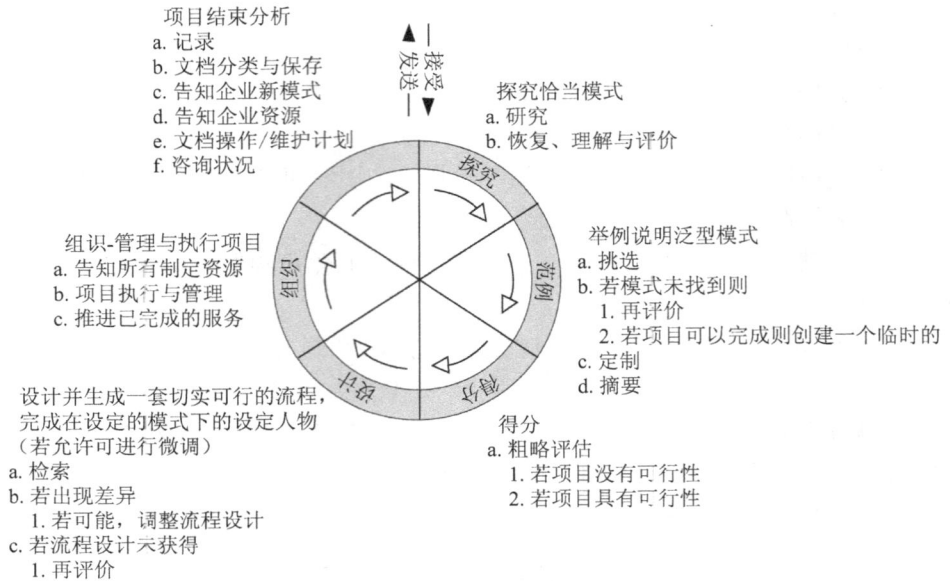

图 1　探究、范例、得分、设计、组织一览表

P&SFIA 年度报表

　　P&SFIA 专注于发现流程，开始于组织策略的评审与评估、当前的组织结构、体系结构和信息管理方法。P&SFIA 的目的，是为可行的解决方案制定行动计划。最后，SOE 倡议的关键是主要利益相关者达成共识，来定制一个针对企业的战略议程。该议程因为新的共同观点和文化方面的重用策略而更加丰富，对语义和本体重要性的理解，对即将到来的商品化趋势重要性的判断，和相互依存生态系统的新的透明度。应该指出的是，结果不一定是技术收购，相反，结果与整合人员、流程、系统和组织间的能力相关联。一个可行的 P&SFIA 规划年表由 4 个主要阶段组成，如图 2 所示。

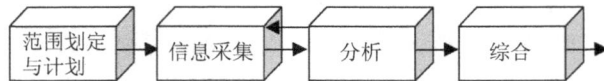

图 2　P&SFIA 流程一览表（改编自 [1]）

　　在下面的部分，我们将讨论一下从与当地两家《财富》排名在前 100 的公司的合作运用 P&SFIA 的方法中获得的经验教训。

P&SFIA 工艺经验教训

从我们的两案例研究，P&SFIA 为组织实现新的理想开辟了的门户，该理想指如何在 SOE 前提上提供可靠、可扩展的企业流程。一个 SOE 前景超越了一个 IT 企业的前景，是因为在 SOA 整个企业内外有了进程与服务的融合。转换到 SOE 应该是一个缓慢的适应，而不是一个大爆炸。从我们对这两个组的研究中，可以得到一些可行的 P&SFIA 经验：

1. 使业务流程和 IT 利益相关者相信他们正在使用一个还在建设中的复杂的服务系统；

2. 先通过检测结合战略研究、商业及 IT 科技的现有文化，并着眼于这些文化需要如何改变；

3. 为业务流程所有者、组件开发者、基础设施管理者等，建立目前的模式基准模板重利用和积累经验；

4. 进行一次简单的和复杂的用例详细审查来展示 P&SFIA 的概念模型；

5. 审查 "基础设施的资源来源" 的 "业务流程"，并关注出人意料的灵活性瓶颈，出人意料的与利益相关者之间协调的失败，以及在给业务和 IT 的带来透明度的背景下做这样事情；

6. 所设想的新角色使用的是基于 P&SFIA 进程框架来显露观念转变和行动项目，来领导、详细设计、开发，提供管理互操作和灵活的服务，以及组织有效的设计，即 "再利用工厂"；

7. 进程的重复需要同时考虑暂时的和长期的组织联盟和相互依存的生态服务系统，根据业务情况加强利益相关者既是客户又是供应商的双重角色；

8. 项目 1-7，提供了足够的关键部分来实现 SOE 的行动纲领[1]。

结　　论

服务计算可以提供很大的灵敏性，这是许多企业一直在寻找的，但它仅仅是当需要完善企业时才被考虑的一部分。SOE 提高生产力，缩短开发周期，提供了一个具有可再利用性、灵活性、适应性和对多通道/多界别支持的环境。SOE 的基础可以建立在当前的 SOA 应用、业务流程和工作流、计算资源虚拟化、业务语义、服务水平协议、标准化的提高以及其他应用研究领域上。

这项研究的一个最重要的经验是，SOE 是关于人的，他们通过计算的方法来执行过程，同时也是关于一种语义的，通过一种新的方式把人脑和机器结合到一起。这与执行语义和为服务和计算能力商品化做准备有关。这些模式转变——服务科学、管理和工程和 SOA，不是一种具体的技术或产品，它们代表了重大的组织文化变革。一个跨学科教育的程序需要利用社会学、法学、服务营销学、业务战略和运营、会计和金融学、信息技术、工业和计算机工程来辅助，以提供这种文化变革的必要知识。

流程和服务融合能力中心可以为工业上对 SSME 的研究和分析提供空间，还可以让学生们去迎接调查应用挑战和全球化问题，而不是简单地在平常的大学实验室里复制一下。

参 考 文 献

[1] Brown, G., Demirkan, H., Coul, M. and M. Mitchell. Process & Services Fusion Impact Assessment at American Express and Intel. working paper submitted to Society of Information Management 2006 Paper Awards Competition (SIM 2006).

[2] Davenport, T. The Coming Commoditization of Processes. *Harvard Business Review*, June 2005.

[3] ebSOA TC, 2006, http://www.oasisopen.org/committees/documents.php? wg_abb rev=ebsoa)

[4] IBM. Architecture of On Demand Business Summit. 2006. http://domino.research.ibm.com/comm/www_fs.nsf/pages/index.html

[5] Keith, M., H. Demirkan, M. Goul, J. Nichols and M. Mitchell. Contextualizing Knowledge Management Readiness to Support Change Management Strategies. *Proc. HICSS 2006*.

[6] Keith, M., H. Demirkan., and M. Goul. Coordination Network Analysis: A Research Framework for Studying the Organizational Impacts of Service-Orientation in Business Intelligence. Working Paper, Submitted to HICSS 2007.

[7] Value Chain Group 2006. http://www.value-chain.org/

iLab. 1：大学与工业协作促进健康计划服务

Jeffrey A. Lasky

（美国罗彻斯特大学计算与信息科学系）

Michael Cardillo

（美国 Exellus 健康保险公司）

美国医疗卫生服务系统的所有部分都迫切需要进行改革。不断增长的成本和质量问题的关注，使医疗系统成为国家的重要议题。

在这个系统中，医疗保险是一个重要组成部分。它们为医疗服务提供保险资金，并参与提高医疗卫生质量并降低成本的努力。作为医疗保险计划的信息实验室，ilab.1，是罗彻斯特理工学院和 Excellus 健康保险公司之间的一个新的合作项目。该实验室的项目和活动寻求提高医疗保险服务，通过开发系统架构、过程和工具来增强医疗健康和医疗服务信息的可用性、交换性和共享性。增加信息可用性被认为是推动改革前进的必要条件。

引　　论

医疗保险是美国医疗系统的一个重要组成部分。医疗保险为医疗服务提供保险资金，并开发项目来提高医疗卫生质量、降低医疗成本。当前与整个医疗服务系统一起，医疗保险被嵌入到巨大、复杂、割裂的信息生态系统中。对病人来说意识不到其实现的价值，为了改进医疗效果和降低医疗成本的形式，不得不限制在这些低效使用的社会—信息生态系统中。因此，整合这些信息生态系统，以提高信息的可用性并支持发现新的和更有效的医疗服务，正受到私人和公共部门的急迫的、广泛的关注。

地方健康信息组织（RHIOs）是一个改进医疗信息可用性的例子[1]。RHIOs争取提高医疗服务，提供以电子形式来创建、存取大量的病人健康记录的基础结构。专门的医疗咨询服务也能增加医疗信息的可用性。这些服务组织进入市场，为病人、咨询提供者和医疗保险提供针对治疗严重和复杂疾病的未加修饰的高质量医师建议，并提供预期治疗费用。长期来看，RHIOs、病人咨询服务和其他医疗信息可用性模型有助于塑造即将进行的医疗系统改革。

　　由于不同的索赔处理和赔偿角色，医疗保险从医疗提供者、药店和实验室处收到详略不同的病人信息。因此，医疗保险处在独特的地位，可以全面地评定医疗服务的效率和有效性，协调医疗服务和提供健康和医学指导。多年以来，为提高对严重和慢性病护理的持续干预的有效性，医疗保险提供了疾病、医学和护理的管理项目。因为生活质量问题，并且护理的费用和受影响的人数不成比例，慢性病护理受到特别的关注。更进一步，随着健康知识在人群中的不断普及，以及人口的老龄化，这些信息集中性医药管理项目很有可能将面临扩展数量和范围的压力。有预测认为医疗管理及相关活动最终将取代资金问题成为医疗保险最主要的角色。

　　IT 为医疗保险运作和医疗保健提供重要的信息处理服务。IT 的重要性在所有 21 世纪服务系统[7,12]中十分普遍。由于医疗保险在医疗服务系统中的中心地位，医疗保险运作的效率将影响到系统所有的利益相关者。医疗保险的 IT 系统需要向医疗提供者、药店、实验室、赞助商及其他需要了解的人开放。开放性对系统的可靠性、强度、性能、安全性和可用性有特殊的要求。开放性还带来了互用性的新机会，因而带来新的信息渠道。

ilab.1：医疗保险的信息实验室

　　之前描述的医疗服务行业动态学表示，增加的信息可用性带来了在医疗保险服务中的创新性机会。反之，可能需要更先进的信息系统去实现和支持这些创新，需要更多地关注与医疗保险成员的有效沟通。在合作的环境中，大学可以为医疗保险提供学术的视角，包括潜在的有利条件、不利条件和新兴信息技术的影响，对权力机构思维的批判分析，共享健康交流的研究发现，也可能提供对挑战性问题的新见解。

　　然而，与医疗保健的提供者相比，医疗保险更少受到学术关注。为处理这一情况，罗彻斯特理工学院（RIT）和 Excellus 医疗保险公司（EHP）开发了 il-ab.1，健康保险的信息实验室。ilab.1 专注于信息使用的优化，从而支持医疗保险运作，并通过增加医护信息可用性实现相关利益者的价值。希望 ilab.1 将激发在 RIT 和其他大学创建更多的 ilab 实验室，这些实验室包括医护服务行业和其他信息密集行业。信息密集型服务领域的工作和发现将为更广的服务科学学科作出贡献。

创建组织

RIT Golisano 计算与信息学院

　　RIT Golisano 计算与信息学院包括计算机科学系、信息技术系、网络系、安全系、系统管理系和软件工程系。100 名全职的教职工为 2600 名全日制国内外学生提供学位课程，学生可以使用设备精良的通用和专业的计算实验室。作为毕业要求，所有本科生需要在学院完成 30～40 周的付费、全日制合作学习。

该学院提供各种学位课程。在 2007 年秋天，该学院将提供 8 种学位课程、7 个本科专业课程、10 个硕士水平专业课程和 1 个博士专业课程。这些专业课程涵盖了以下学科和领域：主要包括计算机科学、信息技术、软件工程、安全与信息保障、网络和系统管理、游戏设计与开发、人机交互、学习和知识管理系统、医疗信息学、软件开发与管理等。

Excellus 医疗保险公司

Excellus 医疗保险公司（EHP）是一家总部在 Rochester NY 的地方性医疗保险公司。公司年收入约为 50 亿美元。200 万人参加了该公司的医疗保险。EHP 是 1998 年到 2002 年间由 Rochester 及其他三家在纽约州中部的蓝十字与蓝盾医疗保险公司及一家在纽约州西部的独立医疗保险公司并购而成的。

学院和 EHP 拥有密切和成功的合作关系。在 2002 年，这两家机构创建了合作办学的项目，将学生安排在 EHP 的 IT 部门。自此后，近 60 名 RIT 学院本科生达到了至少 50％的 CCIS/EHP 合作项目要求。本文作者参与了这一合作项目的管理，其中学校作者每周会有一天在 EHP 现场[4]。

医疗保险服务

在医疗保险中，关键业务的操作和面向客户的服务都是劳动和信息密集型的。这样的服务特征指向了 ilab.1 的工作领域。虽然 ilab.1 关注的焦点是广义的信息，但系统工程学科的点对点整体系统视角仍将覆盖实验室调查与研发工作的架构[9,11]。

索赔处理和客户服务是大多数医疗保险参保人员的主要触点。索赔处理是一家医疗保险机构的主要服务，而索赔数量十分可观。例如，EHP 日均处理 10 万起索赔，而每次索赔可能不止一件。就像其他保险公司一样，大量的索赔必须先通过索赔分析师的审定，再由软件完成。而手工介入的成本很高，可能延迟赔付，导致协议约定的赔偿甚至监管部门的罚款，从而引起客户的不满。这里，通过减少需要特别处理的索赔数量和人工时间，能够使服务得到改善。

医疗保险成员及其他利益相关人期望快速、准确的得到回应。医疗保险公司维持大型的客户服务呼叫中心，这些呼叫中心收到巨大流量的请求，每年几百万上千万。虽然其中很大一部分请求是通过按键电话或网络自助来服务的。首次和后续客户服务代表（CSR）培训十分复杂，对 CSR 员工和培训员工来说都是如此。通常，CRS 的新员工之前都没有医疗保险工作经验，而且他们必须精通大量详细信息。而医疗保险业务经常变化。每年医疗保险合同中的术语和病名都可能变化，而医疗保险业务环境被多个州和联邦监管机构控制。CSR 在医疗保险环境中的工作要求很高，并且结构良好和轻松获取信息对快速准确的 CSR 工作十分重要。

高通量信号会不时出现在呼叫中心通话业务中。通常这些高通量信号被一种旧保险金规则改变或者一种新类型保险金的出现而发生，医护计划 D 就是最近的一个例子。维持高水平的呼叫中心是一项复杂的工作，包括信息和知识管理、培训、性能支持工具、资源配置和计划最优化。

相对较少的医疗保险成员使用医疗和疾病管理服务，但这些服务对高成本的疾病很重要。医护计划和协作，和病人监护是主要的服务特征。当病人需要计划外的干预的时候，例如急诊，医疗管理人员需要进行实时的通知。实际操作中，有时候并不是这样，因为索赔本身也就是通知。在医疗干预、提交索赔和通知医疗管理员工之间，可能会出现时间延误。医疗提供者和医疗保险系统之间更大的整合，以及开发扩展到中间事件捕获和事件处理，可以潜在地应对通知和信息有效性的问题[6]。病人遵从医护计划是重要的成功因素。这里行为科学可以指导和帮助评估医护计划设计[5]。

医疗交流的设计和最终的有效性是加强和优化医护服务的另一个重要因素。医疗交流的领域既依靠交流理论，又依靠信息科学。因此医疗交流专注于从交流设计到有效性评估的广泛的问题。例如，对一个通知雇员处方药保险金变化的交流项目设计的分析[3]。

结　　论

美国的医疗系统有进行改革的急迫需要。我们相信，增加医护服务信息可用性和促进信息共享和交换的系统架构和标准，是推进改革的必要条件。虽然我们的想法是以医疗保险为中心的，但是信息有效性在医护系统中是全局性的。

考虑到对发展一门服务科学学科的学术和业务兴趣，在一个正在进行的系统中嵌入持久的努力是自然而切合实际的。一个各方之间成功而持续的合作，表示医护服务是有吸引力的服务领域。成果就是 ilab.1，医疗保险的信息实验室。尽管计算与信息科学学院的师生的能力和兴趣足以进行最初的工作，随着时间变化，设想邀请 RIT 其他学院的师生和其他大学的同事参与到这一实验室中来。在这篇文章中，我们认识了与增加医护和医疗服务信息可用性的策略性目标相关的几种学科，尽管列表已经很长了，但我们仍怀疑有其他意想不到的相关的学科。例如，电脑游戏的普遍存在和爆炸性发展也已经伸展到医疗系统。虽然游戏设计和开发是一门新学科，但游戏的非娱乐目的的应用产生了子学科"严肃游戏"[10]（Serious Games），包括以医疗为应用领域的游戏。

参 考 文 献

[1] Center for Health Transformation. (2005). Accelerating transformation through health information technology. 〈http：//www. healthtransformation. net/content/events/special-events/1865. cfm〉

[2] Hoffman, C., Rice, D. P., and Sung, H. Y. (1996). Persons with chronic conditions：Their prevalence andcosts. *JAMA*, *276*, 1473-1479.

[3] Feldman, R., Abraham, J., Davis, L., and Carlin, Caroline. (2005) Consumer knowledge of-the impact of a change in prescription drug benefit design. *Disease Management Health Outcomes 13* (6), 413-420.

[4] Lasky, J. A. and Cardillo, M. (2004). Designing a cooperative education program to support an IT strategic plan. *Proc. 5th Conference on Information Technology Education*, 106-110. Available from ACM Digital Library.

[5] Linden, A. and Roberts, N. (2006). Disease management intervention II：What else is in the black box? *Disease Management 9* (2), 73-85.

[6] Luckham, D. (2002). *The Power of Events*. Addison-Wesley, Boston MA.

[7] Maglio, P., Srinivasan, S., Kreulen, J. T, and Spohrer, J. (2006). Services systems, service scientists, SSME, and innovation. *Comm. ACM*, 49 (7), 81-85.

[8] Porter, M. E. and Teisberg, E. O. (2006). *Redefining Health Care：Creating Value-Based Competition on Results*. Harvard Business School Press. Boston MA.

[9] Rust, R. T. and Miu, C.(2006). What academic research tells us about service *Comm. ACM*, *49* (7), 49-54.

[10] The Serious Games Initiative. An overview is at 〈www. seriousgames. org/about2. html〉；the site includes a link to Games for Health.

[11] Tien, J. and Berg, D. (2003). A case for service systems engineering. *J. Systems Science and Systems Engineering 12* (1), 13-38.

[12] Zysman, J. (2006). The algorithmic revolution：The fourth service transformation. *Comm. ACM* 49 (7), 48.

怎样解决服务科学、管理和工程中的问题

Shiukai Chin　James S. Royer

（美国雪域大学史密斯工程与计算科学学院）

Alex Wilkinson

（美国雪域大学信息研究学院）

可靠、安全、可依赖的，及时和有成本效益上的交付服务的挑战是全球竞争力的关键。为应对这一挑战，服务科学、管理和工程（SSME）需要严谨的数学作为基础来支持服务的概念工具和计算工具。这样的工具应该有助于快速而准确的设计、验证、确认和发展。因为从其特征来说，服务穿越了范围很广的组织和个人的界限，这一发展必须包括工程、信息学、管理、法律等的原理、方法和工具。

"如何解决"

作为 Polya 著的一本有名的书《how to solve it》的核心，他提出了想解决问题的四个常识性步骤：

1. 理解问题：什么是未知的？数据是什么？条件是什么？

2. 制定计划：数据和未知之间的联系是什么？子问题是什么？你有没有见过类似的问题？

3. 执行计划：你能检查每一步吗？

4. 回顾：你能检查最终结果吗？可以用不同的方法吗？

Polya 的理论当然可以在解决一个特别的 SSME 问题时运用。但它们也可以应用到为详细说明、分析、解决 SSME 问题的设计方法中。在这篇文章中，我们考虑某一类 SSME 问题，拟出如何理解问题并设计解决方案（步骤 1 和 2），总结并评论计划的执行情况，判断其是否成功（步骤 3 和 4）。

理解服务问题

我们将关注以下问题：

——现实世界的需要是如何激发一种指定的服务？

——能够使服务可以预期结果而组合的"胶水"是什么？

——创建大型服务并达到预期结果的构件是什么？

——怎样对模型进行数学建模？并可以从这些模型中获取什么有用信息？

——我们怎样检查某一给定的服务是否达到预计的结果，是否符合原来的需求。

我们相信这些都是关键性的问题，如何回答这些问题导致决定性的能力。解决这些问题需要管理学、信息研究、工程学、计算机科学、法律等学科的专业知识。成功最终依靠用创新和可靠的技术交付增值业务服务的能力。本文中我们接受下述观点：

集成服务≈大项目和应用的组合

从这一视角来看，服务本身类似于在一个可观察的业务环境下针对某一业务应用运作的大项目。理解这样的服务要求对项目组成及其与组织环境的互动的见解。

一种广义的观点认为，服务是对业务或者组织问题的解决，其中软件和组织本身都是关键的角色。在这个更宽泛的环境中，需求、胶水、构件、模型、确认还是至关重要的，但同时应用于服务和组织，增加了复杂性。根据 Polya 的建议，我们采用狭义的观点。在不忽视人群组织的同时，我们分析其本身，适度（较少）检验一种服务在和组织及成员互动时的行为。

我们还没有完成"理解问题"。在新兴的计算和业务环境下，不断开发、部署、评判与以前时代截然不同的新服务。接下来我们将讨论这类变化，及其对设计 SSME 方法的影响。

软件进化和服务

软件架构和技术的一些趋势可以阐明服务的组成问题。网络成为新的服务平台，新一代的网络应用程序为发展和服务提供潜在框架。特别有趣的是 mash-up（糅合）的概念，一个联合了多方内容和编码的网站或者网络应用程序，通常是公开的，作为创新的来源。关于 mash-up 和服务，我们注意以下评论，显然并不是作者原创的：

——没有人知道如何糅合服务，也就是解构和重构已有的服务而成为新的服务。

——作为理解糅合问题的一部分，需要思考当项目是服务时，综合项目，而创建新的服务项目。

——特别是"数据表（Spreadsheet）"的模型，它是一个"项目-产生-项目"

很有说服力的例子，提供一个直观的框架，非程序员可依此创建新的应用软件。

在处理高阶函数（即以函数作为其输入输出的函数）的陈述编程语言和语义学领域有很多基础的和先进的理论可以用于程序组合与验证。

对于电子表格范例来说，设想一个用户给出了一列需要求和的数字的案例。那么从高阶函数的观点出发，下一步将会如何呢？用户需要给出一组需要函数处理的数字，如 $[1,2]$，有关联标识或基元 0 的运算符 "+"，即 $x+0=x$。我们可以定义一个 "glue" 函数并命名为 $foldr$。$foldr$ 由如下三部分组成：

(i) 数学函数 f；

(ii) 基本或标识元素 b；

(iii) 一列参数（可以为空）。

上述定义遵循如下规则：$[]$ 是一个空表；$x:xs$ 是一个表，其中 x 是表的第一个元素，xs 是表中的剩余部分，$:$ 是表的构造符，它取其左边参数为元素，右边参数为一个表且返回一个表。第一个定义规定当其用于一个空表 $[]$ 时 $foldr$ 返回的值。第二个定义是递归的且规定当其用于一个非空表 $x:xs$（x 是表的第一个元素，xs 是表的剩余部分）时 $foldr$ 返回的值。

$$foldr\ f\ b\ [] \qquad = b$$
$$foldr\ f\ b\ (x:xs) = f\ x\ (foldr\ f\ b)\ xs$$

当用户需要对一列数 $[1,2]$ 求和时，其过程如下所示：

$$foldr + 0\ [1,2] \leadsto 1+ (foldr + 0\ [2])$$
$$\leadsto 1+ (2 + (foldr + 0\ []))$$
$$\leadsto 1+ (2 + 0) \leadsto 3$$

当用户需要得到一列数，比如 $[1,2,3]$ 的乘积时，"glue" 函数 $foldr$ 的功能则进一步显示出来。此时，可以再次运用 "glue" 函数 $foldr$ 来实现：

$$foldr \times 1\ [1,2,3] \leadsto 1\times (foldr \times 1\ [2,3])$$
$$\leadsto 1\times (2\times (foldr \times 1\ [3]))$$
$$\leadsto 1\times (2\times (3\times (foldr \times 1\ [])))$$
$$\leadsto 1\times (2\times (3\times 1)) \leadsto 6$$

显而易见，使用一点数学知识，电子表格用户接口后面高阶函数 "glue" 可以搞定一切。我们的视点是大规模数学复杂性需要在场景后面向非技术用户提供便利和可靠性。我们相信，在寻找服务模型时，需要注意有用的"glue"函数或程序的创建，从而可预见组合程序来产生新的可检验的服务。

系统进化和服务

系统架构的某些趋势可以阐明组合服务问题。在未来 10 年左右，硬件和系统某些方面的演变轮廓是相当清楚的：

——性能提升来自处理和处理器并行而非更快的处理器时钟速度。

——应用程序将虚拟化。换言之，对于应用的执行环境将是用户下载的虚拟机。这将带来安全与不同软件版本问题从而导致应用程序失效。

——系统将强调特有的应用。平台将趋向于应用特有化而非多用途的。

上述观察涉及基于数学模型和方法的需要，如进程代数、模态逻辑、模型检查等以解决并行和组合问题。

虚拟化的运用对于保证一致的运行时间环境和安全性已经取得了一些效果[8]。简要地说，为了避免业绩表现的严重失误，必须要确保流程的安全隔离和必要共享。届时执行一种叫做无害指令（无风险指令），当所有人为控制的指令无法实现时，必须直接通过硬件自动执行。当相似应用形成一组时，无危险指令的大部分可以由所有服务程序共享，从而使得直接硬件执行是可行的且能维持良好的服务性能。

上述讨论说明为了回答服务的性能问题，一开始就要考虑安全问题与计算机体系结构。

验证进化和服务

验证技术的近期趋势也与组合服务问题密切相关。检查或验证设计的形式化方法是硬件设计的重要组成部分，目前开始应用于软件。例如：

"数十年来，软件验证一直是计算机科学努力追求但又不可能实现的目标。但是，目前在某些关键领域，例如，驱动程序验证，我们正在构建确实可以检验软件及其如何工作的工具以保证其可靠性。"

Gates 这里指的是微软静态驱动程序检验器（SDV）工具[1,2]。SDV 对开发者用于视窗驱动程序的源代码自动建立驱动程序的形式化模型，并用这个模型来检查驱动程序是否满足大约 90 种安全指标。对于发现的每一种缺陷，SDV 报告其违反相应安全指标的踪迹。因为大约 85% 的 Windows XP 崩溃是由驱动程序错误引起的[11]，所以像 SDV 这样的工具可以对微软的核心产品产生巨大的影响。由诸如 SDV 的成功以及近期相关工具与方法改进所促进，目前在软件验证领域存在重大的国际挑战[5,6]。软件验证仍然是一个重要的研究课题，也是未来十年的重要的成长课题之一。我们相信，随着验证技术的改进，某种程度上的验证将会成为软件合同中的标准需求。

SSME 的一个关键问题是采购协议，其中一个公司的支撑功能或商业过程将约束另一个公司的行为。高利益常常意味着既有明显成功又有重大失败的双重机会。一个公司应该外包何种功能或流程是已经大量讨论的议题[3,9]，但更具挑战性的是如何完成这样一个合约。服务能够以可验证的方式外包吗？我们相信，近期在软件和系统验证方面的进展对此问题的深入研究提供了有希望的线索。

开 始 计 划

下面提出计划中的两个关键因素以协助其他专业人士掌握 SSME 技术。

首先，小型多学科团队需要研究 SSME 问题。服务，就其性质而言，涉及广泛的组织与个体。因此，完全理解 SSME 问题将涉及来自工程、信息科学、管理、法律等多学科的原理、方法和工具。困难的问题是使得处于有限协议中不同方面的人们就问题是什么，解答应该是什么，以及如何裁定解是否成功达成一致。

其次，学者需要案例研究形式的硬数据。案例研究包括已完成的项目、正在进行的项目以及那些似乎不可行的项目。没有这种数据，学者就不能理解 SSME 的下一层级的有用细节。

下面以北京 IBM 中国研究实验室（CRL）[13]完成的案例研究为实例加以说明，同时评价由 IBM 开发的模型驱动商业变换（MDBT）这种特殊的 SSME 方法的优势和弱点。我们先概要说明 MDBT 的要点。

模型驱动商业变换。MDBT 的模型驱动部分来自这样的事实，即商业过程和 IT 组件都是采用高层次的形式化描述/模型：商业视图和 IT 视图。商业视图给出了整体努力的最重要描述且由客户和顾问共同发挥。商业视图能够直接转换成 Petri 网形式，从而便于检查标准的与并发相关的特性。IT 视图工作则筹划出项目的 IT 组件的骨架。IT 视图可以被适当地检查与精化，可以形成粗糙原型的基础，也可以是规范分包商的基础。MDBT 的变换部分来自这样的事实，即商业视图半自动地转换成 IT 视图。在开发期间，商业视图必然会发生变化。此时，变换部分有助于限制对已有 IT 视图的工作的破坏。

案例研究。本研究[13]是一个典型的用于总部在台湾的国际银行——SinoPac 银行的现代版办公自动化项目。商业视图通过与 SinoPac 银行人员的访谈和"调试"后构建，最后形成一个连贯的业务流程（Petri 网形式在测试商业视图中原来的非平凡的冲突太弱[13]）。在 SinoPac 银行签署原有的规范以后，有七种主要的需求变化。MDBT 变换部分的工作是限制这些图表的影响并帮助客户和 IBM 快速地分析这些变化的细节与影响。该项目按时按预算完成，并使得用户满意。据估计，与传统方法相比，他们的方法在效率上提高了 30% 。

研究建议。本研究在技术层面上提出了许多问题，其中每一个问题都是有趣的学术研究基础。例如：

——由草图开发一种新的商业过程需要何种支撑？

——商业视图模型更像一个程序。如何共同开发一种能够明确陈述并最终可以用商业意识来解决问题的方法？

——诸如存取控制、安全和遵守法规等议题如何融入可验证的商业视图？

——商业视图到 IT 视图的转换能够自动进行吗？ 如何检查这两种视图是一致的？

评判是否成功

我们如何检查我们最后的结果呢？ Polya 关注的数学构造方法和证明方法都是行不通的。典型地，它也不是用语法严谨的计算机语言来表达的。如果目标是一种用于分解和组合服务的可验证方法，那么学术研究就必须开发新的工具来评测其目标是否满足。

我们可以通过度量方法的效果来间接地评价它，如同通过度量其产品或看得见的成果来评价生产过程与政府计划一样。该方法真的能产生客户满意的、高价值的、有益的服务吗[10]？ 这些是面向用户的服务质量和经济价值的度量。以更广阔的视野，我们建议间接度量一种方法的效果应该围绕两个视点和三个维度。两个视点是顾客（我得到优质服务了吗？）和供应商（我的组织提供了有效与高效的服务了吗？）。三个维度是内在质量（它是好的、正确的、可预见的吗？）、经济价值（它是令人钦佩的、独特的、有利可图的吗？）和生成能力（我能够及时得到正确的量吗？）。

尽管间接方法是非常有用的，但是只能说是方法的黑盒射出了某些好的物质。我们相信可以做更多的工作来检查盒子的内部是可能的。一种方法应该服从于正式规范，否则它不是真正可靠的、可复制的。我们想到的是一种工程数学模型应该超越通常用于描述商业过程的一类表示图。如同"glue"无形地赋予了电子表格程序的影响力一样，一种方法的正式规范最终能够证明或否定服务组合问题的解。

参 考 文 献

[1]　　Thomas Ball, Ella Bounimova, Byron Cook, Vladimir Levin, Jakob Lichtenbetg, Con McGarvey,

　　　　Bohus Ondrusek, Sriram K. Rajamani, and Abdullah Ustuner, Thorough static analysis of device drivers. *Proceedings of the First EuroSys Conference*, 2006, in press.

[2]　　Thomas Ball and Sriram K. Rajamani, Automatically validating temporal safety properties of interfaces, *SPIN2001: Workshop on Model Checking of Software*, Springer LNCS 2057, 2001, pp. 103-122.

[3]　　N. G. Carr, The end of corporate computing, *MIT Sloan Management Review* 46 (2005), 66-73.

[4]　　Jeffrey Dean and Sanjay Ghemawat, MapReduce: Simplified data processing on large clusters, *6th Symposium on Operating Systems Design and Implementation*, 2005, pp. 137-150.

[5]　　Tony Hoare, Jajadev Misra, and M. Shankar, *The IFIP working conference on verified software: Theories, tools, experiments*, IFIP Conference Report, 2005, available as http: //vstte. ethz. ch/ report. html.

[6]　　Cliff Jones, Peter O' Hearn, and Jim Woodcock, Verified software: A grand challenge, *IEEE Computer* (2006), 93-95.

[7]　　G. Polya, *How to solve it*, *2nd ed.*, Princeton University Press. 1957.

[8]　　Gerald Popek and Robert Goldberg, Formal requirements for virtualizable third generation architectufes, *Communications of the ACM 17* (1974) .412-421.

[9]　　M. E. Porter, Strategy and the internet, *Harvard Business Review* (March 2001), 1-19.

[10]　　Roland T. Rust and Carol Miu, What academic research tells us about service, *Communications of the ACM 49* (2006), 49-54.

[11]　　M. M. Swift, B. N. Bershad, and H. M. Levy, Improving the reliability of commodity operating systems. *SOSP03: Symposium on Operating System Principles*. 2003, pp. 207-222.

[12]　　Kaijun Tan, Jason Crampton, and Carl A. Gunter, The consistency of task-based authorizacion constraints in workflow systems, *Proceedings of 17th IEEE Computer Security Foundations Workshop*, 2004, pp. 155-171.

[13]　　J. Zhu, Z. Tian, T. Li, W. Sun, S. Ye, W. Ding, C. C. Wang, G. Wu, L. Weng, S. Huang, B. Liu, and D. Chou, Model-driven business process integration and management: A case study with the Bank SinoPac regional service platform, *IBM Journal of Research and Development 48* (2004), 646-669.

服务科学的模型、背景和价值链

William B. Rouse

（美国佐治亚理工学院）

本文探索服务现象的性质、在现象之下的过程以及这些流程如何创造价值。本文从服务流程的基本模型开始，随后渐进式地加入不同的背景因素，来详细阐述一个服务价值链的观念，从而提供了架构服务全局性假设的基础。

引　　言

服务科学、管理和工程的概念有很多含义。其中有一些很明确。例如，服务管理多年来一直引起关注[8]。而服务系统工程被广泛地提及，比如供应链服务[1]。

相比之下，对服务科学没有出现普遍的了解。一方面，有行为、社会科学对服务系统的研究，例如经济学、心理学、社会学和人类学。在这些情况下，服务是研究的主体。关注的现象包括：诸如客户满意度、服务者动机和服务团队的功能等。

另一方面，可以期望服务·科学成为像天体物理学或者生物化学这样的独立科学分支。为使其成为合理的观点，需要对服务现象的属性达成大致的共识，特别是与潜在属性相关的假设，以及验证这些假设的方法和工具。

在这方面，本文探讨服务现象的属性、这些现象之下的处理流程，以及这些处理流程如何创造价值。这一探索从服务流程的基本模型开始，随后渐进式地加入不同的背景因素来详细阐述一个服务价值链的观念。这一探索提供了以服务作为中心的假设的基础。

基　本　模　型

服务流程属性的基本模型见图 1。顾客、人或者其他，排队等待服务处理。如果顾客满意的可能性高（P），等候接受服务的时间较短（W），而且服务成本低（C），那么这个服务就是好的。在此模型中，用处理所需时间来代表服务能力。这个模型中没有背景因素，仅考虑用于等待和处理的时间。

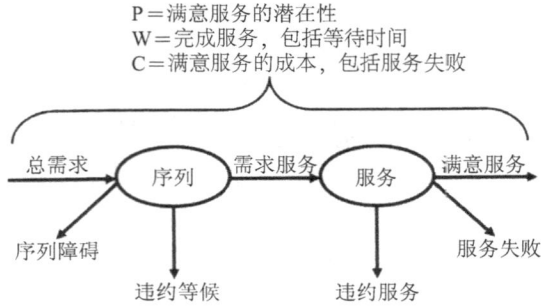

图 1　服务流程的基本模型

图 1 中的流程通过决定资源配置，在 P，W 和 C 的值使得相关利益人（例如顾客和服务提供者）的价值最大化时，达到最优化。这种优化方法是一种传统的研究方法。

服 务 背 景

图 2 概括了在提供服务和服务管理大类中不同种类的服务。这一系列服务通常通过产品和系统诸如建筑、器具和车辆来推动，这些推动者则通过工具和材料实现。从图 2 的角度看，很多经济活动都和服务相关，而产品和服务之间的界限逐渐失去意义。Vargo 和 Lusch[9] 有类似的观点。考虑到图 2 中服务的范围，很清楚仅测算 P，W，C 可能无法抓住不同服务之间关键的区别，例如卡车运输和医疗服务。另外的服务特征，记 X，在不同领域中有所不同。

更进一步，我们必须允许这些特征和顾客效益等之间的非线性关系。因此我们的最优化标准变成了 U＝U（P，W，C，X）。我们还需要考虑不同的关键利益相关者的效用方程之间的差别，它们引导了不同利益相关人之间的交易。

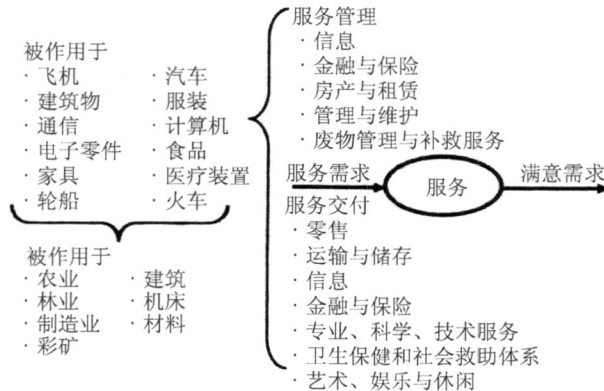

图 2　服务和推动因素类型

服务价值链

图 3 提出价值的问题：顾客购买服务或产品时的收益。虽然可能有例外，但是价值并不等同于拥有一个产品或服务交易的权利。价值与这些权利的收益相关。因此，人们购买产品或者服务，但是需要的是舒适、娱乐或者营养，等等[4]。产品和服务大体来说是推动者，而本身不是目的。

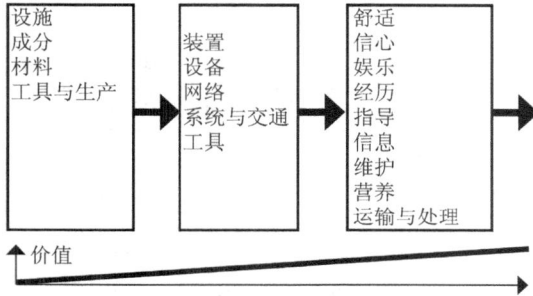

图 3　价值属性——推动因素与收益

价值显示其随着价值链增长，因为企业对客户的最终的价值决定总体价值命题。绝妙的材料组合可以造出省油的飞机，但是这些投资的成功与否取决于愿意坐飞机的乘客。市场根据持续提供给客户的价值决定哪些发明称为创新[5]。

B-B 服务

图 4 扩展了我们的模型，考虑到使产品和服务成为可能的服务。B-B 服务代表服务经济的一个主要部分，为支持其他企业的产品和服务，这些 B-B 服务的提供者帮助实现了 B-C 的价值。例子包括设备管理服务；客户服务呼叫中心；为执行团队提供战略决策服务等。

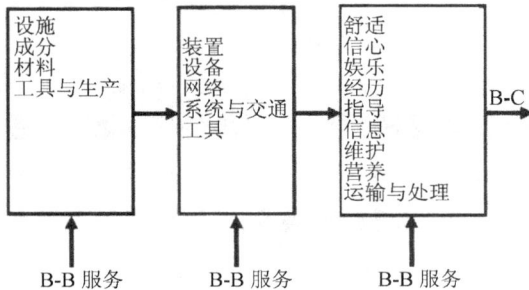

图 4　企业对企业的服务模式提升企业对客户模式的价值

表 1 描述了一系列 B-B 服务，范围包括从策略、设计，到执行和操作[6]。B-B提供者可以通过很多种方法实现下游的 B-C 价值，从改进业务过程到企业重组。本表反映了各种商业机会和活动。实际上所有业务、任何业务都可以外包[2]。因此，一家公司唯一的财产可能就是与客户的关系。在这种情况下，他们拥有 B-C 的业务，但是通过 B-B 服务做所有其他事情。

表 1　介绍企业对企业的服务模式

企业级	策略	操作
目的	企业变革的视角	变更评估
目标	目标、策略及计划	金融计划与监督
功能	工作及工作流程设计	工作及工作流程业务涉及
任务	任务设计与评价	任务执行管理
活动	外包计划与设计	工作情况

例　举

这一流程的明显线性，可以用图 5 中的简单例子消除。这里价值流以客户获取网络医疗信息时为顶点。很清楚，这是一个服务交易，可能通过广告实现。

然而，该顾客正在使用一个软件产品，浏览器。如果没有其他附加产品，也就是其他软件产品和信息产品，那么这一产品可能对价值交换来说毫无用处。这两种互相推动的产品，被其他软件开发服务促成。反之，这些服务依赖于计算机和医疗硬件，而这些硬件是通过存在于设备中的工程服务创建出来的。

所有以上的服务都在一个环境中，环境包括维护、运输、人力资源、教育等。所以，传递给顾客的价值是服务还是产品呢？答案显然不是像经常表述的那样简单。

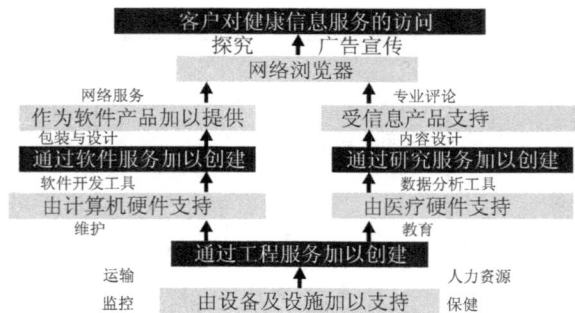

图 5　服务作用于产品 & 产品作用于服务

一个相关的例子是 Porter 和 Teisberg 阐述的医护价值链[3]204。在这一普遍架构之外，他们还提供了慢性肾病[3]403、中风[3]407和乳腺癌[3]407的具体例子。这些价值链和通过信息、产品和其他服务实现的服务联系在一起。客户获得服务——医疗，而价值链通过很多其他我们通常不认为是服务的东西实现。

结　　论

通过与客户和其他利益相关的期望相关的 P、W、C 和 X 值的最优化，价值达到最大值。价值通过使 P、W、C 和 X 最优化的有形的东西提高。而有形的东西靠设施、原料、材料等实现。

价值链通常是相辅相成的服务和产品的混合。主导的 B-C 价值期望通常通过多种 B-B 服务实现。总的来说，产品和服务之间的界限日渐模糊。最终，几乎所有我们习惯于认为是终端的东西，都可以成为初始的手段。

之前对模型、背景和价值链的讨论，显示一个服务科学需要强调的假设，如下：

B-C 服务的属性和范围，推动并决定 B-B 服务的价值，以及产品的价值和其他价值推动者。

对这一假设的研究应成为服务科学研究计划的基本部分。

参 考 文 献

[1]　Belman，D.，&·White，C. C.（2005）. *Trucking in the age of information*. NewYork：Alfred P. Sloan Foundation.

[2]　Friedman，T.（2005）. *The world is flat：A brief history of the twenty-first century*. NewYork：Farrar，Straus and Giroux.

[3]　Porte，M. E.，&·Teisberg，E. O.（2006）. *Redefining health care：Creating value-based competition on results*. Boston，MA：Harvard Business School Press.

[4]　Rouse，W. B.（1991）. *Design for success：A human-centered approach to designing successful products and systems*. New York：Wiley.

[5]　Rouse，W. B.（1992）. *Strategies for innovation：Creating successful products，systems，and organizations*. New York：Wiley.

[6]　Rouse，W. B.（2001）. *Essential challenges of strategic management*. New York：Wiley.

[7]　Rouse，W. B.（Ed.）.（2006）. *Enterprise transformation：Understanding and enabling fundamental change*. New York：Wiley.

[8]　Schneider，B.，&·Bowen，D. E.（1995）. *Winning the service game*. Boston：Harvard Business School Press.

[9]　Vargo，S. L.，&· Lusch，R. F.（2004）. The four service marketing myths. *Journal of Service Research*，6（4），325-335.

服务科学的课题以及复杂性

Yasmin Merali

（英国华威大学华威商学院）

服务科学本质上是跨学科的学科，应网络经济而生。在此背景下通过技术传递灵活的、客户化的和反应性的服务的承诺和期望，引起很多 IT 行业的挑战。然而巨大的挑战在于战略方法、企业规划和转型管理的新的需求，以确保企业能够在网络中为变化的、持续的发展有效地提供新型技术能力。实现服务科学价值主要依靠商业智能、商业变革和技术能力的共同进步。

本文就动态网络经济中的机遇与挑战，采取与以注不同的观点、变革的方法，这些对研究者、从业者和教育者来说，都是必须的。用复杂性科学来使研究以及人力资源开发更为科学合理，从而来应对我们所面临的挑战。

引　　言

互联网导致世界相互联系更加紧密。动态化的新兴网络（信息与技术、社会、组织、经济和政治）给机构、社会和国家带来前所未有的复杂性和存在的各样性，并给组织机构、竞争、合作带来各种新的选择和挑战。

更强的连通性和由于新兴技术而获取更多种类和流量的信息增加了信息复杂性[8]。更紧密的全球连通性和更快的通讯速度有效地缩短了世界事件的时空分隔。一个地方的信息变化可以很快全球传递，影响到地理上很远的地方的社会、政治和经济决策。

在此时代背景下应用技术提供灵活的、客户化的和反应性的服务承诺和期望，具有很多挑战。速度的变化（在社会经济背景下和技术创新）和组织的复杂性以及其整合，都是挑战。

可以认为，互联网和相关技术的出现导致了以下领域的深刻变化：

——商业和社会的组织方式；

——不同组织方法存在的潜在可能。

应对社会经济变化服务架构的设计、交付和影响以及服务商业背景的应用，需要跨越传统界限运营。很多不同的平台都要求服务提供者和顾客之间、学术界和产业界之间、不同学科之间的合作和密切的伙伴关系。在实践中这样的合作意识对加速理论发展、服务科学命题所必须的检验和实际应用的迭代周期都十分重要。

本文采用与以往不同的观点和变革的研究方法来观察、研究动态网络经济中的机遇和挑战，这对研究者、从业者和教育者来说是十分必要的。复杂性科学提供了必要的概念基础，支持统一的体系发展，能为网络经济的理论和实践服务。

下一部分将展示服务科学合作研究和人力资源开发课题的特点和方向。

研究和人力资源开发课题的特点

有关管理的讨论认为[2,4,7,17,21,22]，网络世界与信息经济的兴起相联系。在竞争背景下，"信息经济"（或"信息社会"）具有更突出的复杂性、动态性、不确定性和不连续性。在学术上和实践中，技术、组织、经济能力和学科之间的界限日渐模糊。在服务科学中，学术研究和实际应用两者共同推动概念和实践体系的探索以及寻找跨学科、跨组织的工具。

服务科学团体要具有统一协调整个范围的研究和实践的潜力。包括从跨学科的认识论和本体论方面的基础研究，到应对经济社会变化和动态环境中商业背景应用的服务架构实施。

复杂动态社会系统中服务科学的知识基础和方法论

在技术创新议题中，人文科学在服务科学中的重要性十分突出。然而目前的情况下，有忽视"硬"科学重要性的危险。因此，定义一个强大的知识架构，从而支持目前和将来服务科学作为一个涵盖社会、经济和技术的统一学科价值主张的发展十分重要。

复杂性科学[1,10,15,17,18,19]是发展这样一个架构的基础。复杂性科学的概念和建模技术已经用于阐述自然和社会科学中的复杂系统行为，还涉及跨学科普遍的现象，例如适应性、变革、进化、强度，以及服务科学空间中组织动力学课题的显著特色。

组织的网络形式

网络思想提供了一个强有力的工具，用于处理复杂系统的结构和动力学。组织的网络形式，和它在新兴和自组织的复杂适应性系统中的表现，十分有利于开发服务科学学科概念体系中复杂性科学的基本概念。

在最基本的水平，服务科学中新兴技术的发展，具有增强以下内容的潜力：

——连通性（在人、应用和设备之间）；

——分布式存储和数据处理的能力；

——信息传输范围；

——信息传递速率和流量。

这些能力的开发导致了新的组织网络形式的兴起，包含了复杂的分布式网络结构、处理流程、跨组织和跨国界共享的信息和专业知识。目前很多服务科学的辩论的焦点是，如何在用户动态环境和 IT 为基础的交付架构和实施之间获取所需"配适性"的挑战。

多种技术平台和商业系统中，随着需要整合组件的数量增加，要求复杂的体系结构的呼声越来越高。相互联系的加强和更多种类、更大流量信息的获得，构成了更强的信息复杂性，导致了更为强烈的对语义学、算法、计算能力的需求。

在更深的层次，技术能力的发展具有一种潜力，会引起对现实性依赖的增强，和实验性或参与交互能力的降低，从而引发以下几种转移：

——从社会网络[5,11]到虚拟社会网络；

——从世界的社会结构，到多重社会的信息重建；

——从随时区变化的世界不连续性问题，到考虑同时期并行世界的不连续性问题[18]。

这建议了从商业和技术架构传统目标导向的定向视角，到包括商业、社会、信息和技术网络整合的新视角转变的需求。信息网络的创建和调节既是技术的也是社会的。而可进入的信息网络是整合网络的元级代表设备（注意这里的"代表"是符号代表的意思，而不是种类的代表，比如一类事物中的某个成员代表这个类别[18]）。

服务科学期望交付业务水平的灵活性和灵敏性得到确定。它们是经由信息网络以及上述集成复杂的多维度网络中形成网络形式的探索中得到验证。

复杂性科学为处理固有的复杂性和新兴整合网络的动态属性提供了概念性的架构。

复杂性科学中的概念：复杂适应性系统、显性、自组织

系统思想是信息系统学科的心脏，传统上是通过自上而下的解构成系统，它基于组成部分及其相互关系的模块化来实现系统的复杂性。复杂性科学则挑战传统自上而下的方法，而从组件之间的交互和与环境的交互中的高层次行为中，引入了显性的概念。

网络组织形式是复杂性系统的签名。复杂性科学的概念和工具是我们可以用抽象的概念来为跨学科服务科学课题表达网络现象学。

复杂适应性系统（CAS）的概念，包括了管理文献所强调的信息经济的多种组织形式的关键特征——CAS 是非线性的、开放的、动态的系统，适应并发展

与环境交互的过程。它们包含了自组织和显性，具有适应和改造的潜力（能力）。

例如，作为 CAS 的生物系统的特性通常是动态背景中关于组织的一个强大的隐喻和一个类比。其效力来自于它的概念和机制的衔接，因而能够在持续的形式、响应和动态背景下的灵活性之间提供必要的平衡。

生物系统通常是由大量的多功能元素集所组成。这些元素通过选择性与非线性的互动来产生相干而非复杂性行为。这组特征与服务科学整体演化中的特有特征相吻合，其特点是种类繁多，利益相关者与组件互动，此处"系统"概念包括社会经济背景下应用服务架构的技术、社会和组织维度。此外，分子生物学的进展为理解网络拓扑结构、复杂网络动力学和应急特性之间的关系提供了一个非常强有力的证据基础[12]。这样生物网络为探索与道德、社会、经济维度相关的服务科学空间模型的开发提供了一个有益的类推。

就像邀请组织理论家和技术专家参与一样，实际上为了应对环境变化，保持足够的强壮和灵活性以及持续全球化和地方习性的连贯性而采用了网络拓扑结构和机制。一个概念化与务实的重要挑战是在复杂的动态环境下确定并提供必要的灵活性、控制能力和多样性。分子生物学模型建议，平衡稳健可塑性机制是将无标度网络拓扑[4, 22]（在枢纽连接中随时空变化）与模块化动态协调和控制机制相结合。这些都是在服务科学范畴中探索关于动态分布系统令人兴奋的概念，复杂性科学的建模工具提供了通过模拟实施这种探索的手段。

这些实例只用于说明 CAS 概念的效用以及可将其引入传统计算机学科处已存在的服务科学的潜力。在更普遍的层次，就服务科学的研究内容来说，复杂性科学可以使我们拓展当前的关于结构和流程的课题到：

——涉及支持使用范围内状态变化的动力学和机制的更集中处理；

——设计能够预言并支持使用动态内容多变需求的系统。

服务科学人力资源开发的启示

如何制定合适的教学课程，使得毕业生能进入服务科学职业？目前教育者和从业者之间有争论，争论出现两种极端的结果：

——通才教育：要求学生理解商业、IT、社会文明、组织变化管理，以及必须处理好 IT 和非 IT 工作同事和客户的人际关系能力。

——专才教育：要求学生具有专业知识（IT、商业、人文科学等知识），同时也具有在工作中学习的能力（通过指导、继续发展和培训），学习如何与其他专业人士和顾客交流。

通才教育的支持者担心专业教育会使毕业生视角单一。而专才教育的支持者担心通才教育会使毕业生只有宽度，没有深度，缺少对任何服务科学相关核心学科的深刻理解。

就专才教育与通才教育之辩而言，本文的观点是支持专才教育，但是必须在教育过程中加入以下内容：

专才教育学习项目

——让学生认识到真实世界的多维性，理解多种学科之间的互补性和专业相关性；

——使学生理解、掌握和精通其中一个领域；

——使学生具备本学科的坚实基础，为继续教育和培训打好基础；

——发展学生自学的能力。

课程设置需要发展的技能

——信息技能，也就是理解、询问、开发在真实体或虚拟体中信息代表的能力和关系；认识这些代表的模式；

——抽象能力，也就是能够从具体经验和信息代表的例子中提取抽象概念；

——分析、综合、表达能力；

——交流能力，包括面对面的和通过各种媒体的两种交流能力。

任何学科都可以培养这些技能，问题不在于教什么课程，而在于如何教。

服务科学教育不但应关注如何教育未来的服务从业者，也应关注未来的服务业用户和客户通过服务科学者和学术机构提供的能力教育。教育者在发展和提供继续教育与终身教育中扮演着重要的角色。

结　　论

服务科学界正面临着动态网络经济中与以往不同的机遇和挑战，方法的根本变化对研究者、从业者和教育者来说是必须的。

这一领域的发展意味着强大的理论基础的发展。这项工作是跨学科和跨领域的，服务提供者和顾客之间、学术界和从业者之间、不同学科之间的合作和密切合作伙伴关系是必须的。从业者直接应对网络经济的挑战。因此，从业者和学术界的合作关系对服务科学的理论发展十分重要。

复杂性科学发展了统一的体系，从概念和实践上为支持网络经济下发展服务科学而提供了理论基础。

特别是，复杂性科学对网络动态学有贡献。复杂适应性系统的建模技术在发展服务科学理论基础中起到了的重要作用。

至于人力资源开发在本文中的位置，我们认为应当支持专才教育，并且加上一些特别的技能，使毕业生能够：

——将复杂系统有效概念化；

——成为终生学习者。

为了持续发展的需要，服务科学教育课题不单包括对未来服务从业者的教育，而且包括对服务客户的教育，客户可以通过服务科学专业和机构获得能力教育。

参 考 文 献

[1]　Anderson，P. （1999） "Complexity Theory and Organization Science"，*Organization Studies*，10 (3)，216-232.

[2]　Axelrod，R. and Cohen，M. （1999） *Harnessing Complexity*：*Organizational Implicatiom of a Scientific Frontier*. Free Press，NewYork.

[3]　Axtell，R，（2000） "Why Agents? On the Varied Motivations for Agent Computing in the Social Sciences." Center on Social and Economic Dynamics Working Paper No. 17，November 2000，The Brookings Institution，Washington.

[4]　Barabasi，A. （2002） *Linked*：*The New Science of Networks*. Perseus Publishing，Massachusetts.

[5]　Burt R. S. （1992） . *Structural holes*：*The social structure of competiton*. Harvard University Press，Cambridge，MA.

[6]　Carley，K. （1995） "Computational and mathematical organization theory：Perspective and directions" *Comput. Math Organ Theory 1* （1） 39-56.

[7]　Castells，M. （1996） *The Rise of the Network Society*，Blackwell Publishers，Oxford.

[8]　Chaitin，G. （1990） *Information*，*Randomness*，*and Incompleteness*. World Scientific Co. Singapore.

[9]　Chesbrough （2005） Towards a new science of services. *Harvard Business Review*.

[10]　Gell-Mann，M. （1994） *The Quark and the Jaguar*. Little，Brown and Company.

[11]　Granovetter，M. （1985） "Economic action and social structure：the problem of embeddedness." *American Journal of Sociology*，*91*，481-510.

[12]　Han，J. et al （2004） . "Evidence for dynamically organized modularity in the yeast protein-protein interaction network" *Nature*，*430*，88-93.

[13]　Holland，J. （1998） *Emergence*：*from chaos to order*. Oxford University Press，Oxford.

[14]　Karmarkar，U. （2004） . "Will you Survive the Services Revolution?"，*Harvard Business Review*.

[15]　Kauffman，S. （1993） . *The Origins of Order*：*Self-Organization and Selection in Evolution*. Oxford University Press，New York.

[16]　Lomi. A. and Larson，E. （eds. ） （2001） . *Dynamics of Organizations*：*Computational Modelling and Organizational Theories*. MIT Press，Menlo Park，California.

[17]　Merali，Y. （2006） "Complexity and Information Systems：The Emergent Domain" *Journal of Information Technology Special Issue on Complexity and Information Systems*，*21*，216-228.

[18]　Merali Y. （2004） . Complexity and information systems. In：Mingers J，Willcocks L，eds. *Social theory and philosophy of information systems*. London：Wiley；2004. p. 407-446.

[19]　Merali Y. （2005） . Complexity Science and Conceptualisation in the Internet Enabled World，*Proc. European Group of Social Studies Colloquium*，2005.

[20]　Rust. R. (2004) . A call for a wider range of services research. *J. of Service Research*.

[21]　Shapiro, C; and Varian, H. (1999) . *Information Rules*: *A Strategic Guide to the Network Economy*. Harvard Business School Press.

[22]　Watts, D. J. (2003) . *Six Degrees*: *Small Worlds and the Groundbreaking Science of Networks*. Norton, New York.

服务科学、管理和工程（SSME）与电子组织

Christof Weinhardt　Anupriya Ankolekar　Rudi Studer　Björn Schnizler
（德国卡尔斯鲁厄大学）

Nenad Stojanovic　Carsten Holtmann
（德国卡尔斯鲁厄科研中心）

由于欧洲大陆和德国具有长期而丰富的产品工程背景，使得他们特别能够在服务工程中作为一股强大的力量出现。特别是因为很多在服务设计和工程上应用的方法工具集都建立在传统的工程方法上。只有将这两个领域与各学科、各团队和工程紧密联系，未来服务科学、管理和工程才有可能取得成功。为了服务科学研究，本文展现了德国卡尔斯鲁厄大学技术研究院的制度、工程和教育结构。

服务科学、管理和工程

当盎格鲁撒克逊国家素以发达的服务业著称之时，欧洲大陆正传统性地集中在设计和开发高品质的工业产品。但是，我们有理由相信，欧洲，尤其是德国，可以成为一个在服务工程领域的强大力量。

1. 产品工程和一般工程一直为大部分德国大学所集中研究。既然现有（未来）的服务都会继续与实物产品密切相关，由这类服务产生的服务工程便是产品工程的自然延伸。

2. 正如卡尔斯鲁厄成功展示的一样，服务工程所需的跨学科的工作和教育已经在德国各大学和研究机构很好地建立。他们也已成功地将研究的知识转移到了有形产品的工业工程中。

3. 尽管对实物产品更为重视，但德国在服务质量上也已排名全球第二。因而德国工业界已经能够提供高质量的产品和服务，特别是，工程文化在企业中同在大学中一样都获得了良好的发展。

在此，我们将注意力集中于德国，但上述大部分仍适用于欧洲其他国家。德国素以优质产品著称，而其他欧洲国家也是工程各方面的领导者。例如，法国和意大利以产品设计而闻名，斯堪的纳维亚在产品质量和安全的工作而著称。

由于长期和丰富的产品工程背景，欧洲大陆，特别是德国，可以成为服务工

程中的一个强大的力量。目前设计服务和工程服务的工具包都建立在传统工程方法上。只有这两个领域与各学科、各团队和工程之间紧密联系，未来服务科学、管理和工程才有可能取得成功。为了服务科学研究，本文展现了德国卡尔斯鲁厄大学技术研究院的制度、工程和教育结构。

卡尔斯鲁厄的服务研究

KIT（卡尔斯鲁厄技术学院），是欧洲最大的研究机构之一，是卡尔斯鲁厄大学（TH）和卡尔斯鲁厄的科研中心（FZK）整合的结果，是这两个著名机构在工程和国际领域跨学科合作上顶级研究的结合。有着 8000 名员工和约 6 亿欧元的年营业额，KIT 具有与世界上其他研究所竞争的能力。KIT 的研究重点集中在自然和工程科学上，同时关注与其他学科的跨学科研究，比如与经济学、社会学和法律。

"信息、通信和组织"是卡尔斯鲁厄的五个主要研究领域之一，其子领域是"组织和服务工程"。科学联盟"eOrganisation（电子组织）"作为这一研究领域的重要组成部分，在其赞助下新的卡尔斯鲁厄"eOrganisation 和服务科学中心"即将建立。SSME 的一个成功的关键因素，同时是多个相关研究机构的核心——理解组织和网络创新形式服务的嵌入和特性。

为了将目标导向从基础研究转移到实际应用中，产业和研究之间的知识传递必须伴随着一个相互交流知识的过程。因此，行业的需求必须反馈到研究中，集中研究改善个人和社会企业竞争力的关键问题。卡尔斯鲁厄的一些机构参与到研究和技术产业化的研究中，例如 FZI 研究中心进行的创新资讯领域信息技术研究。

服务科学——跨学科研究

科学联盟 eOrganisation 的构想是 eOrganisations 今后将在社会中的任何领域都起着核心作用。eOrganisations 是一种组织，在那里的任务、能力和责任（至少）部分被人派到技术单位，这些技术单位通过电子媒介执行他们的行动。这些单位是为人类服务的一种手段，但其本身是由存在着潜在复杂关系的服务组成。为了实现 eOrganisations，研究需要在三个密切相关的层次上展开：

1. 服务驱动应用水平（该领域及其经济模式的相关知识）；

2. 灵活的、有适应性的服务、组件和模式（应用可能性有高自由度）；

3. 技术监管条件具有稳定的、高可扩展性的、基础性的水平，也称为服务基体。

研究的目标是通过基础研究和应用研究推动服务科学在这些层面内部和之间

的发展。这样允许形成自主的、部分技术以及具有单位的加强和分散的服务课题，这些单位有着共同的目标，但也可能有潜在的目标冲突。主要的关注点是使 eOrganisations 能够处理协调和协作中自发产生的技术、经济和社会方面的挑战。

卡尔斯鲁厄的相关研究主要基于协调机制、激励工程和语义技术等相关领域长期的经验积累和渊博知识之上。作为服务工程研究生动而成功的范例，我们将介绍"计算机辅助市场工程学"，这是卡尔斯鲁厄的一个研究领域，旨在整合这些能力[2]。

计算机辅助市场工程学

纯经济学观点将市场视为一个抽象的机制。不同地，我们可以把电子市场的存在看成结构化工程流程是将电子市场化作为复杂服务的结果。如服务一样，将设计市场作为服务的流程被称为"市场工程"。这显然是一个跨学科的挑战：它包括通过为所有步骤提供设计方法和工具来设计市场结构，从最初的经济和法律的理念设计到技术实施、测试和交付，以及在运行中的重新设计。集成的计算机辅助市场工程（CAME）工作台和满足贸易，从市场机制和配套服务设计到实施的设计中，努力通过自动化来支持这些程序[3,4,5]。

CAME 是用 SSME 的方法来满足贸易工作平台展示服务科学、管理和工程综合的结果。CAME 和 meet2trade 已应用在几个公认的研究项目上。

1. EFIT（联邦教育与研究部（BMBF），2002～2006 年）：一个通用市场工作基准的开发；

2. STOCCER（BMBF，2005～2007 年）：为 2006 年世界杯足球赛国际预测的市场；

3. SESAM（BMBF，2004～2007 年）：分布式和自发的电力市场的设计和开发；

4. SORMA（欧盟，2006～2009 年）：ICT（信息和通信技术）资源的动态交易平台的设计和发展。

卡尔斯鲁厄大学关于 SSME 的进一步研究

服务生态系统（SE）：服务生态系统与自然界的生态系统一样，都是互相依赖共存元素的网络。商业环境中的动态变化需要具有能实现多个系统一体化服务的有效方法。关于 SE 及其技术的研究，已在数字商业生态系统（欧盟，2003～2006）项目中进行，并且可能会在 QUAERO（BMWI，2007～2012 年）中得以继续。

战略服务管理/策划部（SSM）：我们首先看到，SSM 作为探求、代表、分析和验证组织战略知识的一种方法。SSM 不仅使垂直信息集成为推动创新所需，而且还简化了各企业之间的互动和自动协商。这项研究已经在 SAKE 项目（欧盟，2006~2009 年）中进行，其目的是开发战略知识形式化的方法。

服务创新（SI）：SI 是一种多学科的方法，目的在于管理整个创新周期，从提出设想，到对其进行经济评估。它代表了嵌于法律、经济和社会环境中的一个漫长的、互动化和社会化的过程。QUAERO（BMWI，2007~2012 年）将在这一领域获取资助并与其他德国专家一起的协同工作。

服务变更管理（CM）：CM 代表了在复杂系统中发现、执行和扩展变化的综合方法。CM 是一种能关闭服务使用循环的机制，即能支持自我适应。这项研究主要是在以下项目的范围内：（1）OntoGov（欧盟，2003~2006 年），其目的在于开发法律法规中管理变更的方法和工具；（2）FIT（欧盟，2006~2009 年），旨在通过实践学习开发用于定制现有的电子政务服务到用户使用偏好的方法和工具。

教育知识工作者

卡尔斯鲁厄大学（TH）提供了几个不同的研究项目，涉及 SSME 相关主题的广泛领域。

该项目的第一支柱是"工业工程与管理"、"计算机科学"和"信息工程与管理"的学士和硕士课程。每个课程都多次在若干大学的排名中位于前列。在这些课程中，技术大学的优势发挥了作用：在不同类型的工程学科上具有丰富经验，这些工程学科有着与计算机科学、经济学和经营管理相结合良好的数学基础。"工业工程与管理"和"计算机科学"课程将传统的工程方法与经济学、管理学和信息学结合起来。为了配合这一点，"信息工程与管理"计划集中在计算机科学、经济学、战略和运营期的管理和法律的跨学科视角上。这个课程的目标是将信息的使用作为良好的经济和竞争成功因素进行组织。该课程特别教授学生在以下几点上如何去做：（1）分析和管理公司内部的信息服务；（2）建立和评价复杂的信息系统；（3）促进用户与信息服务交互的高效性与有效性。把该课程的毕业生培养为合格的服务科学家和工程师。

为了在 eOrganisation（电子组织）和服务工程更全面审视的基础上扩展现有课程，现将有行业赞助两个新的教授职位。这些教授职位将致力于这些新领域的研究和教学。另外，地区当局已经要求建立一个新的跨越"服务科学与工程"的研究课程。

为配合本科和硕士课程，"信息管理与市场工程"国际性的跨学科的博士课程已成为 SSME 相关研究课程的第二支柱。该研究生院从一个跨学科的角度提出主题，其中包括计算机科学、法律、业务研究、经济学和工商管理。学校的目的是研究调查在电子市场和服务的各个方面跨学科和问题导向的方法，特别强调信息的作用和力量。

最后，第三个支柱是 Hector 工程管理学校的一个行政硕士课程。学校提供技术、管理和领导能力培训，与领先的德国公司密切合作。一项与匹兹堡的卡内基梅隆大学 Tepper 商学院在行政硕士课程上更密切的合作，计划加强 SSME 相关主题的国际研究课程。

展 望 2020

届时，我们的经济将会有重大变化。目前，新的现象已经出现在每天的生活中。在人与人之间、人与技术单位或仅仅是技术单位之间服务的数量和作用会大大增加。基于 IT 服务的设计、供给、传递、监测和改善将成为必要，而且 SSME 将不得不应付来自方法、技术和社会方面的挑战。

SSME 的成功与否取决于我们如何能够创建和转移新知识，从科学到产业，反之亦然。当然，尽管未来我们管理知识的方式将有所不同，但通过采用新的教学和学习方法对各年龄段的人进行终身教育将会是至关重要的。

一方面科学机构依赖产业界的支持；另一方面产业支持提出并确认商业中的研究问题，业界必须提供必要的技术基础设施，以及研究和教育的财政支持。在研究和知识交流中心集合力量将会是应对挑战和实现各方协同合作的道路。

结 论

SSME 源于工程学、经济学、管理学和人文科学、社会学和法学这些核心学科的整合与互动。因此，未来 SSME 成功的关键取决于一个综合跨学科的努力。不同互补的方法集成将使我们能进一步开发新的解决方案。设计和运行商业的新方法将塑造未来。SSME 研究必须坚持前瞻性，以应付基于 IT 的服务时代的挑战。

卡尔斯鲁厄技术研究所，已建立了应对这些挑战的组织结构。在众多的欧洲研究所里，由于卡尔斯鲁厄技术研究所在工程科学上坚实的基础，使其在研究 SSME 上具有独特的优势。

参 考 文 献

[1] IMPULS (2004)：Interview with R. Berger and J. Weihen，Partner for Innovation，12/2004，p. 9.

[2] Ch. Weinhardt，D. Neumann，C. Holtmann (2006)，"Computer-Aided Market Engineering-A Service Engineering Approach". *Communications of the ACM*，49/7，p. 79.

[3]　　B. Schnizler，D Neumann，D. Veit，Ch. Weinhardt（2006），"Trading Grid Services-A Multi-attribute Combinatorial Approach"．*European Journal of Operational Research*，forthcoming.

[4]　　S. Lamparter，A. Ankolekar，D. Oberle，R. Studer Ch. Weinhardt（2006），A Policy Framework for Trading Configurable Goods and Services in Open Electronic Markets. *Proceedings of the 8th Int. Conference on Electronic Commerce* （ICEC06）．Fredericton，New Brunswick，Canada，August 2006.

[5]　　S. Lamparter，A. Ankolekar，R. Studer Ch. Weinhardt（2006），"Towards a Policy Framework for Open Electronic Markets"．Thomas Dreier，Rudi Studer and Christof Weinhardt，*Information Management and Market Engineering*，*Volume4 of Studies On eOrganisation and Market Engineering*，pp. 11-28. Karlsruhe，2006.

以客户为中心的物理和虚拟环境——服务平台

Suvi Nenonen　Jukka Puhto

（芬兰赫尔辛基技术大学建筑经济学和管理系）

信息通讯技术的发展促进了世界范围内服务行业的发展。社会从工业结构变化到了动态价值网络，这已影响到了私人和公共部门的活动和组织结构。组织具有虚拟和物理两种操作环境。问题在于如何使这些操作环境和服务能支持核心业务。组织过程和设施的传统方式已经发生改变。服务科学成为了必要。本文介绍了为了面对服务科学的挑战，以及一个来自赫尔辛基科技大学的多学科研究小组是如何运作的。

引　　言

信息通讯技术（ICT）是社会和行业不断进步的主要动力。信息通讯技术公司约占芬兰所有产业的十分之一，并占有了过半数的国家级研究和开发活动。创新和研发对在信息和通讯部门的公司具有巨大的意义。作为信息通讯技术的开发者和领先的使用者，芬兰已起到了一个先锋的作用。在电信行业中，增长最快的是移动电话和宽带业务，而传统的电话业务在不断减少。服务部门，预计也将快速增长[1]。

但有两个重要问题需进一步讨论：

1. 首先，正如 Paul Horn 所说："我们缺乏商业和资讯科技业交集的相关技能。随着企业建立更高效的 IT 系统，我们将简化操作，并通过业务流程的大规模变化来接受互联网，这里出现了一个巨大的转机。然而几乎没有为应对这样新环境所需要的人力资源准备，甚至都没能完全理解所发生的变化"[2]。

2. 其次，通信技术部门为我们提供了一个虚拟的环境。它应当与物理环境携手共进。这两者都必须鉴于互动[3]。

两者都是服务科学必不可少的基石，把通晓商业流程的技术与组织融合在一起，是击中公司的痛点并能加一改正的工具的综合。为了在这种环境下蓬勃发展，IT 服务专家需要知道何种能力可以高效率和营利的方式交付，服务应如何设计，以及如何衡量其有效性[2]。

物理和虚拟工作环境——技术平台

新的工作和企业文化，以及信息和通信技术驱动的方法，已经成为提高生产力和营利的基本发展趋势。个人和社区的工作取得成功的基础是有效的知识管理和专业知识的持续增长。

为了改善芬兰的竞争力和生产力，信息社会委员会建议，发展企业文化是优先选择的目标。在此重点领域是：

1. 协同工作的社区文化；
2. 信息道讯技术和影响生产率实践知识的有效利用；
3. 工作流程和流程方法；
4. 创新、自我更新、组织的能力和预见管理。

之前由 Markkula 提出的挑战，可以被虚拟和物理工作环境和服务所支持[4]。日本哲学家西田已将 Ba 概念确定为物质、精神和虚拟会议场所。与此同时，野中与他的同事，也已审议了会议地点（Ba）的含义，并发现 Ba 能激发一些新事物的探索、共享、提炼和复制[5]。

芬兰的研究人员 Katariina Raij[6,7]已确定了知识取向，如同专家、流程、客户和研究者的取向。这些共同构成了福利专家、福利生产和开发流程、福利服务以及实例[6,7]福利研究者集合的小康生活中心的原始框架。Nenonen 调查了知识共享过程中不同的办公解决方案[8]。同样，服务解决方案也是十分重要的，Tuomela 在他的论文中介绍了网络服务解决方案模型[9]。

FSR　小　组

服务是一个供应商/客户的互动，它创造和捕捉价值。建筑和房地产业在其进程中运用更多的服务定向到它的核心业务流程上。以客户为中心的思想渐渐影响组织中操作、战术和战略的水平，而在传统中是建设导向而不是用户导向。

供应商和客户协调工作（联合生产），并在过程中创造和捕捉价值（改造）具有充分的理由。在供应商和客户了解彼此的功能和目标之间，服务通常需要进行评估。尽管它的价值巨大，但这种理解在技术导向行业构成挑战。挑战不仅是从一个角度，而且是从多学科角度对此进行建模。

为了应对以客户为导向的房地产业领域的巨大挑战，一个新的"设施服务研究（FSR）"小组在 2000 年初成立于赫尔辛基技术大学的经济建设和管理（CEM）实验室。它在与服务业设施以及在芬兰和国外的其他科研单位密切合作的基础之上运行。

这个研究小组专门研究以下四个重点领域的客户导向的建设和设施服务

业务：

1. 设施服务的管理；

2. 施工管理；

3. 生命周期的技术和管理；

4. 场所管理。

在这四个重点领域中，CEM 设施服务研究将以下三点作为重要感知维度：采购、客户关系管理和绩效评价。

1. 采购——在长期的业务关系中的合同作为合作的基础。然而，采购目标不是要订立合同，而是通过合同取得令人满意的合作。合同作品不仅作为一种金融交易手段，也是控制业务流程、生产价值、风险管理和通讯的工具。

2. 客户关系管理——客户关系管理是指供应商和客户之间的垂直业务关系的管理。这一领域包括若干其他关系，诸如服务供应商的网络关系，它能形成可扩充的服务选择，或能够形成保证持续改善和客户主导产品设计的反馈流程。

3. 绩效考核——绩效考核研究项目旨在开发衡量建筑和房地产行业中绩效考核的最先进方法。此项研究服务涵盖了在设施生命周期中所有主要绩效考核的需求。

该研究小组主要研究国内建设设施业的发展及商业部门中的公司国际竞争力。

如上所述，设施服务管理是重要的研究领域之一。这方面的研究集中在采购服务、组织购买行为、组织间的关系、业绩管理和服务合同。

在施工管理研究领域，研究兴趣包括施工过程的不同阶段。其重点是采购和承包、客户关系和绩效考核。施工过程必须作为一个综合的过程传递品质和所有参与者经济和满意度上的价值。过程本身必须旨在实现这些目标。

生命周期技术和管理研究小组重点研究建设业、房地产业以及服务业。它研究技术系统对公司和社会短期和长期的影响。研究引入了新的科学概念和模式，并在与公司和其他组织合作的实践中检验它们。研究涵盖了生命周期的主要方面，其中包括经济、环境和社会的所有主要方面。研究小组在生命周期的评估方法和设计工具的开发上有着的悠久传统，并提出了生命周期为基础的商业模式，过去几年也还在关注公司的可持续性管理。

工作场所管理研究和开发的重点是工作环境和组织绩效之间的联系。焦点领域包括物理、社会和虚拟工作场所，知识工作场所的生产性使用，以及房地产业中工作场所管理服务的发展。

该研究项目，包括行业合作伙伴不断确保生成的成果和解决方案可以被服务创建中的所有当事方所接受和利用。除研究外，CEM 设施服务研究也是研究开发教育机构中学士、硕士和研究生课程的先驱。未来的专业能力从学术的角度获得发展，但除此之外，在与公司的代表保持密切对话方面也能获得发展。

结　　论

研究目的在于开发由信息和通信技术发展带来的变化引起的服务科学发展。服务科学的成功因素取决于其多学科方法。在未来发展中，服务作为一个行业和职业的发展是必不可少的。当重要的联系和桥梁在各传统学科的边界上建立起来，新的知识将会迅速产生。CEM 设施服务研究小组是一个在芬兰的研究机构。从物理工作环境出发，最终研究服务和虚拟环境的问题。ICT 行业在芬兰全国的成功是对服务科学方向的推动。与此同时，国际网络和全球知识共享也十分重要。

参 考 文 献

[1]　Nordgern，K. （2006）. Large，Challenging Projects in Information and Communications Technology. In *ICT Cluster Finland Review*：*2006*，p. 20.

[2]　Horn，P. （2005）. the New Discipline Of Services Science，*Business Week Online*，January 21，2005，http：//www. businessweek. com/technology/content/jan2005/tc20050 121 _ 8020. htm，accessed *15. 3 2006*.

[3]　Fruchter，R. ，（2005）"Degrees of Engagement in Interactive Workspaces," *International Journal of AI & Society* No. 19，pp. 22－33.

[4]　Markkula，M. （2006）Super Productivity in Working Life. In *ICT Cluster Finland Review*：*2006*. http：//www. tieke. fi accessed 15. 6. 2006.

[5]　Nonaka I. ，Reinmoller P. & Sennoo，D. （2000）Integrated IT Systems to Capitalize on Market Knowledge. In G. von Krogh，I. Nonaka & T. Nishiguchi （Eds.）*Knowledge Creation*：*a Source of Value*，Macmillan Press.

[6]　Raij，K. （2000）. *Toward a Profession*：*Clinical learning in hospital environment as described by student nurses*，Helsinki University Department of Education. Research report 166. Academic dissertation.

[7]　Raij，K. （2003）. Producing knowledge as a goal of the University of Applied Sciences, in：Kotila，H. （Ed.）*University of Applied Science Pedagogics*. Helsinki. Edita.

[8]　Nenonen，S. （2005）. *The Nature of the Workplace for Knowledge Creation*. Turku Polytechnic. Research Reports 19. Turku.

[9]　Tuomela，A. （2005）. *Network Service Organisation-Interaction in Workplace Networks*. Helsinki University of Technology Construction Economics and Management A Research Reports 4.

构建服务机器——知识密集型服务的全球采购

Paul Lillrank　　Olli Tolkki

（芬兰赫尔辛基技术大学）

外包突出了有关各方之间关系解释和概念化的必要。在服务科学、管理和工程框架中，服务生产系统，可以当做服务机器来研究。计算机象征的重点是研究联系各种生产资源和能力以及合同更新换代的演变的合同结构。服务机器的基本属性在于它的激励结构的坚固和由交易成本和管理造成的消耗份额。本文概述了对知识密集型服务采购管理的研究项目。该项目的主要合作伙伴将是赫尔辛基技术大学，同时芬兰、印度、美国和爱沙尼亚的 8 个学术机构将会参加。

引　　言

我们的研究重点是服务和业务流程的外包。这里包含不同的能力和复杂性，从常规业务（呼入语音服务台、工资管理等）到非例行和知识密集型的业务（远程放射学、股票分析、网络维护）。探讨的问题是：

——后选择合同的机制，即合同关系的建设和不同阶段的演变；

——服务业相关的驱动和采购，如量的影响、重复的经济与在开放的商业系统中非常规的过程的合同管理；

——业务关系的发展联系上岸、近岸和离岸外包。

经典的"卖或买"的问题，在权衡专业化的利益和交易成本基础上，界定了一个公司界限[1]。过去几十年越来越多的答案是"买进"。专业化的好处更被产品和过程的复杂性、时效性和区域之间成本差异的因素所强调[2,3]。同时交易成本因为信息和通信技术连同承包能力的增长而得到缓解。因此，外包从在岸扩大到离岸，包含产品和服务，发展到分包给合作伙伴。这导致复杂的服务生产设计，这里称之为"服务机器"。

全球采购，特别是离岸外包，同时也产生了焦虑和兴奋。特别是印度作为主要的业务流程外包（BPO）供应商的崛起，引发了广泛的关注[4]。然而，这种现象本身并没有引起多大的研究关注。尽管有很丰富的操作手册，但在学术文献中却鲜有论述。因此，这导致了术语混乱。本文采用下列定义[5]：

——采购＝战略决定哪些资源组织内部生产或从外部获得，以及外部关系是如何被发现、建构和管理的；

　　——购买＝以发票为最终结果的所有活动；

　　——供应＝合同和管理的操作层面制定；

　　——外包＝现有操作或外部功能的转移。

　　采购的范围可以从地方变化到全球范围。在岸采购活动是指在同一个国家经济内的活动；近岸是指相同的经济区域（如欧盟），而离岸是指较远的地区。外包是一个组织转型流程包括的若干步骤，如供应商选择、合同制定以及有关业务关系的管理[5,6]。

目　　标

1. 创建合同制度及其演变的建模工具

　　采购似乎遵循类似国家财富发展的一般经济逻辑。初级阶段是基于低要素成本，典型的离岸劳动力套利。由于体积和经验的积累，重点转移到了提高质量和生产率上，并最终着眼于产品和工艺创新[7]。

　　印度业务流程外包越来越多地在开始操作之前，重组客户流程。在已经出现的下一阶段，其关注点为创新。这包括客户和供应商的协同演变。这是一种任何一方都不可能独立取得发展的合作。共同进化阶段将很可能意味着日益增长的伙伴之间的双向交往和溢出效应，并且对客户的业务经营方式产生重大影响。就长远来看，对外包公司而言，了解通过外包获得的能够掌控关系和维持竞争优势的生意的逻辑和共同进化发展是至为重要的。

　　我们的假设是，快速的增长、放松的管制、丰富的资源供应、大容量、技术进步和诱人的商机创造在印度的自我强化的良性循环，因此从这一平台中，下一代的主流管理理念将会出现。采购对帮助印度公司进入西方市场而影响印度经济有溢出效应。

　　这项研究的主要目的是探讨这些模式、机制和它们的发展，并建立模型，从而提高对各方面的采购和其潜力以及经济环境的理解和管理。

2. 探索重复的服务系统设计的量的影响、范围和性质

　　芬兰服务部门的比例较小，从某种程度上看，其与经济合作组织内其他国家相比，较不发达[8]。主要的制约因素是市场规模小、人口密度低、路途远以及公共服务部门很庞大。另一方面，许多芬兰服务供应商拥有高水平的技术和良好的国际品牌价值。为了克服困难并从优势中收益，对服务的商业模式更深入的了解是必要的。有鉴于此，量的问题是重要的。芬兰市场可能是合适的，甚至可以说是管理的理想规模，例如，卫生保健系统。然而，按组织开发的发展理论来看，可以说，服务创新将发生在高销量、高增长的环境中，因为这有更多的组合（突变）、更激烈的竞争（自然选择）和更强烈的刺激（适者生存）。有鉴于此，我们必须建立对高产量高增长的商业环境研究和实践的联系，并探索各种服务机器设计的可扩展性[9]。

3. 建立欧洲和印度之间在学术界和商业上的工作关系

印度是增长最快的世界经济体之一，具有巨大的潜力和越来越大的世界影响力。与许多其他迅速发展的地区相比，印度已经拥有一个相当稳定的民主制度和历史悠久的商业传统。进一步而言，通过其与英国的紧密联系，许多亚洲其他地方遇到的文化、语言和知识上的障碍，在印度则并不会显著的表现。这些都是此项研究与印度伙伴进行密切合作的原因。

理论和方法

服务采购的捆绑/网络/合同的结构

这项研究借鉴并促进服务科学的新兴领域，尤其是服务工程领域。该方法可以用以下比喻来说明。

在服务中，一台机器相当于一个合同制度。各种能力和资源通过一套明确的、可衡量的和依法强制执行的合同汇集在一起。服务系统包括的要素，诸如收入模式、预测、成本、价格、服务水平和基于数量因素调整的机制、质量指标、调度、人员配置和人力资源管理（见图1）。

在服务中，机器的坚韧性等值于激励机制。嵌入于收入模式和补偿计划指标中的激励机制应能同时支持组织和个人目标。拙劣的激励机制可能导致故障发生、次优化，以及体系的崩溃。

在服务中，机器摩擦等价于交易和行政费用。

因此，核心任务是研究合同的性质和演化。一般来说，可以假设承包的演变从原始产能或基于事务基础的模型，到以更精细调整的多因子模型，如图1，并进一步向结果、激励、互利和其他模型演进。

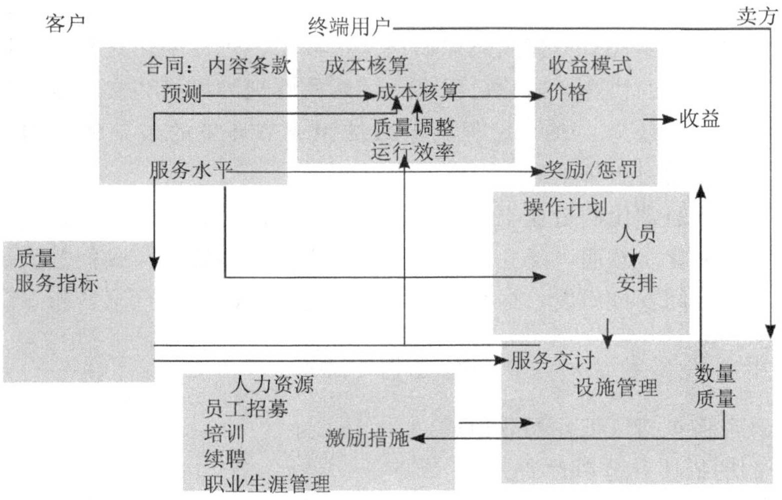

图 1　印度呼入语音呼叫中心业务系统的示意图

　　由于服务采购申请不同于常规，从较易测量的商业流程到面向知识密集型商业服务（KIBS），包括非例行程序、风险承担和创新要素，必须要为更复杂的合同进行详细的安排。因此核心问题是绩效评估。

服务量的影响

　　服务外包的主要优势集中在生产要素成本，典型的是离岸劳动力套利。但同时，在印度和其他地方要素成本在增加，新的不同的利益在出现。

　　在制造业中，数量通过规模经济、范围经济和学习曲线上的效率对成本产生重大影响是众所周知的。这些影响依赖于相同的重复、固定到可变成本的比例、协同作用和学习能力。在服务业方面，这些条件并非总是存在的。因此，数量的影响和可扩展性存在疑问，这也说明了医疗保险单位尺寸辩论困境的问题。

　　我们需要仔细研究体量的影响、重复性、不同产品的协同效应和学习曲线。这对芬兰十分重要，因为该国市场可能在某些类型的服务中不支持服务创新所需的数量。

交易费用和总拥有成本

　　人们普遍承认外包具有重大的交易成本，其中包括供应商选择、合同签订和监督[10]。这些在服务中很突出，服务业输出的无形性责使得质量保证和质量控制存在问题。建立关系的初期费用庞大而不可避免。然而，合同框架的设计会对正在进行的交易成本造成影响，因此需要重点考虑。

文化与管理

　　自 20 世纪 80 年代日本建立离岸制造工厂以来，民族文化对管理的影响已被广泛争论。制造业的快速全球化已经淡化了国家管理的风格和文化制约因素的重要性。国家的文化效应，在一定程度上归结为调节环境的差异和契约关系的性质，特别是在劳动力市场中。

　　但是，服务通常比制造业更具有劳动密集型。因此，我们可以认为，服务更依赖于国家的文化。然而，建立在文化和管理辩论的基础上，我们假设研究应该从商业模式和合同安排出发，最终可能需要根据文化因素进行调整和修订。

研究的结构

　　这项研究将包括以下几部分组成：

　　1. 采购的描述和分析性研究。

　　2. 现象、分类、概念化，以及外包目前状态的建模。这一阶段将主要对现有知识进行案头研究，与合作公司详细讨论，与选定的参与者进行面谈，以及相关的经济和行政理论的应用。

3. 探索性研究出现的新关系和模式。其核心内容是承包演变的建模，包括商业模式、收入模式、风险管理、成本建模和定价。承包、业务管理、质量管理和人力资源管理之间的相互作用也将被研究。对承包演化将从不同的历史、经济和社会因素中寻求解释。公司合作伙伴的参与，期待能一起寻找到合适的案例研究地点。

4. 实际研究者包括芬兰和印度的公司级别人员。

5. 第 2 和第 3 部分将以下方式与公司合作伙伴共同发展：

（1）业务流程外包（BPO），即印度新德里和芬兰的 IBM 的业务领域中日益复杂的后台业务；

（2）在钦奈的诺基亚的服务中心范围内的电信服务外包；

（3）在加尔各答的芬兰—印度计划性风险投资的远程诊断，涉及芬兰健康有限公司和它的所有者（芬兰国家研发基金）和印度的合作伙伴。

6. 在印度实地工作的一部分将外包给国际管理学院，该商学院设在新德里。芬兰—印度的研究小组与企业合作伙伴和合作大学一起，将安排一年两次的讲习班。

7. 报告将以论文、学术期刊文章和医疗性书籍的形式完成。与芬兰 Laatusuhde Suomi Oy 的合作，研究结果将会变成实用咨询产品。

研究合作伙伴

首席调查单位将是赫尔辛基科技大学（HUT）的 BIT 研究中心。印度主要的合作伙伴将是在德里的国际管理学院公司（IMI）。新泽西州技术学院的 Alok Chakrabarti 教授将是两个机构在研究期间的访问学者。

在芬兰的合作学术机构将是 Tampere 大学、商学院、亚洲管理学会（AMA）和城市与发展研究组（Sente）。印度合作机构将是印度卫生管理研究（IIHMR）、斋浦尔和印度管理学院（IIM）、加尔各答研究所。其他合作的学术机构是塔林理工大学（TTU）和科学、管理与工程（SSME）的社会利益信息技术研究中心（CITRIS）（加州大学）。

企业合作伙伴将是芬兰 IBM、诺基亚网络、Terveystutkimus Oy 和 Laatusuhde Oy 公司。

参 考 文 献

[1]　Williamson, Oliver E. *The Economic Institutions of Capitalism-Firms*, *Markets*, *Relational Con-*

　　tracting. The Free Press, New York, 1985.

[2]　Birou, L. M. , & Fawcett, S. E. (1993) . International purchasing: Benefits, requirements, and challenges. *International Journal of Purchasing & Materials Management*. 29 (2), 93.

[3]　Nellore, R. , Chanaron, J.-. , &Eric Soderquist, K. E. (2001) . Lean supply and price-based global sourcing-the interconnection. *European Journal of Purchasing and Supply Management*, 7 (2)101-110.

[4]　*The Economist* (2006), May 4th.

[5]　Trent, R. J. , & Monczka, R. M. (2003) . International purchasing and global sourcing —what are the differences? *Journal of Supply Chain Management: A Global Review of Purchasing & Supply*, 39 (4), 26.

[6]　Trent, R. J. , & Monczka, R. M. (2002) . Pursuing competitive advantage through integrated global sourcing. *Academy of Management Executive*, 16 (2) .

[7]　Porter, M. E. , (1990) *The Competitive Advantage of Nations*. The Free Press, New York.

[8]　*OECD Economic Surveys-Finland* (2004) . OECD, Paris.

[9]　Nelson R. R. & Winter S. G. (1982) *Evolutionary Theory of Economic Change*, Harvard University Press.

[10]　Greaver M. F. (1999) . *Strategic Outsourcing*, AMACOM, New York.

呼叫中心的服务工程：研究、教学和实践

Sergey Zeltyn   Avishai Mandelbaum
（以色列理工大学工业工程和管理系）

服务工程的学科教学已超过十年[19]。该课程的一些独特之处是应用了国家的最新的研究成果，以及讲座、论文和家庭作业中的现实数据。目前，该课程的应用重点是电话呼叫中心，它构成服务行业一个爆炸性增长的分支。事实上，由于其实际应用的重要性，以及其业务问题的多样性，呼叫中心已为服务科学、工程和管理带来了众多挑战。

本文中，我们讨论了呼叫中心的服务工程领域的重要研究方向，强调在个体调用级别上测量和数据收集的作用。我们应用了 Technion（以色列理工大学）已经开发的用于分析呼叫中心的经营业绩并促进统计分析的软件工具和数据库，这为我们的"服务工程"课程的调查作了准备，并让我们据此得以总结。

引　　言

服务工程是一个新兴的科学学科[11,17,19,20]。正如我们所认为的，它是应运营服务中后产业化社会的挑战而生的。该领域的研究人员以非常科学的态度开发工程原理和工具，往往用于支持运营服务的设计与管理的软件。此外，多学科的方法被用于平衡可能发生在顾客、服务提供商、管理者和社会之间服务冲突的质量、效率和获利率。在我们的研究中，也是由于科学偏好性，我们重点关注运筹学与统计学中的方法论。

需要说明的是，我们所关注的是呼叫中心，即为通过电话为寻求服务客户提供服务的机构。由于信息和通信技术的发展，呼叫中心的数量、规模和范围，以及职工和客户都爆炸性地增长。事实上，有人认为仅在美国，呼叫中心行业就有数百万计的从业者，已经超过农业。

呼叫中心的环境产生了自然性质和时间尺度各不相同多种多样的管理问题，例如，培训和雇佣通常是每年或每月一次，人员安排和调度通常按每周或每天得到处理，而基于技能路线（SBR）的决策（如客户与电话代理商的匹配）得到实时处理。在本文的第一部分，我们将讨论一些积极可取的中央研究方向，它们可

用以帮助解决这些问题。

在第二部分，我们引入了服务工程范畴内容的一个课程，该课程已在 Technion（以色列理工大学）的工业工程与管理学院开设。这是一门必修课，每年有超过 120 个学生参加。其目标是为学生提供他们未来的职业活动所需的知识和技能，事实上这些学生以后很可能在构成现代经济主要部分的服务企业工作。我们得出的经验是呼叫中心为服务工程方法提供了一个良好的激励和培训机制，并且将呼叫中心的真实数据融入讲座和家庭作业中，可以完美地补充这些方法的主动学习。文献 [19] 是我们"服务工程"课程现用的公开网址，其材料已被世界各地的学术界和工业界用来研究和教学。

呼叫中心的业务模型：研究调查和实际的挑战

我们仅讨论服务工程方法在呼叫中心的实际应用，不讨论战略性问题，如新服务或长期的劳动力管理发展。读者可以参阅 [7] 对电话呼叫中心状况进行的一个全面调查。

数据收集——科学研究的前提

我们坚信系统性测定和数据收集是分析和管理任何服务系统的先决条件。此外，详细的以基于交易的测定提供了无法通过聚合（如基于区间的）摘要而获得的资料，呼叫中心也不例外。

具体而言，大型呼叫中心产生大量数据。在理论上，进入系统的每个呼叫的详细历史记录，通过自动呼叫分配器（ACD）和交互式语音应答单元（IVR）重建。然而，呼叫中心通常不储存或分析数据，而是使月 ACD 报告递交一定的时间间隔的业绩（例如 30 分钟）。我们主张改变这种办法，并强调连续呼叫数据分析在实践和科研中的优势。在文献 [4] 中，我们已将我们的方法应用于以色列一个小型的呼叫中心的综合分析过程，针对大型呼叫中心的研究目前也正在进行中。

数据摩卡——连续呼叫检测的数据库

呼叫中心的数据由供应商的特定程序进行处理，在运算分析中无法改变其形式。数据摩卡（呼叫中心分析的数据模型）[21] 已被开发出来用以解决这些缺点。这是呼叫中心数据的一个通用模型，连同图形用户界面一起，使实时统计分析在次月到本月的决策中得以实现。目前，数据摩卡被用于处理两个大型呼叫中心（一个美国的银行和一个以色列的移动电话公司）的连续呼叫的数据，每家使用都超过了 2～3 年（例如，美国的银行数据有近 120 万个电话，其中约 40 万由代理商提供服务，其余由电话系统—语音应答单元处理）。数据摩卡的原始数据由大量商业活动和呼叫记录系统组成，需要进行一个重要数据清理才能将其转变成我们的通用格式。IBM 学术研究员计划提供这项工作的部分资金，该计划的最终目标是创建一个可通过互联网公开访问的数据库，这个数据库能从金融、电信、医疗卫生和旅游等行业获取数据。届时，研究人员和从业人员可以要求作者（AM）提供数据和与之配套的软件。

到达率预测

呼叫到达呼叫中心的标准模型是时间不均匀的泊松过程，这同时考虑了可预测的和随机的需求变化。统计分析[4,7]表明，该模型非常接近现实。然而，未来到达率的预测是进行人事决策的至关重要的第一步，这是一个复杂的统计工作。

在这方面有两个重要的研究方向。首先，应提高时间序列预测技术。多种不同的方法都可以用于数周后、数天后或数小时后行为的预测。而且，现实中的呼叫中心往往在它的呼叫到达上有独特的性质（如移动电话公司发出的月结单，意味着以下计费周期的来电激增）。将这些特点纳入设计将大大提高预测精度。

第二，在某些情况下应该考虑这样的情况，即到达率本身存在着重大的不确定性和时间相关性。较之传统到达率已知的排队模型，更正确的模型到达率应是具有随机相关性。

服务时间：定义和建模

呼叫中心的服务时间通常被定义为某位经理人处理一个电话所花费的时间。它必须包括经理人和客户之间的通话时间、搁置时间和后续工作时间等。如果 λ 表示每个时间单位里的抵达率，E [S] 表示服务时间，它们的乘积 $R = \lambda \cdot E$ [S] 称为提供的负载。这是进行人事决策所需的基本数据，见下述讨论（为简单起见，这里假定 λ 不变，后面我们会处理时变率）。使用最广泛的服务时间参数模型是指数分布模型。然而，根据我们最近的分析，对数正态分布似乎非常适合呼叫中心。由于指数服务时间模型与其他替代品相比更易于分析，而且因为服务时间里短暂的几秒钟都可能产生重大的经济性影响，因此，服务分配在排队系统性能上的影响值得仔细研究（见 [23]）。

烦躁和放弃

直到最近，大多数呼叫中心在人员编制中仍使用传统的 M / M / n 排队模型，也称为 Erlang-C 模型。Erlang-C 假定呼叫以恒定速率 λ 的泊松到达，指数 μ 为分布服务时间率，n 表示独立的、统计上相同的代理商。然而，Erlang-C 模型未考虑客户的放弃和由此导致的呼叫中心的扭曲运行[8,15]。举例来说，在一个重负载系统中，即使很小的放弃率也会数量级地延长那些不放弃的客户的等候时间。这种改进的运算性能必须与由于放弃而导致的客户的流失和损失的业务相权衡。现在，越来越多的呼叫中心将客户放弃纳入他们的人事编制/调度软件和运行目标中。

Erlang-A（Palm）模型

理论上最简单的和实践上最可行的办法说明客户烦躁是这样产生的：除了 Erlang-C 已假设的，再假定每个到达的电话呼叫者都有一个指数分布的忍耐时间。这些客户将会在他们需要等待的时间超出其忍耐时间时选择放弃。这个模式首先由 Palm[18] 提出，被记作 M/M/n+M 并被称为 Erlang-A（A 表示放弃）。见 [15] 中最近的总结和 [6] 中根据 Erlang-A 编制的能进行计算和人事编制的软件。

业务制度

服务运营的，特别是一个呼叫中心的设计和管理上的主要问题，是如何实现运作效率和服务质量之间预期的平衡。在这里，从人事上讲，即是要有正确数量的经理人。这里"正确的数量"首先不要太多，以避免人浮于事，因为人事费用一般约占呼叫中心运行成本的 70%。"正确的数量"也要求不能太少，以避免人员不足和服务质量差导致的相关费用。现在，我们在 Erlang-A 的框架下提出两种方法来解决人员编制问题。

质量和效益驱动（QED）的方法

这个方法是由所谓的平方根人员编制规则决定的：

$$n \approx R + \beta \sqrt{R}, \quad -\infty < \beta < \infty;$$

在此处，$R = \lambda \cdot E[S]$ 是如上定义的提供的负载，而 λ 是业务质量（QoS）参数。Erlang 在将近一百年前首先使用了这个规则（在哥本哈根电话公司）。然而，针对不同排队系统的正式的 QED 分析刚出现不久。在 [9] 中开创性地应用 Erlang-C（β 此时必须是正数）；在 [8] 中首先使用了 Erlang-A 的概念。

我们发现如果服务器 n 的数量不是很小，QED 人员编制能同时达到高效（如经理人的利用率大约 90%~95%）和优质服务（如 50% 的客户能得到及时的服务，平均等待时间为 5~10 秒，放弃率为 1%~3%）。在压缩总的人事费用和等待成本时，QED 制度也是经济最优选择。

效率驱动（ED）的制度

另一个常见的操作制度以人事编制规则 $n \approx R - \gamma R$（$0 < \gamma < 1$）为特征。在

这种情况下，几乎所有的客户在服务前被延迟，放弃的比例是 γ。当效率问题成为服务质量的主要因素时，使用 ED 制度，这是一个在非营利环境下的常见做法。

静止 VS 时间依赖

在呼叫中心一个人事决策的标准方法是将一天的工作分散于短暂的时间间隔中（通常是 15 到 30 分钟），假定泊松达到率在这些间隔上是不变的，且适用于固定排队模型（如 Erlang-A），这是为了确定在每个间隔里需要多少的服务器。虽然这种方法看似适用于很多的呼叫中心，但是它无法捕获高时变系统的性能。在后一种情况下，我们需要借助有时间依赖到达率的模型。见 [5]，如针对时间变化到达率的平方根人员规则。

人员调度和代理转让

正如我们提到的那样，在一个短暂的时间间隔内，人员编制问题的解决通常使用稳态模型独立进行。但在实际操作中，由于休息的时间和地点受到工会的约束，个别服务人员通常被分配到轮班（如 8 小时包括休息的工作）。这个设置产生了两个不同的问题。第一，需要决定轮班的时间和每个轮班期间的代理工作的数量，也要满足考虑到上述条件的人员编制需要。此问题通常采用整数规划解决。第二，个别经理人必须被分配为轮班。这里问题的复杂性使得其分析十分棘手，因此，必须借助启发式技术（同样也可以尝试"轮班招标"，即员工他们自我说明偏好，然后根据他们的排名安排轮班，优先考虑——例如资历和系统限制）。

基于技能的通径 (SBR)

SBR 使不同类型的客户/呼叫和代理的许多技能得以区分。细分客户是营销的任务，而经理人的细分属于人力资源管理。型式—技能匹配的需要表明业务问题的一种新类型。例如，在实时水平，需要管理所谓的经理人选择和呼叫选择问题，如果有空闲经理的话，应该选择的空闲经理对到达的呼叫进行服务。同样，如果有闲置的经理的时候，那个等待的呼叫应该被其处理。此外，多类型/技能环境使得上面讨论的人员编制和调度问题变得尤为复杂。在 ED 制度中的 SBR 比较容易处理[2,13]。但是，QED SBR 是正在被热点研究的课题[1]。读者可参考 [7] 和 [22] 以了解详情。

行为科学

呼叫中心建模中的最具挑战的一个方面是人为因素的纳入，这里同时包括客户和经理。这开拓了一个巨大的多学科研究课题，包括心理学、市场学、运筹学和统计学。下面我们将呈现两个相关的案例，这两个案例来自我们对呼叫中心的研究。

短暂服务次数

图1展示了1999年7月，在一个以色列银行呼叫中心里的服务时间的经验分布。我们观察到非常短暂服务次数的一个高峰：超过7%的电话时间短于10秒。这些短时电话是由于代理为了休息而挂断客户造成的。到十月底，这个问题被发现并予以纠正。图2反映了1999年12月份的数据：没有发现高峰，此外，对数正态分布完美地接近于经验数据。

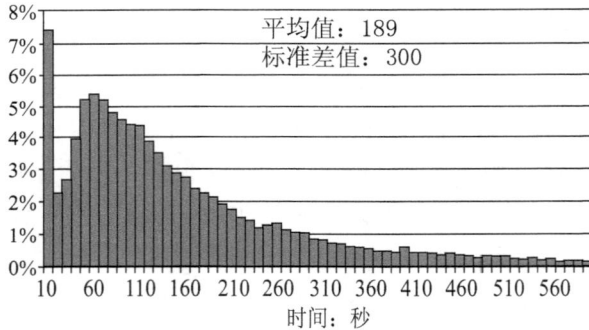

图1 1999年7月的以色列电话中心服务时间直方图

代理人放弃通话的问题会出现在短暂服务持续期间（或许多电话被转接）成为一个主要的性能目标的时候。从图1基于呼叫到呼叫数据上的直方图中，我们发现这个问题一目了然。但是，在平均只有半小时的普遍标准的报告中，这个问题会变得很难被发现。

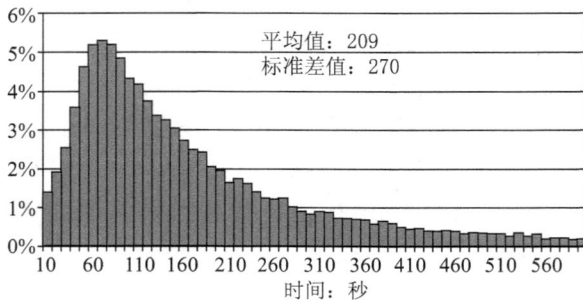

图2 1999年12月的以色列电话中心服务时间直方图

客户烦躁的心理学

图 3 呈现了一个以色列电话中心里常规客户和优先客户的耐心时间的经验风险率。在客户已经等了 t 秒之后，短时间内，t 时间的危险率和再等待 t 秒后放弃的可能性成比例（详见 [7]）。

图 3 为我们提供了两个重要的现象。首先，较普通客户而言，重点客户更有耐心。这可能有两种解释：重点客户的需求更加紧迫，或者重点客户更有信心自己将得到服务。其次，两者兼在 10～15 秒及 60 秒时有着较高的放弃率，这就必须给顾客两个不同的公告，即马上得到服务和还需等上 1 分钟的。此公告是要为队伍中处于不同位置的顾客所知。此现象导致一个很重要的问题，即这样的公告会不会导致放弃，这与指示的初始目标恰相反？此外，在另一方面，是不是公告反而会增加顾客以相信自己行为可信度，即放弃可减少失败，或者坚定地等下去（总体上说，公告会增加瞬时放弃率，但会减少公告间的放弃率）。

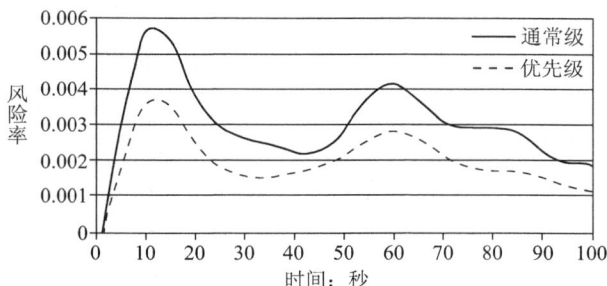

图 3 以色列电话中心客户耐心等待时间的经验风险率

为了回答这些问题和其他相类似的问题，理论、实地研究和实验室研究的整合成为必须。见 [16] 中基于实验室实验的心理学研究的一个案例。

业务模式和客户关系（收入）管理（CRM）

CRM 的自动化系统承诺让公司能够更好地追踪和理解他们客户的服务经验，然后分析它与公司长期关系的影响（如购买行为和对交叉销售的顺从）。我们的业务模型与 CRM 的互动可以充满希望地说，可以在回答如下问题的能力上表现自身："在服务过程中的变化（如，增加一个代理人来接听电话）是如何影响公司收入的？"

以色列理工大学的服务工程课程

在以色列理工大学的服务工程（ServEng）课程中[19]，上文讨论的许多问题都已被讲授，没被讲授的至少也都有表述过。在工业工程与管理学院（IE&M），该课程的教学已有十多年的历史。它最初只是研究生的讨论课，目前已逐步发展成为的本科必修课程，每年每个学期来上课的学生都超过 120 人。它的网址[19]包含了教材（讲义/幻灯片、复习资料和家庭作业）、相关的研究论文、讨论课的幻灯片、软件和数据。

教学目标

虽然在许多发达国家，服务业创造了超过 70％的国民生产总值，但在服务工程之前，工业工程与管理学院的学生还是跟着制造手册上的方法和技术照本宣科（这种情况在 IE 部门间很常见）。为了弥补这种缺陷，服务工程的目标是给学生们提供正常的模型和工具去设计、操作和分析服务系统。随着呼叫中心成了重要的应用部门，来自不同服务部门的案例开始在课堂和复习中出现。

课程大纲

课程分为四个大的部分：1. 先决条件：测量与模型；2. 构建模块：需求、服务、（无）耐心；3. 模型：确定的（流体）和随机的——主要是排序模型，包括常规的（Markovian）和近似的；4. 应用：设计、ED/QD/QED 劳动力管理和基于技术的路由。该课程的教学理念来自 Hall[10] 的书，该书是推荐的教科书。

在个别服务交易水平上的测量是设计、分析和管理服务系统的先决条件。介绍服务工程后，我们通过面谈、电话、网络和运输系统多种方式调查了交易测量系统。这些测量迅速产生了一个服务站的决定性（流体/流量）模型，这让平均性能也使得影响深远的分析变得相对简单——例如，容量（瓶颈环节）分析。然后我们介绍了建模，由于资源的限制和同步的差距，在这里将动态随机计划评审技术模型作为一种建模框架，该框架能捕捉到业务堵塞。

接下来的一段工作是用于建立基本服务模型的三个块。首先是服务损伤，重点是预告工作的可信性（如，到达呼叫中心的呼叫是呈现柏松分布或者基于柏松分布的）。接着是服务流程，是指服务的持续模型（如，一个呼叫中心服务的持续时间是呈对数分布的）[4]。最后，要得到处理的是顾客的不耐烦和其表现——在呼叫中心和其他服务中非常重要的放弃（如 Internet 甚至是紧急中心）。如今，以上的组织块已经被融入到基本的排队模型，即顾客和服务者都是 i.i.d 型的，这是一个马尔可夫链，强调 Erlang-A 链的可执行性。接着我们讨论了设计原则（集中利用规模经济）并提供了可操作的劳动力流管理技术（雇员和计划），包括如何用好 QED 和 ED 的雇员的这一部分。我们认为这整个过程考虑了顾客分类（优先权）和服务异质/技术，以及一个最后可选的课程调查排队网络可作为一个多阶段的服务系统。

基于数据的教学

学校使用实时数据和软件来训练服务工程的学生。课程早期使用以色列一家银行的每月计票数据[14]来支持复习和家庭作业。之后，我们加入来自另一家小型银行的为期一年的呼叫中心数据[4]。计票数据被用以复习而电话数据则在家庭作业中使用。数据摩卡[21]在一些案例、讲座介绍和少量的家庭作业中被使用。正如我们所说的那样，我们正处在使数据摩卡能被公开获取的过程中，到以后，我们将能把其更生动地纳入到课程中。

学生使用的主要的软件工具是4CallCenters[6]。这个以［8］为基础的软件包使他们能够解决人员编制问题，即通过使用在呼叫中心获得启发的不同的排队技术，这些技术在其他领域也能被广泛应用（例如，对护理人的人力配置）。

我们的服务工程课程是一个进行中的研发过程。我们已经提到数据摩卡的纳入。我们也计划在不久的将来用来自卫生保健和医院经营管理的案例和技术来丰富课程的版本。

结　　论

在本文中，我们调查了 SSME 可能在呼叫中心的应用，同时描述了以色列理工大学的服务工程课程。我们相信只有基于数据研究的整合，教学和实习才能为服务产业提供必要的工程工具和合格的专业人员。这些专业人员具有使用和被训练应用这些工具的能力。

我们强调服务工程的问题中多学科方法的必要性[7，12]。例如，为了理解和开发上述呼叫中心客户放弃的现象，我们需要使用统计学和运筹学研究来对烦躁进行测量和建模，使用心理学来理解和解释客户行为，使用市场营销学来评估放弃的经济影响。我们希望这种不同科学分支的学术和产业研究者之间的合作能提供解决方法，以解决服务产业中出现的大量的挑战。

参 考 文 献

［1］　Atar R.（2005）A diffusion model of scheduling control in queueing system with many servers. *Annals of Applied Probability*，15（1B），820-852.

［2］　BassambooA.，Harrison J. M. and Zeevi A.（2006）Design and control of a large call center：Asymptotic analysis of an LP-based method. *Operations Research*，54，419-435.

［3］　Borst S.，Mandelbaum A.，and Reiman M.（2004）. Dimensioning Large call centers. *Operations Research*，52（1），17-34.

［4］　Brown L. D.，Gans N.，Mandelbaum A.，Sakov A.，Shen H.，Zeltyn S. and Zhao L.（2002）. Statistical analysis of a telephone call center：A queueing science perspective. *Journal of the American*

Statistical Association (*JASA*), 100 (469), 36-50.

[5]　Feldman Z , Mandelbaum A. , Massey W. and Whitt W. (2005) Staffing of time-varying queues to achieve time-stable performance. Submitted to Management Science. Available at http: //iew3. technion. ac. il/serveng/References/references.

[6]　4CallCenters software (2005) . Available at http: //iew3. technion. ac. il/serveng/4CallCenters/Downloads. html.

[7]　Gans N. , Koole G. and Mandelbaum A. (2003) . Telephone call centers: a tutorial and literature review. Invited review paper, *Manufacturing and Service Operations Management* , 5 (2), 79-141.

[8]　Garnett O. , Mandelbaum A. and Reiman M. (2002) . Designing a telephone call-center with impatient customers. *Manufacturing and Service Operations Management* , 4, 208-227.

[9]　Halfin S. and Whitt W. (1981) . Heavy-traffic limits for queues with many exponential servers. *Operations Research* , 29, 567-588.

[10]　Hall R. W. (1991) *Queueing Methods for services and Manufacturing* , Prentice-Hall.

[11]　IBM Research site. Service Sciences, Management and Engineering , http: //www. research. ibm. com/ssme/

[12]　Mandelbaum A. (2006) . Call Centers. Research Bibliography with Abstracts. Version7. Available at http: //iew3. technion. ac. il/serveng/References/references.

[13]　Mandelbaum A. and Stolyar A. (2004) Scheduling flexible servers with convex delay costs: Heavytraffic optimality of the generalized $c\mu$-rule. *Operations Research* , 52 (6), 836-855.

[14]　Mandelbaum A. and Zeltyn S. (1998) Estimating characteristics of queueing networks using transactional data. *Queueing Systems: Theory and Applications* (*QUESTA*), 29. 75-127.

[15]　Mandelbaum A. and Zeltyn S. (2005) Service engineering in action: the Palm/Erlang-A queue, with applications to call centers. Invited chapter to IAO book project. Available at http: //iew3. technion. ac. il/serveng/References/references.

[16]　Munichor N. and Rafaeli A. (2006) Numbers or apologies? Customer reactions to tele-waiting time fillers. To appear in the *Journal of Applied Psychology*. Available at http: //iew3. technion. ac. il/Home/Users/anatr/JAP-Tele-wait-FINAL. pdf.

[17]　National Science Foundation. Service Enterprise Engineering (SEE) program. Available at http: //nsf. gov/funding /pgm _ summ. jsp ? pims _ id =13343&org =NSF &more=Y.

[18]　Palm C. (1957) . Research on telephone traffic carried by full availability groups. *Tele* , Vol. 1,107pp.

[19]　"Service Engineering" course website , Technion , http: // iew 3. technion. ac. il/serveng.

[20]　Service research at the Fraunhofer Institute for Industrial Engineering. Available at http: // www. management. iao. fhg. de/English /Overview. pdf.

[21]　Trofimov V. , Feigin P. , Mandelbaum A. and Ishay E. (2005) DATA-MOCCA: Data Model for Call Center Analysis. Technical Report , Technion. Available at http: //iew3. technion. ac. il/serveng /References /references.

[22]　Wallace R. B. and Whitt W. (2005) A staffing algorithm for call centers with skill-based routing. *Manufacturing and Service Operation Management* , 7, 276-294.

[23]　Whitt W. (2005) . Engineering solution of a basic call-center model. *Management Science* , 51 (2), 221-235.

服务创新：从服务理念到服务体验

Brian Fynes　Ann Marie Lally
（爱尔兰都柏林大学）

　　在巩固行业竞争地位的过程中，确立服务体验的本质被公认为是最重要的；然而服务经理们却往往难以阐明其服务理念的实质。服务理念的定义是开发服务规划、服务发展和服务创新三者战略优势的基本组成部分。顺应提升产品或服务竞争力的迫切需要，并结合服务体验的构成以及服务理念的表述，这里建立了一个概念模型。

引　　言

　　新产品开发一词起源于制造业，但最近也用来表示任何产品或服务属性的改善或改变，因此经常在讨论业务拓展时变通使用。Booz、Allen、Hamilton[2] 和 Lovelock[11] 把产品和服务的发展分为从重大变革中的各种各样金字塔式从主要的创新活动到风格转换和重新定位活动中轻度的变化两种。大量杰出的服务运营研究人员把产品和服务发展的流程选作自己的研究对象，大量的模型已经开发出来，通过理念和概念发展、服务设计、开发、测试和实施各环节，它们构成了设立战略目标过程中的系列活动。所有这些模型的一个常见的组成部分是服务理念发展的阶段。Menor、Tatikoda 和 Sampson[13] 确信新产品开发的研究人员在整个产品开发过程已经定义了两个宏观阶段：模糊前期和面向后期的实施。Khurana 和 Rosenthal[10] 将过程的"模糊前期"视为研发活动的一个组成部分，这些活动的目的在于确立哪些服务理念应当发展，活动内容包括诸如战略定位、思路形成以及理念的发展和提炼等。服务理念的定义是开发服务设计、服务发展及服务创新的战略优势过程的一个基本组成部分，但许多从业者难以阐明其服务理念的实质。鉴于提升服务创新竞争力的迫切需要，本文将设法给出服务理念的构成，并且明确服务理念的表述方式。

服　务　理　念

　　在提升行业竞争力的过程中，确定服务理念的本质被公认为是最重要的；然而服务经理们却往往难以阐明其服务理念的实质[6]。服务理念的定义是开发服务设计、服务发展和服务创新三者的战略优势过程中的一个基本组成部分。

随着服务趋向于更多的体验并因此而变得越来越无形，服务理念的表达变得更加困难却十分必要。服务理念的定义有助于服务管理人员理解服务理念到底是什么，但在业务繁多的辅助性服务的从业者看来，许多定义不够深入，尤其是涉及他们个体业务的服务理念。

回顾已有服务理念的概念，从不同的定义中可以得出许多要点。价值理念是许多服务概念定义的核心，并且许多人将服务理念看做是服务供应商的一种辨别手段，这种手段用于衡量为用户提供服务的价值以及用户对服务组织的期望值。价值一词常用于与货币相关的场合，但 Ziethaml 和 Bitner[17]定义的价值是个体用户的感知，这种感知由其对一定数量的产品和服务属性如感知质量、感知费用等进行的综合评判构成；表现为货币或个人及其他形式的高度抽象，内在与外在属性如信誉、附加功能和性能。

服务理念亦被普遍定义为"服务包"的形式；Ccllier[5]称之为"客户利益包"，而 Goldstein[7]等人的观点是：物质的和非物质的成分组合创造服务。营销理论者曾尝试确定服务包中大量使用的 P 模型的子成分，这其中包括服务产品的各项要素如产品本身、工艺、产地、检验物证、消费群体、产能和附加的营销要素如价格和促销。

将客户需求纳入服务理念的界定的观点需求是由 Khurana 和 Rosenthal[10]以及 Goldstein[7]等人明确提出的。而如何满足客户需求的问题是通过导入服务流程[12]和服务运营的方式及功能的途径来解决的[4,9]。服务理念的完整表述可以通过把服务理念分割成若干个成分来轻易完成，这个问题仍是当前研究的一个重要领域。那些过于关注某种精神层面表述的业内人士发现很难把他们的描述转化为可操作的实际业务，而那些过于关注组件的业内人士经常在给出完整描述时遭遇困难。鉴于很多业内人士很难阐明其服务理念的真正本质，作者假定将其服务理念分解成若干成分，这将使人们易于接受那些一般情况下难以理解又模糊不清的理念[10]。虽然仍存在整体描述难以优化的可能性，但这种可能性相对于因感知困难而无法将服务理念深化来说是很小的。在图 1 中，经过对已有的服务理念的文献概括和总结，我们提出了一个基于共同主题的服务理念的由各元素组成的概念模型。

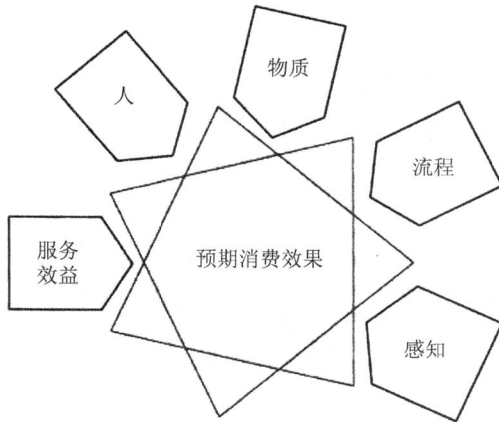

图 1　服务理念组成的概念模型

从服务理念到体验理念

体验通过个体记忆的方式建立和用户的联系从而创造服务附加值[6]，同时也通过增加差异性和品牌溢价的途径来提高有组织的营销预期的经济效益。Carbone 和 Haeckel[3] 定义的体验是用户在学习、获取和使用产品或服务的过程中聚集和累积的顾客感知。学术文献中给出的体验的其他主要特征是体验要求消费者[14]参与的积极性，包括知识的获取和感知[8]，并创建一种不是稍纵即逝而是具有持久性的感知连接[15]。

努力向客户提供体验的成分必须从一开始就被有意识地纳入到服务设计与规划的整体中去[14]。体验成分融入服务设计与规划对服务体验理念的发展提出了新的要求。既然体验是服务的进展流程，那么完整的体验理念也应包括核心服务成分，如图 1；同时也应当包括一些附加的特定于体验的成分，图 2 所示为一个可供参考的服务体验理念的模型。

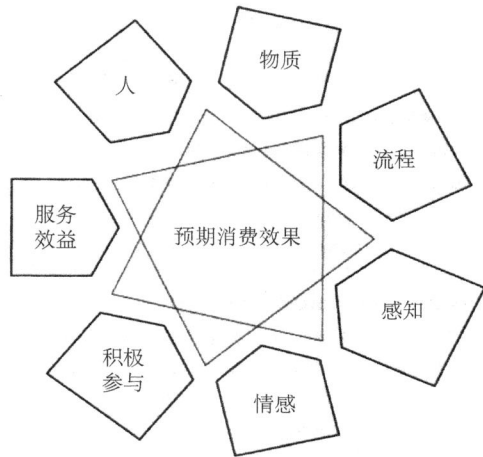

图 2　服务理念组成的概念模型

理念的核心表述

服务开发方法大量借鉴制造业定位的产品开发策略，虽然产品和服务属性中存在着巨大差异，但其提倡的方法论是大致相似的。图 3 所示是上述理念关键部分的一个建设性模式。

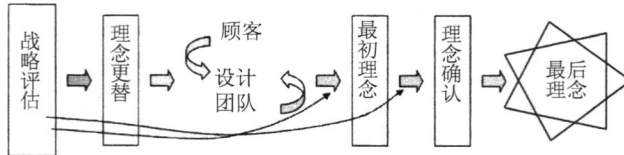

图 3　服务体验理念发展的各个阶段

结论与展望

服务进展的文献与行业发展报告同样强调了改进服务体验规划的重要性，给定一个平台以便优化服务体验理念的关键成分是服务发展流程的重要部分。在总结前期学术成果的基础上，本文力图归纳给出服务体验理念构成的一个初步模型，并且为服务理念的明晰表述提供一个方法论框架。可以预见这个模型将在众多服务提供商的实践过程中发挥一定的作用。

参 考 文 献

[1] Bitran, G. & Pedrosa, L. (1998). "A structured Product Development Perspective for Service Operations", *European Management Journal*, Vol. 16 No. 2 pp. 169-39.

[2] Booz, Allen and Hamilton (1982). *New Product Management for the 1980's*. Booz, Hamilton and Allen: New York: NY.

[3] Carbone, L. P., & Haeckel, S. H., (1994). "Engineering Customer Experiences" *Marketing Management*, Vol. 3 Issue 3, pp. 8-19.

[4] Clark, G., Johnston, R., and Shulver, M., (2000). "Exploiting the service Concept for Service design and Development" in Fitzsimmons, J. A. & Fitzsimmons M. J., (Eds.), *New Service Development: Creating Memorable Experiences*, Sage: Thousand Oaks, pp. 71-91.

[5] Collier, D. A., (1994). *The Service/Quality Solution: Using Service Management to gain Competitive Advantage*, Irwin, New York: NY.

[6] Fitzsimmons, J. A. & Fitzsimmons M. J., (2004). *Service Management: Operations, Strategy and Information Technology*, McGraw-Hill: London.

[7] Goldstein, S. M., Johnston, R., Duffy, J. & Rao, J., (2002). "The Service Concept: The missing Link in Service Design Research" *Journal of Operations Management*, Vol. 20 pp. 121-34.

[8]　　Gupta, S. and Vajic, M., (2000) . "The Contextual and Dialectical Nature of Experiences" in Fitzsimmons, J. A. & Fitzsimmons M. J., (Eds.), *New Service Development*: *Creating Memorable Experiences*, Sage: Thousand Oaks CA, pp. 33-51.

[9]　　Johnston, R. & Clark, G., (2001) . *Service Operations Management*, Prentice Hall: England

[10]　Khurana, A. & Rosenthal, S. R. (1997) . "Integrating the Fuzzy Front End of New Product Development" *Sloan Management Review*, Vol. 38 (2) winter.

[11]　Lovelock, C. H. (1984) "Developing and implementing new Services" in George, W. R. and Marshall, C. E. (eds.), *Developing New Services*, American Marketing Association, Chicago: IL pp 44-64.

[12]　Lovelock, C. H. & Wright, L. , (1999) . *Principles of Service Management and Marketing*, Prentice Hall, Englewood Cliffs: NJ.

[13]　Menor, L. J. , Tatikoda, M. V. , & Sampson, S. E. , (2002) . "New service Development: Areas for exploitation and exploration" *Journal of Operations Management*, Vol. 20, pp. 135-57.

[14]　Pine, J. B. II, & Gilmore, J. H. , (1998) . "Welcome to the Experience Economy", *Harvard Business Review*, July-August, pp. 97-105.

[15]　Pullman, M. E. , & Gross, M. A. , (2003) . "Welcome to your experience: Where you can check out anytime you'd like, but you can never leave" *Journal of Business and Management*, Vol. 9 No. 3, pp. 215-232.

[16]　Stuart, F. I. , & Tax, S. (1997) . Towards an Integrative approach to designing service experiences: lessons learned from the theatre, *Journal of Operations Management*, Vol. 22 pp 609-627.

[17]　Ziethaml, V. and Bitner, M. J. , (1996) . *Services Marketing*, McGraw Hill, New York: NY.

服务提升——以技术推动服务

Pentti Vähä   Anne Tolman   Paula Sarioja   Piritta Lampila   Sonja Kangas
（芬兰 VTT 技术研究中心）

当前服务市场营销领域正在形成并对其产生深刻影响的主要趋势是信息技术（ICT）。它通过业主或用户提供或获取更好更有效的用户化服务，这从根本上改变了服务 。理解通用服务概念非常重要，因为这个认识可以跨越包括先进互联网和通信技术在内的行业界限。为强调创新和技术因素以外的行业潜能的重要性，VTT 在 2005 年推出了以 "服务提升" 为主题的五年规划方案。本文结合焦点领域的实例就此作出探讨。

引　　言

当前，制造业向服务业的转移过程正在行进中。在芬兰，服务业创造了大约 70％的 GDP 和就业岗位。预计将来的主要就业机会和经济增长也会来自服务业。另外，服务业可给不同的行业部门节约成本，如医疗保健、维修养护以及工程建设等。传统意义上，服务过程被视为人与人的互动关系。技术日益成为与客户互动过程中不可缺少的因素以增强一线员工的表现力，由此新型的服务创新理念诞生了。迄今为止，VTT 的主要业务一直是技术发展和应用，而现在基于业务和创新的技术研究也受到重视。因此，为推动服务业务发展，VTT 在 2005 年推出以 "服务提升" 为主题的五年规划方案。该方案在业界获得了广泛的赞誉和强烈的支持。

依据 VTT 的行业竞争力和技术垄断，其主题方案的重点领域主要涉及以下服务：（1）大众服务——福利和生活质量；（2）行业服务——加强为从事流动性工作的员工提供人文科技互动服务；（3）家政服务——室内起居。重点关注大众服务的原因是一年的卫生保健费用超过 100 亿欧元。虽然有关的 ICT 的直接支出相当低，只占全部费用的 1％～2％，但预计其年增长率将逐步加大。卫生保健行业面临着严峻挑战，不得不寻求新方案以改进提高从而给市民提供更好的服务。这也是当今世界最大的服务市场。在产业部门，机械及设备制造业的近 600 亿欧元的产值占国有资产的近 10％。在流动性工作从业者中开展的针对 ICT 在工业服务中的应用正在兴起；同时纸质文件仍被广泛使用。现代终端的实用性是有其缺陷的，它不支持自然方式的互动，多通道的功能也未启用。通过通信手段的改进和信息更新可以降低潜在的成本。在生活领域，建筑及设备行业贡献出大约 4000 亿欧元的产值，占全国总产值的比重达 70% 左右。设备管理服务是增长最快的服务产业之一，其雇员达 20 万人，行业流动资金达 170 亿欧元。据统计，2005 年第四季度服务产业流动资金增长高达 7.8%，超出了国内全年的 6.4% 的平均增长率[6]。

概 念 基 础

当前，ICT 主导服务领域的基本形态，它改变了服务的交付方式并深刻影响着服务营销实践。在以产品为核心的工业领域，这种状况增强了从产品到服务过渡的机会。商品主导型企业将其经营理念转向连续的优质产品服务已成为一种流行趋势[4]。很显然，这归功于 ICT 在服务产业的大量应用。因而，第三产业无疑成为应用信息处理工具最多的行业[3]。

在 ICT 之外，还有不少与服务交付相关的重要因素。根据 Neu 和 Brown 的论述[4]：第一，企业绩效取决于企业规划中的三个主要变量：环境、策略和要素之间的综合平衡。策略必须与企业规划的要素保持统一性，而且这两种企业内部因素必须适应外部的经营环境及条件。第二，成功的服务研发取决于现有企业资源在新产品市场中能以多大程度建立竞争资源优势。第三，在既定的市场环境中，技术可以并且应该在建立竞争优势的过程中发挥工具作用。

我们关注基于服务的 ICT 的发展的目的是提出并阐明具有潜在商业价值的理念。重点是服务理念的创新和模型描述，还有 ICT 在服务领域的具体应用等问题。VTT 的优势在若干应用领域拥有的雄厚技术实力和知识积累。因此，我们强调与业界合作以规范最终用户需求。服务问题的解决方案应基于标准的、开放的和交互性的部件和界面，重要的是开发能广泛适用于业务领域的基于 ICT 的基础平台。在服务研发的过程中，我们还采取了灵敏性和灵活性方法。灵敏性是一种市场感知机制，它通过获取来自客户的反馈来捕捉客户需求，并随着项目的流程及时调整技术方案，进而能将此知识融入不断变化的产品设计与规划中。这种想法利用内部员工及其合作伙伴来建立实验平台[2]。灵活性是指快速适应环境变化的重定位和创新的能力。虽然在项目启动时其要求是模糊的而技术是迅速发展的，但是在业界，从概念到产品的迅速实现的需求日益增长。为移动互联网用户提供服务必须积极响应消费者需求，而且要以超前的竞争意识面向市场。

案 例 简 析

下面简要介绍来自三个不同领域的案例。

运动型娱乐（运动＋娱乐）工程的重点是满足数字健康产品与互动方面日益增长的需求，即通过娱乐的方式提供有益于健康的信息。该项目的研究目标是逐步建立起国际通用的娱乐性健康服务体系，并通过探索创新的途径提供积极的反馈并激励人们关注自身的幸福感，同时创建振奋人心的娱乐性解决方案来应对这一局面。因此，我们采用了定性和定量的研究方法，在由医疗健康专家、游戏软件开发商、顶级制造商和体育行业协会组成的指导组的支持下，我们制定了至2010 年的远景规划。我们还利用实际案例重点研究移动或无线的运动型娱乐方式，由此创立了加入体育锻炼元素的娱乐形式。2006 年 1 月，我们对四个不同年龄段（13－18、19－30、31－65 和 66－76 岁）的消费者进行了抽样调查（样本量为 N＝ 1489）。结果表明，在参与调查的青少年中近一半参与了运动型娱乐（51%），其中大约有十分之一（9%）的人曾在主场比赛。成年人参与运动型娱乐的比例（21%）小于青少年的。人们对运动型娱乐的态度是中立而倾向偏好的。在所有参与调查的对象中，年轻人比成年人对运动型娱乐更感兴趣。虽然人们认为电脑游戏减少了青少年体育锻炼的时间，但这项研究并没有发现体育锻炼与玩游戏之间的任何负性联系。

在对客户需求进行分析的过程中，我们选择了"Figuremeter"和"Fitness Adventure"两个运动型娱乐的案例。案例研究的目的是测试内部员工及其合作伙伴在概念研发阶段的灵活性。

Plamos 工程（为工业服务领域的流动性业务工程师建立的厂商模型服务）目标在于为"流动性维护工作者"创立新的劳动工具和工具理念。这里"流动性维护工作者"意指从事客户设施保养维修的服务工作的人们。该设施可能是造纸厂、发电厂或配备供热、管道和空调系统的大型建筑。客观目的是在全新的工作实践中识别用户的对于工作工具的需求。这种需求随着现行的工业维护和操作趋势的变化而增加：生产流程变得越来越复杂而设施维护所需的人员在减少。另外，产品的维护通常是外包的。这可能会面临这样一种局面：负责维修的工人并不像往常那么熟悉生产工艺和设备。因此，为了明确用户在新的商业环境下的需求，我们需要了解更多的关于"流动性维护工作者"的个体信息。

我们使用了自上向下和自下向上分析设计方法。整体架构基于 VTT 研发的核心分析法去分析复杂性的工作[5]。核心分析旨在明确一项特定作业的核心人物即这项作业的目标和功能必须确立。自上向下的核心分析方法在工业基金论坛中得以实施，该论坛主要由维护工作领域的专家组成。该项工作的目的是识别各种各样的、经常引发争议的维修项目。另外，完成这项任务的意义还在于识别维护工作的不同利益相关者。至于自下向上的方法，14 名维修工人接受了访谈。这个访谈是半结构化的主题采访调查。主题和部分问题是预先提炼过的。这些主题是基于 Engeström[1] 项目系统模型建立的。这个模型以有助于引发客户对新技术的需求的方式将工作对象、活动目标和施工工具有机地联系为一个整体。

最终用户调研结果使得研究组得出了这样一个工具理念，它要求在工具中整合多种不同的信息。在维护工作中所需的信息是十分广泛的。它不同于动态过程的信息（例如参数值）以及零部件与维护程序的信息。目前，所有的信息对于不同的厂商系统都是可用的；但是对于流动性工作的从业者，它更加重要，因为他们必须不受工作地点的限制及时获取所有的信息。因而，信息必须综合利用。

在 FACMA 工程（源于家政服务的流动性设备管理服务）中，我们展开了一项针对为设备管理（FM）部门（不管是服务供应商还是客户）提供服务的厂商的调查。公司内部达成的共识是他们意识到设备升级是迫在眉睫的（不论是作为服务供应商还是作为客户），但同时认识到移动支持设备系统的发展对于他们的核心业务来说是边缘业务甚至超出了他们的职能范围。目前，可以升级 FM 相关服务的技术处于相对成熟的阶段，但利益均享的价值链格局限制了它的商业开发。更糟糕的是，很多利益无法明确划分。当前，职业性需求在提升，国内应用收益甚微，但是未来增长潜力巨大。令人乐观是，下一代人更热衷于移动服务并且逐渐成为市场消费主体。起居服务的另一个推动力是社会老龄化导致的个体医护和家政服务提升了独立管家服务需求[7]。

一个识别移动 FM 服务的例子是附带不同前提的访问权控制的市场分析功能的电子锁服务。在这里，物理钥匙被拥有 JAVA 激活的安全核心芯片的电话以及顾客数据库管理服务器所取代。当有人进入房间时，射频识别器在限定的时间内迅速校验访问房间的权限并且向电子锁发出开门的指令。用户资料更新（终止日期/进入权限）可以无线方式完成。这样的电子锁服务可以用做展览场馆、表演场地、体育馆等的自定义准入访问。在很多专业服务领域可以研发更多的应用，比如维护人员的准入等。

结　　论

我们的目标是通过在三个主要领域采用最新的 ICT 技术来实现服务交付的实例来构建并引入新型服务理念。为了详细阐述一些概念，我们进行了市场调研，邀请客户参加专题研讨会，或者开展与服务提供和交付有关的人员访谈活动。在研讨会上，通过展示基于最新 ICT 技术的某些服务理念可以启动研讨进程。通过专题研讨会和对终端用户的研究，我们在分组实验的基础上细化了初步的服务理念。基于市场调查，在运动型娱乐研究中，两个侧重于提供与健康有关的信息的娱乐理念得以重点阐述。在 Plamos 工程中，引入了一种新的工具理念，其中多种信息相融合，并在维修业务专用设备中体现价值。Facma 工程通过手机取代物理钥匙的方式来确定各种条件下的流动性 FM 的访问权限的控制服务。这些初步的理念将与终端用户共同取得逐步进展。

参 考 文 献

[1]　Engeström，Y. Activity theory and individual and social transformation. In Y. Engeström & R. Miettinen & R. -L. Punamäki（Eds.），*Perspectives in Activity Theory*（pp. 19-38）. Cambridge：Cambridge University Press.

[2]　Iansiti，M.，MacCormic，A. Developing products on internet time. *Harvard Business Review*，September-October 1997，pp. 108-117.

[3]　Meyronin，B. ICT：the creation of value and differentiation in services. *Managing Service Quality*，Volume 14，No. 2/3，2004，pp. 216-225.

[4]　Neu，W. A.，Brown，S. W. Forming Successful Business-to-Business service in Goods-Dominant Firms. *Journal of Service Research*，Volume 8，No. 1，August 2005. pp. 3-17.

[5]　Norros，L. *Acting under uncertainty The core-task analysis in ecological study of work*. VTT Publications，ISBN 951-38-6410-3；951-38-6411-1

[6]　Statistics Finland，Statistic releases，March 16，2005，www. tilastokeskus. fi/

[7]　Tolman，A.，Möttönen，V.，Tulla，K. Mobility in Facility Services. *Proc. of Changing user demands on buildings，needs for life cycle planning and management*. Edited by Haugen，T I.，Moum，A.，Bröchner，J. Trondheim international symposium CIB W70，June 12-14，2006，Norwegian University of Science and Technology. Trondheim Jone 1996. ISBN 82-7551-031-7. pp. 559-56.

把服务设计引入到服务科学、管理和工程中

Stefan Holmlid
（瑞典林雪平大学人文中心系统）
Shelley Evenson
（美国卡内基—梅隆大学设计学院）

服务设计是指应用设计方法和设计原则来设计服务。服务设计对传统服务的开发方式来说是免费的设计，因此应对服务科学、管理和工程有所贡献。本文将介绍两个能阐明服务设计方法独特作用的示例。

引　　言

服务设计通常称为从外到里透视服务的发展[14]。更确切地说，服务设计关注的是应用系统设计方法和设计原则来设计服务。正如工业管理和工程依赖工业设计，服务产业需要把设计的发展、集成和如何适当设计集合成一个核心竞争力。

什么是服务的设计

服务设计通常称为从外到里透视服务的发展[14]。更确切地说，服务设计关注的是应用系统设计方法和设计原则来设计服务。更确切地说，服务设计是系统地运用设计方法和设计原则于服务之中。服务设计作为一个领域拥有与交互设计一样长久的历史[7,14,15]。它于20世纪90年代开始兴起，相当于工业设计的开始时间。服务从我们的角度设计假定以客户/用户作为出发点或切入角进入一个特定的服务，并通过使用创意、以人为本、用户参与等方法模拟服务如何进行。同时，服务的设计在一个组织的经济和战略意图中能集成大部分的设想和方法去表达所需的服务素质。因此，在服务设计中合作者可以看见、表述并且精心设计别人看不见的自己设想的尚不存在的解决方案，观察和解释需求和行为，并转化为他们未来可能的服务，然后通过专业术语表达和评估服务的质量[18]。

服务设计作为一个学科其不应被孤立地看待，而应作为服务发展、管理、运

营和营销的一个补充[5,6,14]。

　　服务设计活动贯穿于整个开发过程（参见［5，9，17］）。在服务创新设计的方法中，集成这些贯穿于服务发展进程的活动，这包括跨越整个设计过程中的探索、生成并评估研究——从发现到发布[8]。这个流程和传统的方法不同（参见［2，3，11，22］），它不是通过定义策略开始的，而是通过探索或实地研究来获得战略创新的机会。另一个区别是，作为设计学科的服务设计（参见［14，16］），尽管过程分析是我们服务设计的衡量方法，但它不单关注设计的过程。服务设计作为一种战略工具有助于服务各要素的发展，如以用户为导向、文档化等[4,5,10,12,20]。

　　服务创新借鉴多种方法以人为本，并通过制定和做成样板来描述服务的实现，以及其应具有什么样的质量[18]。服务设计从这个意义上来说，其目的是创造有益的、可用的、可取的、有效率和有功效的服务。

把设计引入到服务中

　　本文接下来将描述两个来自我们在服务设计和创新上的经验能促进 SSME 进步的高层次分类方法。

以人为本的方法

　　在其他的传统设计中，如建筑和交互设计，以人为本的方法自 1980 年以来已成为其研究和实践的核心部分（参见［10］）。我们服务设计的方式就建立在致力于让客户参与设计流程从所有阶段的实践基础之上。

　　以人为本的方法始于人；从如对象的目标，对象做了什么，到希望得到什么以及其经验等。以人为本方法的一个重要属性是其整个过程是迭代的。也就是说，我们经常评价给顾客及其他利益相关者服务的设计解决方案和思路，他们在这期间会投入大量变化的影响以进行突破性的创新。以人为中心的两个特别有效的方法分别是为对象提供视觉化记录客户交互过程和使用类型作为探索顾客期望值的切入角。

可视化记录客户交互过程

　　要了解服务的体验，至关重要的是要"穿着顾客的鞋走路"，即要了解认识和体会用户交互的过程，通过客户其体验服务的可能途径。有许多技术能把客户交互的过程记录下来，如绘制流程图、行为跟踪以及可视化行为观察，而最重要的是了解所有有关的活动和约束，然后制定出未来可能需要的选择。从有关客户的服务体验中搜集相关实例是一种使问题、机遇以及与服务人员的价值更加明显的方法。例如，在参观者多为孩子的博物馆，设计人员应该以孩子的身高来在博物馆行走。在设计泊车服务时，设计人员应亲自体验通过指示牌到达某个区域，当然还要体验一下停车收费器，也可以通过体验网上购买一本书的过程，来理解电子购物车与送货上门对于服务体验来说是同样重要的。

使用类型作为探索顾客期望值的切入角

了解用户的感受在服务中的期望值，这在服务研究里是十分重要的课题。把工作风格作为一种设计框架是一种有效的技巧[13]。简单地说，一种风格，可以说是生产者和消费者之间隐含的联系，引领着生产过程和消费者的期望。例如，从美国地方诊所到大型医疗集团都提供有许多不同的医保服务，服务类型明确地寻求什么样的事实真相可以用作沟通，什么样的贡献在设定服务接触的期望值中有所帮助。当我们能够明确确定类型和区分类型和子类型的细节时，这就提供了一个基准线和期望效率的服务设计模型。

模拟、建模和制定方法

可视化或模拟、建模以及制定成功的服务设计来说至关重要。模拟、建模以及制定与服务发展活动是密切相关的，如记录自然环境或服务环境[1]，绘制蓝图[19]，并确定接触点[21]。在服务设计中建模，建立原型并完善细节要借鉴更为广泛的艺术手段如戏剧，以及通信、工业和互动设计。

利益相关者模型

在服务设计的过程中，在两个方面对利益相关者进行建模。首先，对服务在抽象的层面绘制或建立与所有利益相关者及其影响的图例以明确生产者、合作伙伴、用户和外围影响之间的关系。其次，使用这种制图和基于现实世界的观察的方式，创建服务对象来捕获和交流不同的目标导向的客户类别，并且用以维持联系密切的服务活动。接着使用服务对象来驾驭情景。

建模活动——情景的作用

模拟发生了什么情况、人们的行为如何、事情是以什么顺序发生的且后台和前台的活动可以通过什么方案来协调。故事板作为一种叙述方式被提出，它往往以漫画的形式，来描述某一利益相关者（或服务对象）在服务过程中的活动。在设计过程中的生成阶段，即能使用户能够说明、叙述和编排他们的理想情景的阶段，要突出解决方案和设计目标，且时常能导致服务创新。当以这种方式表达自己的理想情景时，客户就会与其想从服务中获得的价值紧密联系，同时他们感受到其将如何融入他们的活动、生活方式，并实现他们的目标。

原型

服务的原型包括了经验以及接触点。原型的范围可以从"真理的时刻"[5]的粗略草图，到实际具体的设施。创建文化调查也可以有效地捕捉客户的一系列广泛关注。例如，通过技术调查，客户可以通过提供的白盒子实现自己的目标。这样的话，她可以描述在白盒子中的服务概念和习性，并且能够区分由技术应用以及直接由人们参与服务的概念和习性上的差别。

完善细节

以拟剧方法工作使得设计人员和用户在服务体验被系统化，可在服务体验建立前就能对其进行扮演或模拟。通过这样做，可以找到异常情况和意外的解决方案。让用户看到，为解决一个问题而尝试并切实把不同的建议付诸行动，这能提供详细的投入成本以及整体设计决策。用于原型中的成果就是邀请参与者评论的原型，往往设计成故意对用户进行刺激，以评估设计选项的具体细节。

结　　论

基于服务设计的描述作为一门设计学科，似乎很适合驱动和支持 SSME 的发展。服务设计本质上是以人为本并主动参与，它通过两个例子说明了以上论述，给服务创新带来了独特的方法和视角。服务设计的从业人员从有用到有效的关注全局，驱动并和客户一起创造价值技术进步的过程，有力地推动了 SSME 的发展。

参 考 文 献

[1]　Bitner，M. J. , Servicescapes：The impact of physical surroundings on customers and employees. *Journal of Marketing*，55（jan）：10-25.

[2]　Booz, A. , Hamilton. *New Product Management for the 1980s*. New York：Booz Allen & Hamilton, Inc. （1982）

[3]　Bowers，M. R. *New Product Development in Service Industries*. Doctoral dissertation, Texas A&M University. （1985）

[4]　Bruce, M. , Bessant, J. *Design in business：Strategic innovation through design*. Design Council, UK. （2002）

[5]　Edvardsson, B. , Gustafsson, A. , Johnson, M. , D. , Sandén, B. *New service development and innovation in the new economy*. Lund：Studentlitteratur. （2000）

[6]　Edvardsson, B. , Gustafsson, A. , Roos, I. Service portraits in service research：a critical review. *International Journal of Service Industry Management* 16 （1）：107-121. （2005）

[7]　Erlhoff, M. , Mager, B. , Manzini, E. *Dienstleistung braucht Design. , Professioneller Produkt-und Markenauftritt für Serviceanbieter*. Herausgeber：Hermann Luchterhand Verlag GmbH. （1997）.

[8]　Evenson, S. Designing for Service. *Proceedings of DPPI2005*，Eindhoven.

[9]　Grönroos, C. *Service management and marketing：Managing the moments of truth in service competition*. Lexington Books：New York. （1990）

[10]　Holmlid, S. Interaction design and service design：A comparison of design disciplines. Submitted to

NordiCHI. (2006)

[11]　Khurana, A. , Rosenthal, Stephen R. Integrating the fuzzy front end of new product development. *IEEE Engineering Management Review* , 25 (4,): 35-49. (1997)

[12]　Kristensson, P. , Gustafsson, A. and Archer, T. "Harnessing the Creative Potential among Users", *Journal of Product Innovation Management* , 21 (1) 4-14. (2004)

[13]　Lundberg, J. *Shaping online news: Genre perspectives on interaction design.* Linköping Studies in Science and Technology Dissertation No. 918. Linköping, Sweden: Linköpings universitet.

[14]　Mager, B. *Service design: A review.* KISD, Köln. (2004)

[15]　Manzini, E. , Il Design dei Servizi. La progettazione del prodotto-servizio, in "*Design Management*", n° 7, Giugno, (1993)

[16]　Moritz, S. (2005) . *Service design: Practical access to an evolving field.* MSc thesis, KISD.

[17]　Scheuing, E. , Johnson, E. A proposed model for new service development. *The Journal of Service Marketing* , 3 (2): 25-34. (1989)

[18]　Service Design Network. *Service design network manifesto.* Unpublished. (2005) .

[19]　Shostack, L. Designing Services That Deliver, *Harvard Business Review* , January-February, 133-9. (1984)

[20]　SVID. Design ladder, available athttp://www. svid. se/wlt/7FFF9336-1086-4965-8C4F0CD72E90700B. wlt

[21]　Zeithaml, V. A. , Parasuraman, A. , Berry, L. L. *Delivering Service Quality: Balancing Customer Perceptions and Expectations.* The Free Press, 1990.

[22]　Zeithaml, V. A. , Bitner, M. J. , and Gremler, D. *Services Marketing: Integrating Customer Focus Across the Firm* , *4th edition* , New York: McGraw-Hill, 2006.

日本大学的 SSME 研究和教育

Hideaki Takagi

（日本筑波大学系统和信息工程研究生院）

　　我们首先谈谈在日本是如何看待服务的。然后，我们讨论大学在推进 SSME 的研究和教育以及促进服务创新中的作用。以 Tsukuba 大学为例，我们目前的研究线索是以客户为中心的业务创新和大学发起的以医疗服务为主的合资企业。我们也阐述 SSME 在两所日本大学的课程教育。最后，我们要给予一些关于 SSME 类的研究生和专业课建议。

引　　言

　　像其他先进国家一样，在日本超过 60％的工作人口现正从事服务产业，并且这个比例将进一步增加。然而，服务产业的生产率被认为比不上制造业。在 20 世纪 80 年代，制造业是促进经济显著增长的主要动力。因此，应该看到，在服务产业的创新将导致整个行业的进步，进而导致其在 21 世纪可持续繁荣。在人口总数已开始下降的日本尤其如此。

　　另一方面，最近日本政府宣布 2006～2010 年第三个五年计划，基础科学和技术中确定了四个主要领域（生命科学、信息通信、环境、纳米技术和材料）和其他领域（能源、制造业、社会基础设施、边缘学科）作为国家 R&D 投资的主要领域[1]。其中提到的结合人文科学、社会科学和自然科学知识的创新服务需求简述如下。

　　许多外国游客认为，日本酒店的服务是一流的。日本汽车交易商和电器商店提供长期的"售后服务。"但是，这些都是各公司为自己的业绩而改善的服务。Tadahiko Abe 博士的 Fujistu 研究所指出，日本对服务的科学研究的基础薄弱[2]。他提到了以下几个原因：

　　——服务不被认为是业务的功能，它被看做是个人的精神、态度，有时仅仅是为降低产品价格而牺牲自己。

　　——发明/改善业务流程往往是作为保持和继承个人的智慧。它不受形式化、调制、标准化或证书证明。

——很少有私人部门公开讨论研究成果和商业惯例（往往相互竞争）。

——大学里有工作和管理的行业经验，有 IT 技能，并对人类思想和行为有见解的教员不多。

然而，为了克服这些困难，开展日本的 SSME 研究是十分重要的。我坚信，大学与产业可以朝这个方向合作。

SSME 研究的贡献

在本节中，我们讨论 SSME 的研究在学术方面的贡献。将提及在筑波大学开始对服务管理、数学和统计科学应用科学研究，以及以客户为中心的业务流程创新。

服务管理的科学研究

在快餐店，酒店和呼叫中心完全手册可用于处理客户的一致性。到目前为止，研究人员和服务管理顾问在服务实践的情景下收集了许多良好的实例，这给他们提供了有益的指导。然而，从农业到制造业生产，工程方法由于服务固有的差异可能没有被充分利用。许多工程技术已被开发用于决策（科学家的参与）。这可能是适用于服务的管理过程。

数学科学的应用

业务研究的各种技术已应用于评价和服务系统的设计。他们应在 SSME 框架工作中保持实用的科学态度。举例说，服务设计是：

——对系统优化设计的数学规划受诸多限制，例如航空公司的机组人员和体育比赛日程安排。

——队列的容量规划和服务质量评价理论体系。

——代表实体之间关系的图论，以及关于运输、分销的网络流理论和通讯网络、制造工艺等，Petri 网可用于描述服务的协议。

——随机过程，特别是关于宏观建模 Markov 过程和 Markov 决策过程和设计时间依赖的概率过程。

——很难对复杂系统仿真事件进行离散数学分析。

统计科学的应用

在服务科学上统计方法是必不可少的。在传统意义上，理论模型必须对实际数据进行验证。项目和指标的调查问卷必须基于统计分析。更先进的统计模型的例子是结构方程建模器（SEM），一个基于需求和供给的经济计量方程模型。它可用于组织行为学、市场营销、服务和科学等许多领域。

数据挖掘现在是协助调查决策的智慧法器，而且在高度复杂的商业环境决策中是不可缺少的工具。它对比传统假设的显著优势是基础的数据分析。知识的发现技术随着统计分析、运筹学、计算机和数据库研究等信息处理技术的进步，现已具备商业人工智能学习（AI）的可能。

日本筑波大学的研究项目

筑波大学管理科学的教师对服务质量评价、系统优化、业务流程管理、市场营销、客户管理、消费者行为、组织行为等进行了广泛的研究。然而，这些努力是分散的。从 SSME 中获得灵感，由个别项目合成的服务科学合作研究项目的小组已经成立。从一开始就不追求广泛的范围，我们决定把重点放在以客户为中心的业务创新作为 SSME 的主要课题之一。我们计划在未来三年研究以下项目：

——以客户为中心的业务创新模式：以电子市场为例，研究服务创新的管理方法。还在客户关系管理上应用数据挖掘方法。

——了解客户的定量方法：首先对客户表征的各种方式进行分类，如客户满意度/喜悦、版税和服务产业的终身价值。通过美国顾客满意指数的调查数据排序，我们构造了这些措施的评分模型。

——以客户为导向的营销模式：开发了一种通过定量的检测方法估计消费者的行为的模式，通过测试他们是基于价格来购买还是基于总体拥有成本来购买汽车。还研究了在市场营销推广使用手机媒体如手机和和 PDA 的运动引擎模型。

——以客户为导向的员工管理：研究该公司的销售和其雇员面对客户的态度两者间是否有正相关关系。

产业和大学合作进行创新

创新是可以通过从学术界到产业的技术转移，或是学术界对产业问题的建议。在这一节中，我们将讲述在这样一个服务领域的成功故事。我们还敦促大学的研究人员转变创新研究的思想。

医疗服务创新：从大学起源的合资公司

筑波健康研究公司（TWR）根据 Shinya Kuno 博士的研究成果于 2002 年 7 月在筑波大学成立[3]。基于"使日本更健康"的概念，他的业务包括给予当地社区和健康保险办会基于一套健康促进系统的可靠咨询，开发和提供量身订造的基于科学事实的体育锻炼项目（"电子健康系统"），以及培训规划和举办健康促进活动的工作人员。它把老人从与生活方式有关的疾病和长期卧床的阶段中拯救出来。医疗电子公司也参与其中。第一年就实现了营利，现在他们已与日本各地的20 多个地方社区开展合作，超过 3000 人参与了该计划。例如，一个地区卫生保健系统在与千叶县政府的合作中被开发。TWR 的这一成就已作为政府政策作用下的重点，如"制造新产业的战略"和"边境卫生战略"。

大学如何促进服务创新

大学的研究人员当他们试图发起新的研究时，习惯于去搜索现有的文献，如学术期刊。但是对于 SSME 的研究，他们应该转向把行业和整个社会来作为研究对象。该研究的目的是创新和在目标组织中产生价值创造，而不是写理论研究论文。这种学术界以外的人际协作已不受欢迎，因为在日本的大学学术成就中已不受赞赏。为了促进创新，大学的学者应分担普通业内人士的前景和研究问题。没有创新将有可能使得双方只是舒适地坐在自己的扶手椅中。

SSME 在日本的教育

日本的许多大学似乎不提供服务管理类的课程，更不用说服务科学。下面我们举两个在日本的服务科学上的教育计划的例子。

JAIST：摩托罗拉课程

在日本北陆先端科学技术大学院的技术管理（MOT）系列课程中，Akio Kameoka 教授正在为有工作经验的学生讲授服务科学的课程。根据他们的宣传册[4]，服务科学将是下一代摩托罗拉教育的关键因素。学生学习与服务理论相关的基本概念，他们研究创新服务是如何有助于使公司更具竞争力的。

筑波大学：工商管理硕士课程

在筑波大学的工商管理硕士（MBA）和公共政策硕士（MPP）计划中，我们在 2006 年秋季刚开始了一项名为"科学的服务：理论与实践"的短期类课程。这个项目的授课对象是拥有专业思想的非数学背景的学生。其五个星期的讲座组成如下：

第一周：介绍服务科学、社会范式的转变、工业和 R&D；

第二周：基于信息和通信技术的服务创新；

第三周：定量规划和服务质量的评价（排队论）；

第四周：资源优化服务：数学规划和网络流理论的应用；

第五周：卫生保健服务的创新：学校的服务教育。

谈到排队论，我们并没有详细说明我们在实战研究课上所做的随机过程。相反，我们解释作为一种通用的系统工作原理的 Little 定理，并从经营者的观点和用户的观点两者中权衡服务质量的评价。现在我们可以把数学规划的应用到运动会的安排，如足球和棒球，它们的制订通常是在其作为优化问题受到很多限制的情况下。基本算法和网络流理论的应用也将被传授。

对大学 SSME 教育的建议

通过理解服务专业知识与实际商业例子相结合的方式，SSME 将被全面的了解。因此，我认为在大学和专业学校对在具体领域拥有扎实的本科教育背景以及可能有工作经验的学生讲授 SSME 是恰当的。

SSME 的研究生教育阶段可包括：

——在二十一世纪的产业中服务的日益重要。

——在对没有数学专业背景的学生的服务管理中数学方法的潜力。

——面向数学专业背景的学生的数学和统计科学的数学方法应用。

——讲座以外的学期项目。

——如果可能的话进入行业实习。

高等数学是非必要的。然而，由于现在仍处于服务科学研究的初级阶段，所以学习微积分、线性代数、统计以及信息处理实用技术的知识是强制性的。

结　　论

我们的共识是，为了二十一世纪的可持续发展，科学的服务方式是加强服务产业生产力的一个非常重要的手段。但是，我们仍然处在政府、行业和大学研究方向的探索过程。研究和大学教育对于促进产业发展的作用是相辅相成的，而且在产业里每个公司在自己的业务领域发明其各自个性化创新方法。校企双方产生的相互作用将促进 SSME 的快速发展。

参 考 文 献

[1]　　http：//www.mext.go.jp/a_menu/kagaku/kihon/06032816/001/001.pdf（in Japanese）.

[2]　　Tadahiko Abe，"What is Service Science?" *Economic Review*，Vol. 10，No. 2，pp. 10-26，April 2006，Fujits」Research Institute（in Japanese）.

[3]　　http：//www.twr.jp/（in Japanese）.

[4]　　http：//www.jaist.ac.jp/ks/mot/panfu.htm（in Japanese）.

服务科学——一个日本人的观点：缺陷与机会

Toshiaki Kurokawa

（日本国家科技政策研究院教育部）

服务科学、管理和工程（SSME），在日本已成为科学和工程学界的热点议题，但是，对 SSME 的定义和如何进行 SSME 仍存在异议。一个典型的例子是，那些在日本声称是 SSME 实践者的人并不属于科学与工程组织而是属于企业和技术的管理。我将会指出日本 SSME 的一些缺陷，并探讨如何避免，进而试图描绘 SSME 在日本的独特机会。指出的缺陷有：缺乏明确目标，缺乏领军人物，缺少关注客户，忽视政府的作用，以及模糊了创新和 SSME 的关系。本文还列出了传统的日本一流服务和生态系统的众多独特的机会。

引　　言

服务科学、管理和工程，已成为科学和工程学界的热点议题。在日本[1,2,3]，这些声称自己是 SSME 在日本的实践者实际上大多是以企业和科技管理为主。这是一个典型的不同现象，显示出"日本的服务科学"的一个缺陷。

在本文中，我将指出，日本的 SSME 存在的一些缺陷可能阻碍甚至危害 SSME 正常发展。然后，我将探讨如何避免这些缺陷，并试图描绘日本的一些独特的机会。

日本的 SSME 存在的缺陷

在任何新的学科，难免会有一些缺陷。SSME 也不例外，我们不必对此感到遗憾。我们需要做的是直面和了解这些缺陷，以使我们在 SSME 未来的发展中能够避免这些，为此让我们加以讨论：

SSME 的目标

总的来说，一个分支学科的目标可以因人而异，只要是忠于科学的。但是，在日本 SSME 的目标被过于宽泛的分化。

例如，日本经济产业省（METI）于 2006 财年成立 SSME 委员会，其主要目标是通过 IT 产业的就业创新传统服务产业。

教育、文化、体育、科学与技术部门的负责人表示，他认为，如果 SSME 只是面向传统服务部门（或所谓的第三类工业），那么这对科学来说将毫无意义。这是与 METI 完全相反的意见。

在 2005 年 SSME 讨论会上，来自基层的声音表示，SSME 最关心的是一个传统日本人的观点，即服务是免费的。担心如果服务是免费的，那么他们将不愿开发服务科学/技术，进而无从获得任何价值。

一个《IPSJ》杂志编辑表示，"服务科学"这个词范围广阔，但内容含糊[4]。他认为，"服务科学、管理和工程"应更具体地解释某些事情，但他仍不知这是否就是新的规律。

另外一个科学杂志的编辑认为，SSME 是另一种新型的计算机科学/工程。人们为某种理由正试图给这个行业贴上新的标签。

我们确实需要对 SSME 的目标做一些讨论。确定和共享的 SSME 目标将有助于人们更好地了解 SSME，进而在 SSME 的发展中参与和合作。

谁驱动了 SSME

依我看来，科学和工程领域与体育和艺术领域没有什么不同，理由是其取得的进步是由个人创造，而不是由系统或组织。

我有一个有趣的经验，任何学科都能从单词"服务科学"中获得灵感，并认为这其中有一些机会可以使他作出贡献。

另一方面，我还没有遇到任何宣布 SSME 是其专业领域的日本科学家。大多数人认为，SSME 与自己的领域相关，但它不会取代或超越他所有的行业。

在某种程度上，在日本"服务无处不在，服务为人人"。不过，由于为每个人服务的科学可能就是不为任何人的科学。所以我们需要一个特定的专业来驱动这一领域。

从这个角度讲，界定"服务科学家"以了解什么是 SSME 是一个有趣的想法[5]。但是，我们需要进一步的工作来说明这些专家应做什么（以及不做什么）。

此外，我们可能需要在这方面有一位伟人作为一个榜样来阐释一个服务科学家的行为。一个神话般的榜样将能吸引大量年轻人加入这一新的领域。

通常，当我们谈论科学的学科时，我们努力为具体事物命名，将知识的成果实体化，以阐释这个学科是什么。不过，在 SSME 中，我们需要人情味和一些有趣的小故事来达到这一目的。

SSME 的客户

在一个科学学科中定义客户并不常见。然而，客户对于 SSME 来说是非常重要的组成部分，从本学科的利益追求角度来看也是值得考虑的。

不幸的是，回答"谁是 SSME 的客户?"的答案与之前讨论的 SSME 的目标的答案一样宽泛。

例如，METI 的服务部认为 SSME 的主要客户是日本服务产业。有趣的是，日本经济产业省担心服务业效能提高可能会导致裁员或降低就业。

内阁属下的科学和技术委员会成员似乎认为 SSME 带来创新。因此，其客户应在科学和技术界。根据这一既定思路，一些日本电子公司建立了 SSME 小组。

一个信息有关的服务提供商认为，SSME 是其下一个重点销售对象，但还没有任何结果。其中一个为什么他们就 SSME 投资的原因似乎是真实的，即 IBM 公司作为服务公司本身是促进 SSME 发展的。

摩托罗拉和日本大学的 MBA 课程现在把 SSME 作为一门选修课。不过，目前尚不清楚什么样的学生需要学习这一课程，什么样的公司或企业部门需要聘用完成 SSME 课程的毕业生。

如果"服务无处不在且为人人"，那么 SSME 的客户可能是每个人，进而所有人都不是如同我们之前讨论过的驱动 SSME 的人。不过，即使"服务"无处不在且为众人是事实，我们也需要确定谁是 SSME 的客户或谁从 SSME 中受惠最多，因为"服务"始终是归结为客户的需求。

如果我们能就 SSME 的目标达成一致，我们同样可以推导出 SSME 的客户。反之亦然，客户可以告知 SSME 的目标。所以我们需要确定 SSME 的客户。

政府在促进 SSME 发展中的作用

刚才已经讨论了多样化，然而，这似乎与日本政府促进 SSME 的需求一致。没有反对意见。不幸的是，对于政府是否应该发挥作用还存在异议。一个明显的异议存在于促进 SSME 服务部门化的 METI 与促进 SSME 在科学和技术上创新的 MEX（日本科教文省）之间。尽管两个部都认为，政府需要帮助 SSME 推广、接近、定位而且客户（行业或组织）是不同的。

人们可能会认为，让他们为所欲为，只要他们能推动 SSME 发展就行。然而，这种态度有负面影响，可能最终导致对什么是 SSME、其目标是什么以及谁是 SSME 的专业等问题的混乱。举例来说，只是想在政府的推动下发展大学和学院 SSME 课程。目前的 METI 和 MEX 在课程上的做法完全不同：一个为商学院而另一个为科学/工程学校。

另一种混乱可能涉及 SSME 在 R&D 上的努力。传统上，日本的服务产业没有在 R&D 上多投资，而 SSME 的提升可能会使其主管部门关注 R&D 上的研发费用，但是，它可能不是件容易管理的事，更不要说如何执行。

政府可以发挥的其他作用是排除任何阻碍 SSME 发展的障碍或规章。但是我到目前为止还没有听到任何此类的消息，然而，SSME 的追求可能在今后带来这种机会。

此外，曾经在 2005 年上海 SSME 研讨会上讨论过的可能，是政府的运作也是 SSME 的应用领域之一。日本政府，无论地方或中央，都没有拥有良好的服务声誉，这与通常享有良好的信誉服务的私营公司形成鲜明的对比。

从历史上看，日本政府在日本新的科学学科上发挥了重要的作用。这将是 SSME 的现实，为此，我们在 SSME 的推广上需要考虑政府应有的作用。

创新与 SSME

"创新"一直是 SSME 的同义词。说 SSME 提供了创新没有什么错误。创新和 SSME 的问题是模糊它们的意思和错误的希望 SSME 是一种创新的魔法。

正如你所见，"创新"这个词的意味因人而异。不幸的是，"创新"已成为被滥用的词汇，甚至可能最终意味着一些对你有好处的东西。我们知道，有很多方法都能带来创新。我们也知道，没有任何简单的方法能实现有价值的创新。

作为一门学科，SSME 可能带来创新的一些组件。另一方面，一些创新活动将有助于追求 SSME 并把 SSME 带到新的阶段。但是，创新本身上是与 SSME 不同的。作为一门学科，SSME 应继续，即使它并没有带来任何创新。

避免缺陷

我建议的解决方案应避免在前文所提到的缺陷，但我要再次强调其中在这里的一些。

大挑战

我们需要建立大的挑战，这是 SSME 中的一个重大问题。这可能不会阻止多样化本身，但是会使人们一起工作，并激励人们加入这一领域。

伟大的领导者

我相信，一门学科的强大驱动力是人、他带来的丰硕成果以及为追随者提供滚动模式的奉献和承诺。我们需要找到一个日本的 SSME 英雄。

公开的讨论

有必要公开讨论这些缺陷。尤其当我们要处理的棘手的缺陷如政府的作用、目标客户以及与创新的关系时这将更为重要，因为将不会有一个简单易用的解决方案。这里的公开讨论肯定包括国际交流。

日本独特的机会

尽管我列举了不少缺陷，但我也看到一些日本在 SSME 上独特的机会。

传统的一流服务

日本有一个"一流的服务"的良好传统，这已经广泛收到人们的赞赏。我们可以找出 SSME 的发展中这种高质量服务的关键组成部分。

服务生态系统

Yasutomi[6]提出的看法是目标——计划——实现这个计划，这在当今复杂的世界是行不通的，取而代之的是生态系统计划应被建立和处理。他似乎受 Gregory Bateson 的生态观点的启发。这种生态系统的见解，也符合日本的传统，并给出了研究服务在当今复杂的世界里的重要地位。

结　论

我已经论述了在日本 SSME 推广中的一些缺陷可能会阻碍 SSME 的发展，并可能对想要在 SSME 上有所贡献的人产生混淆。为了避免这些缺陷，有必要建立挑战或分享 SSME 的目标。著名的领导人能给予榜样和具体的例子阐释怎么去做 SSME。关于 SSME 的公开讨论的任何方面如政府的作用是必不可少的。人们还注意到，日本可能在 SSME 推广过程中有一些独特的机会，如其传统的一流服务和 SSME 的服务生态系统。

参 考 文 献

[1] Hidaka, K. Trends in Service Science in Japan and Abroad. *Science & Technology Trends-Quarterly Review*，NISTEP（MEX），No. 19，April 2006，35-47

[2] Mizuta, H. （ed.） Special issues on Emergence of Service Science：Service Science, Management and Engineering（SSME）. *IPSJ Magazine*，Inf. Proc. Soc. of Japan，May 2006.

[3] Kurokawa，T. From Computer Science to Service Science? . *Kagaku（Science）*，Iwanami Shoten，August 2006.

[4] Editor's Column，*IPSJ Magazine*，IPS of Japan，May 2006.

[5] Spohrer, J.，Maglio, P. P.，Kreulen, J. T. and Srnivasan, S. Becoming a Service Scientist. *IPSJ Magazine*，Inf. Proc. Soc. of Japan，May 2006.

[6] Yasutomi, A. *Live in Complexity*：*soft controls*. Iwanami-Shoten，June 2006.

服务科学赋予下一代 MOT——通过服务层次综合战略蓝图规划的及时创新管理

Akio Kameoka

（日本技术先进研究院知识科学部）

先进的管理技术重点转向为传统的产品和系统集成更先进功能高附加值的服务创新。本文为新兴"服务科学"提供了一项计划，期望支持服务创新并衍生出集成新服务的实用方法。

"服务"的一个定义

"服务"的概念还没有明确界定且还没有被广泛接受，但在这里大致定义为"以帮助个人或组织实现其目标的辅助活动"。因此，它包括身体支持功能、心理支持功能、智力支持功能、精神支持功能以及通过产品提供的技术支持功能。有增值服务的产品和系统将能提高客户满意度以及总体客户价值，其应被考虑作为产品或系统的常规价值，增加服务的值同时也相应增加单个用户的值。

多层次的路线图/蓝图规划

先进的战略路线图/蓝图规划在这里为未来下一代创新管理开发引入了新的"服务"独立层，其位于服务和产品层次之间，它涉及一个把产品及其相应支持服务相捆绑的新功能概念。服务提供方必须澄清"功能的需求"而产品制造方必须明确"提供的功能"，以填补产品和服务层之间的差距。这些需求和供应功能分析与合成在未来的目标设定和相互关系的发展情景中提供了一个创造性的迭代路标过程。产品到服务的扩展对日本制造业企业来说是至关重要的。

下一代 MOT 的战略目标："及时创新"的挑战

未来 MOT 面临的各种挑战如下：它在管理领域必须引入新的内容，包括驱动创新的科学、科学和技术融合、先进技术的融合，例如 NBIC（纳米技术、生物技术、IT 技术和认知科学），有着与过去的传统创新过程非常不同因素的技术服务的融合。因此，为下一代创新管理的新方法，要结合各方面，以全面了解新技术自身以及他们在社会和商业上的影响。这样一个综合战略规划和技术动态创新管理是"及时创新"所重视的，从创新全过程的一体化中扩大制造业领域，且从时间跨度看未来，发展先进技术路标的方法是符合需求的公司的做法。与此同时，下一代的创新模式应从全球的观点来看，包括国际合作，全球性联盟，并且 Hiroshi Inose 教授认为在二十一世纪竞争取决于"共生竞争力"。

中国第三产业研究中心关于服务经济与管理的研究和教育 (CCSSR)

李江帆

(中山大学中国第三产业研究中心)

本文介绍了中国第三产业研究中心 (CCSSR) 的成立背景。并介绍前期和目前 CCSSR 国家和省级科研课题和活动以及相关教育活动。自 2001 年成立以来，中山大学的 CCSSR 已对中国在服务经济领域的研究和教育作出了许多贡献。相关研究工作和出版物已经达到国家和国际水平。

中国第三产业研究中心的成立背景

中山大学的中国第三产业研究中心成立于 2001 年，是中国第一个研究第三产业的机构。其研究重点着重在服务行业，是中国经济研究的领导者。

CCSSR 主要研究方向有：

1. 服务业经济的理论和实践；

2. 各省、市、县、镇和地区服务业发展的战略规划；

3. 服务经济的分析和发展规划；

4. 服务业操作的管理。

这项研究涉及如下服务行业：运输、仓储和邮政、信息传输、计算机服务和软件业、批发及零售等服务行业、旅馆业和饮食业、金融业、房地产业、租赁、商业服务、科研、技术服务和地质勘查业、水利、环境和公共设施、社区服务和其他服务业、教育、卫生、社会保障和社会福利业、文化、体育、娱乐、公共管理和社会组织以及相关国际组织。

CCSSR 研究团队目前有 27 位特约研究员和 35 位博士生。中心主任兼首席研究员是李江帆教授。李冠霖博士、杨望成副教授和李美云博士是 CCSSR 主任助理。

CCSSR 研究项目

从中国第 7 个五年计划至第 9 个五年计划期间的国家研究计划中，CCSSR 研究小组一直在积极参与国家一级的研究，具体如下：

——中国第三产业发展战略和政策（1993～1996 年）；

——中国第三产业当前形势和发展战略（1997～2000 年）；

——服务产业的内部结构和发展服务行业的相关政策（1998～2001 年）。

更多国内相关研究课题：

——对第三产业在中国垄断的改革战略与政策（2002～2004 年）；

——产业结构的变化和服务经济前沿问题（2005～2007 年）；

——教育产业与教育服务产品理论（2002～2005 年）；

——营利组织的运行机制和管理（2001～2005 年）；

——在中国经济发展中体育产业的角色和作用（2004～2005 年）。

CCSSR 同时也很早就参与了重大的省级研究项目的研究。广东省研究项目的主要领域包括第三产业经济学（1986～1988 年）；第三产业管理研究（1992～1996 年）；中国第三产业结构的调整和改进（1997～2000 年）；在珠江三角洲地区第三产业的发展和管理（1992～1995 年）；第三产业经济的业务研究（1993～1996 年）和在国内和国外比较研究第三产业内的发展趋势（1997～2000 年）。更多的省最近的研究课题级的研究项目都集中在实现现代化和第三产业上广东的领导作用（2002～2003 年）；垄断行业改革（2004～2005 年）；广东省的工业关系、影响以及服务性行业的发展策略（2002～2005 年）；服务管理对第三产业增长和发展新趋势的影响（2005～2006 年）；发展服务行业的相关广东省政策（2003 年）；改善营商环境来支持和加速服务行业的发展（2005～2006 年）；服务行业中的信息革命（2005 年）。

CCSSR 多年来已完成一批重大研究成果。李江帆教授的著作《第三产业经济学》，由广东人民出版社于 1990 年首次出版，在 1991 年获孙冶方经济科学著作奖。这是中国经济学最高的学术奖。另一个 CCSSR 的研究工作主要成果是于 2004 年由广东人民出版社出版《中国的第三产业经济分析》。还有一本 CCSSR 的研究成果是《中国第三产业发展研究》，获得国家的社会科学基金赞助，于 2005 年由人民出版社出版，被中山大学认定为是其 985 工程成就之一。

CCSSR 有两个已经进行的由国家社会科学基金资助的项目。这些研究项目的首要项目是研究中国的第三产业的垄断——关于改革的战略和政策研究，开始于 2002 年，于 2004 年完成。第二个项目——服务型经济中第三产业的变化和前沿的问题，于 2005 年发起，计划在 2007 年完成。

一些 CCSSR 研究工作经过专家的评估意见得到充分肯定，他们分别是：

——在中国发展第三产业的当前形势和相应战略（2001 年）；

——对中国第三产业内部结构和政策的研究促进第三产业的增长（1998～2001 年）；

——为中国第三产业发展的战略和政策研究（1996 年）。

CCSSR 今后的研究计划是将继续对服务经济、服务管理、电子商务以及物流管理进行研究。关于计算机网络建设中的服务科研项目由 IBM 公司赞助。这些计划用来解决以下重点研究领域和课题：

——通信服务：研究服务收费与发起电话呼叫的地理分布；

——商务服务：分布位置、客户量分析、定价策略的制定、组织供应和工作分配；

——银行服务：改进业务流程、发展新服务、建立服务的规则以及人力资源的安排；

——医疗服务：医疗机构设备与流临床操作的优化；

——运输服务：站点分布、预订系统、价格政策分析、交通流预测、建立服务路径和时间表以及车辆和人员分配。

CCSSR 的博士与研究生教育

在任一企业管理专业（经济和服务部门的管理或产业组织与管理）中的中山大学 CCSSR 已注册的博士/研究生，其论文已完成如下所示（连同学生）：

——中国服务业的兴起（魏作磊）；

——中国服务生产力的发展（顾乃华）；

——中国服务行业的区域化发展（胡霞）；

——休闲服务和相关产业的发展（卿前龙）；

——服务行业的集成和发展（李美云）；

——服务资源的外包和服务行业的发展（陈菲）；

——关于服务生产者的研究（毕斗斗）；

——关于服务行业国际竞争力的比较研究（孔云龙）；

——信息经济和服务行业的发展（徐京华）；

——非营利组织的运营和管理（杨望成）；

——制造业服务化的机理和发展（刘继国）。

这些项目教授的主要课程包括《第三产业经济与服务管理》。额外的培训计划将集中于 8 个新课程，每门课程 15 个课时，这些课程和主要重点如下：

——服务战略规划：分析公司在制订服务战略的过程中的环境因素、策略的类型以及如何选择它们，与服务组织的战略规划和实施。

——服务质量管理：服务质量定义和主要因素、SERVQUAL（衡量服务质量的工具、在所有流程中的服务控制以及服务保障和补救措施）。

——服务组织管理：根据服务质量和客户满意度规划服务组织以及组建其团

队，并使用平衡计分卡方法评价该组织，并建立关键绩效标准。

——设计和改进服务业务流程：服务提供系统的主要因素及主要类型、服务流程的结构模块，并且提供设计服务提供系统的一般方法。

——服务外包管理：分析服务外包的原因，设立外包策略，分析外包的收益和风险，分析成本和性能、管理服务供应商以及相应交涉和合同。

——服务体系模拟与服务政策分析：开发和使用计算机模拟系统的方法和步骤，如何使用模拟系统预测服务需求变化的模式，以及对具体的服务细则和政策变化进行可行性评估。

——非营利组织管理：非营利组织的类型、特点及其管理的操作步骤，中外非营利组织管理的对比。

——服务业的战略规划与宏观政策分析：服务性行业发展趋势、结构变化模式及区域分布特征，其发展战略和相应促进服务业发展的法规和政策。

结　论

自 2001 年成立，中山大学中国第三行业研究中心大学已经在中国服务经济领域为其研究和教育做出许多贡献。相关研究工作和出版物已被认为达到国家水平甚至是国际水平。其教师和学生为增进对服务业经济的理解及推动相关企业在区域内甚至全国的发展与管理作出了卓越贡献。

结　束　语

创业家精神

Carl Schramm

（尤因·马里恩·考夫曼基金会总裁）

我确信所有与会者都明白这是一次重要的会议，其关注的是服务科学、管理和工程的定义以及相关教育活动。所有与会者都明白 SSME 的定义，但在这里我仍想做一些有一定历史意义的背景介绍。

有深远影响的重大事件时常在我们的历史中发生，例如 1920 年发生的一个类似事件，立志于消除疾病的洛克菲勒基金会在那时提出了分子生物学的规律。因此我们分子生物学的规律不是由研究所或是大学学者发现的，而是由外部力量推动相关专业学术研究团体来对重要课题进行研究的。你或许也想起了 Vannevar Bush 于 1945 年发表的关于科学和科学边界的论文，这也是来自专业学术研究界之外的声音。它推动了所有处于科研一线的院校的研究，并做了许多幕后工作从经济上支持此项研究。另一个例子是洛克菲勒基金会提出了美国研究团队的概念，并且从根本上推动了美国研究型院校走向未来。

据此我们应对当前发生的事情进行思考，因为就某种意义上来说，我们拥有一种产业的力量来推动或牵引大学向前发展，对当前社会上未满足的需求进行深入的思考，以及明确有力地表达我们能为此做些什么。

我想向你们展示这样一种值得思考的情景：我们经济的变革与我们大多数人脑海中设想的模式是相背离的，它朝着现实存在的模式发展。如果我这篇演说能描述清楚的话，你们将能从一个不同的视角审视我的论述。

我想向你们明确这次经济变革是巨大的。我将快速勾勒其大致面貌进而可以进入其内在。我想就我们弃置的旧经济与我们当前生活于其中的新经济两者进行探讨。

我今天讨论的大部分内容可以在我和 Will Baumol 以及 Bob Litan[1]共同编著的《Good Capitalism，Bad Capitalism》这本书里找到。这本书讲述了从战后初期至今美国经济的变革。战后，美国经济的概念中有三个角色：大政府、大企业、大工会。这一概念诞生自 John Kenneth 的概念创新，这是因为它允诺大家对经济的共同要求：可预测性。20 世纪魏玛共和国的疯狂经济，经历了世界经济大萧条之后，滋生了众所周知的法西斯主义——我们迅速制造了这种联系。我们也知道，有一个可预测的经济对于对抗法西斯主义和第二次世界大战的危机是至关重要的，因此我们在努力保持可预测的经济增长。

而这是战争结束后才建立的，因为我们又马上开始了另一场战争——冷战——这需要在经济方面的预测。尽管 20 世纪 60 年代和 70 年代的经济学家鼓吹可预测性的优点，但我们几乎相信自己和物理学家一样聪明：通过控制利率起伏，我们可以使得经济按计划运转。现在可以设想接受新技术瞬间质量工程师们的反应：当电被发明的一刻，或计算机被发明之时，工程部门中会发生什么样的对话。很显然，学术界遭遇到了外部世界的巨大挑战。

经济情况并没有这样进行。经济的收益就像一名有礼貌的工程师：当理论失败时他会让步。因此，当建筑物倒塌或桥梁倒下或飞机从天空掉落，接着大的事情就会发生。20 世纪 70 年代，美国经济跌落至谷底。经济学家没有看到通货膨胀的到来，而当它到来时他们不知道该怎么办了。John Kenneth Galbraith 写到，大型企业将有责任去创新和创造以及发明。Galbraith 与 Peter Drucker 写道，企业家的时代结束了。刚才有人问我，为什么经济学家不懂如何去创业。答案是他们希望自己对创业一无所知。最后真正写下这些的是 1942 年的 Joseph Schumpeter。而在 20 年之后，我们的研究生院生产了成千上万经济学博士。他们研究解释大公司决定的宏观或微观的理论。然而，却没有人研究大公司将走向何方。没有人研究大公司从何时诞生，没有人关心企业家本身。

只有一位经济学家——Will Baumol 恢复了我们对创业的兴趣，而且只是在过去三四年，才有一大批经济学家聚集而来研究创业，而这主要是因为 Kauffman Foundation 所提供的资金赞助。美国经济协会创业部成立才一年。《经济文献杂志》在 4 个月前才决定将创业纳入杂志的正常内容范围。这就是经济领域对此问题的看法。最古老的卓越问题就是预测，但那里也没有创业的一席之地。

当我们进入 20 世纪 80 年代，日本再次被视为威胁，但是这一次是经济威胁。第一次入侵事物是汽车——更小、更轻、更省油的美国市场，这也是美国三大汽车制造商没有看到（或拒不承认）的需求，紧接着日本产品努力获得美国真正的社会地位。他们设法成为名牌，成为美国文化的代名词——如洛克菲勒中心、圆石滩高尔夫球场等。我们的经济处于紧张状态和恐惧感中——美国的经济领导地位可能成为过去的感觉，而这是通过文化侵蚀开始的。

虽然日本经济侵蚀美国经济是我们对经济忧虑的生动体现，但这些担心都牢牢扎根在我们的公司并没有成长这个更为基本的问题上。我们的经济停滞不前。我们经历过在 20 世纪没有出现过先例的恶性通货膨胀：消费物价指数上升13%；医疗费用几乎上涨了 12%；最优惠利率是 20%。现在许多人不记得——和现在进入工厂的许多工人一样都没有经历过它。糟糕的经济时期就像手术一样可怕——我们相信自己失去了记忆痛苦的能力。我们曾在经济危险边缘摇摇欲坠，但为什么这个仅发生在 20 年前的插曲现在只主要在历史书籍中被提及？因为我们避免了错误的决定，并且从政治和经济意外发现中吸取了教训。

美国在 20 世纪 80 年代几乎犯下了一个可怕的错误。这是官僚资本主义的错误，我们几乎永久地把使用日本产品作为我们的经济模式甚至在华盛顿制定集中规划工业的政策。并且在 20 世纪 80 年代日本明显成功的指引下，很多人都愿意沿着这条道路走下去。

但是，我们没有屈从于集中计划的诱惑，接着经济复苏了。它如何恢复是一系列行动的结果，其中一些是意外的。我们几乎没有一个创业家的时期。但有一大堆的理由解释我们为什么这样。我们没有堕入集中计划带来的诱惑。美国公司进行重组，这是非常重要的，但也很痛苦。我们明确了知识产权法。我们在1974 年通过了养老金法案，它给予退休人员退休金并且使得在职劳动力能够自由迁移。稍后一项类似的改革是国会允许养老基金投资于国家的风险资本产业。我们废除了布雷顿森林协议。风险债券的发明帮助大公司部门分解并提取未利用的价值。所有这些措施从根本上导致了官僚资本主义的垮台和创业型资本主义的诞生。

这就是我们今天所处的经济。我们已经远离了从战争结束到 20 世纪 80 年代初官僚资本主义的统治模式。可预测性已被易变性取代——且以比以前更快的速度来变化。今天的经济，简单来说，杂乱——但成果是不可否认的。与改变早期一样痛苦——现在对许多美国人来说仍然是——年轻人经历了变革的速度（借助无处不在的技术进步推波助澜），并且与它紧密相拥。我们都已经在本次会议中听到：孩子都已经在创新了。大学低年级学生都开始视创业为自己的职业道路的开始。我们需要大学——不是在博士或硕士水平，而是在本科水平——来鼓励这种创业倾向，对学生进行培训使其将此付诸行动。

客户跑在供应商的前面是经常发生的，如果这是不变的，那么看看大学对我们本次会议上讨论的话题的迟钝反应。这是不是很奇怪，我们 GDP 的 70% 是服务业产生的，但我们回头看到最近 15 年的哈佛商业评论，也却没有预测到它的到来？著名的企业界人士，或社会部门，或者经济学家在哪告诉了我们这种转变的性质？

经济学家，当然我也是其中之一，实际上是一群愚笨的人，因为我们的词汇已开始告诉我们，人比钱重要。Gary Becker 凭借其 1962 年的一篇文章于 1992年获得了诺贝尔奖，他在文中说到人力资本比金融资本更重要。他观察国家与国家之间不同的经济增长率，发现有更多的大学毕业生的地方增长率较高。这今天听起来并不像是突破性发现。但它突出了经济学家是如何缓慢离开官僚经济铁三角的统治——大公司、大工会、大政府——进而接受能看到增长是紧紧扎根在独立企业之上的创业资本主义。

大多数创业型资本主义的紧张源自系统的杂乱。一切都是不可预测的。看看参与者的角色。工会曾是伟大的成果。在美国近 35％ 的工业劳动人曾是工会成员。现在，在美国所有劳动力中只有不到 12％ 的人加入工会，且过半是公共部门员工。个体工人基本上没有工会，没有统一的组织活动可以依赖来对他们的劳动条件讨价还价。另一个说明问题的统计：在美国成立不到 5 年的企业今年创造了超过半数的净就业。这意味着不是大企业而是新兴公司创造了数十万个工作岗位。

由于这些小企业占据了重要位置，他们正对有历史的大公司发起挑战。我们看到最大的公司的非凡生产力。当然，生产力的提高意味着更少的人在那里工作，这也是另一个表现创业资本主义的混乱和不可预测性本质的指标。

最后，我将谈谈工人的职业生涯轨迹和寿命概念的变化。在 1968 年我离开大学时，劳工统计局明确地预计我在退休之前会经历 4 个雇主。现在，我有一个 21 岁明年即将从大学毕业的儿子，而劳工统计局表明，他在 30 岁前将经历 4 个雇主。并且很可能至少一个的雇主要么是自己，要么是成立不到 5 年的公司。从前追求稳定的工人会对在新公司工作持谨慎态度，而今天对于那些寻找发展和成功的工人来说它被看做是令人兴奋的机会。

现在我想快速转向新经济模式里的要素，认识它们之间更难预测的相对重要性，然后我想谈一谈这个模式的影响。创业型资本主义以两个不是旧系统一部分的新要素作为特点。一类要素是由我刚才提及的新兴公司组成。如今，他们是许多创业者的家，但在 1980 年，他们完全是在戏剧里才会被提及。如果一个学生在 20 世纪 80 年代去拜访在优秀的商学院任职的一个顾问或教授时说："我真的想创业，我想成为一名企业家"，那么他将几乎得不到任何帮助。事实上，他很可能会被劝阻。

我在 40 多岁时有一个相似的经历。我开过三个企业，并把它们都卖掉了。我曾在周六下午用割草机割草。当天亮的时候我也曾像一个经济学家一样接受训练。我说："我的上帝，我是一个企业家。这怎么可能？我本来要在一所大学走上学术之路但我却抛弃我的选择还告诉在大学的人，'我不想在这里了，我想创业（或重新开展业务）'，他们说，'那么你不能两者兼顾。你想做生意，还是想成为一位教授？"

这可能不是当前学校里普遍的情景，但在许多学校——特别是十年或二十年前——这是相当普遍。那个时代学术界认为应该禁止创业活动，而不是去鼓励和教导。

希望成为企业家的青少年人数——看到自己的职业道路应成为创业家的——

正在增加。而普通工人同样如此。我提出的情况是，在美国经济最后的衰退宣告结束，因为失去工作的人，其中包括很多的工程师，已经开始考虑成立自己的企业。此外，由于新的经济更有利于承受这种风险，所以当他们失去工作时，他们决定向前迈进。许多人取得了成功，有的失败了，但经济允许失败者重新拾起，并开设其他企业且再次在市场中投放出去，从而推动经济向前发展。同样的事情在今后的经济衰退中也会发生，因为更容易开始一个新的业务，这正是我们今天所谈的其中一部分的结果。我们重新编造一个概念的支架并将这一进程合法化。

在这个新经济中另一个要素是像 IBM 这样对开放性作公共讨论的公司。今天，我们正在思考对于公司合适的企业规模。我们正在思考平台的正确组合，我们可以设想购买小公司或从小公司开始——通过要求我们的一些高级管理人员搬出我们的商场然后进入一小条商业购物中心，并揣度这意味着什么。

政府仍然是企业经济的参与者，但是我认为它已确实对各种因素关联较少。虽然，它通过 SBIRs 发挥了重要作用并且决定了主要行政部门的创投基金的数量、NIH 的经费和各时间段对大学的拨款。这些行为是政府最重要的贡献——为科学筹集社会资源。国内生产总值的 4% 投入到研究中。谢谢你，Vannevar Bush——一个人，一份报告，惊人的结果。

当然，大学通过培养受教育的人对新经济的发展做出了卓越的贡献——特别是通过国防教育法，这有助于许多学生（包括我在内）在数学和科学领域获得学位。但大学狭隘的心态使得他们已经无法在经济转型中发挥更重要的作用。

这就是帮助塑造创业经济的众多因素。我想现在讨论这个改革的影响——所有这一切的不可预测性对我国经济和国民的意义。我将重点突出 4 个影响。

首先，这一新平台允许连续创新的存在，而这是我们在思想中最根本的文化转变。我们的思想的支架要重新排序。我们许多人从小在美国或欧洲成长，被传授传统的西方文明进步的时间表：有古希腊罗马的时刻，然后中世纪黑暗时代来了，科学之光熄灭，然后 Leonard 出现，接着在佛罗伦萨文艺复兴时期到来，以及在这之后，我们不得不在启蒙运动和工业革命到来前等待，然后我们进行美国的工业革命。这是意味着从钢铁到铁路，然后突然有电力、电话和水下电缆。接着进入低谷，然后我们发明了飞机和商用喷气式飞机。

我们仍然相信将沿着这条路线继续下去，尽管这些技术的跨越发展的周期越来越短。而现在，我们还在经历着 1999 年我们做的一些愚蠢事情的一些冲击——不明智的投资决定可能仍在继续。我认为历史将提示我们已陷入过度紧张兴奋了——有人称之为非理性的繁荣。许多人失去了大量金钱，但是这就是资本主义的运作。有人赔钱，因为他们为他人虚构了一个能挣到钱的未来。这是众所周知的"第一投资第四收益"的好处。

这种不断创新的过程——成功让位给失败去成功——对于理解这一变革的文化具有重要意义。这就是为什么在任何特定时刻大学里的孩子不会说，"现在我离开大学，然后从互联网上或有线电视或电讯中去学习。"他们坐在宿舍里思考下一次进步。我没必要把他们全部列出来，只需要在自己的个人技术生活中思考今天你有什么和之前没有什么。

第二个影响，我想谈的是"一个公司看起来是什么样子"的问题。从前，IBM公司把我们带到了这里，他们可以通过一个个计划推动我们，向我们展示所有生产——这里有巨大的工厂，空气质量都受过控制，这是一个干净的空间，有一个装卸码头，他们把产品装卸和运走。今天，你可能会听到有人说，也许我们应该放弃生产，这样我们可以出售联系它们的服务。突然间整个公司就不一样了。当你卖出连接到产品的服务，IBM就处于拥有微软雇员的美妙位置，他们的名字出现在工资单上却不会出现IBM的实际视线内。

在这种情况下，究竟是什么公司？公司有多大呢？公司的速度如何？

75％以上的《财富》榜前100公司在过去25年中消失了，这是因为企业丧失了活力。企业正在改变大小和形状，以更快的速度经历成功和失败。而且，如果公司快速转变了，作为一个投资者你要知道，作为要去参加工作的你也要知道，作为基于是否成功完成销售来得到奖金的人也要知道。

我认为关键是三个我们基本上不理解但人人都知道的影响：人、技术（它决定了连续创新的循环速度）以及——最重要的因素——金融市场如何运作。历史上大公司的存在是因为可预测性的驱动。券商告诉他的客户，他们在通用电气投资应该会更好，因为他们知道如何平衡冰箱和喷气发动机之间的风险。但是这个时代的信息是免费的，为什么我不得不买进有风险平衡的工业股份？

创业型资本主改革的第三个影响是建立新的体制形式。任何时候如果有一个这样激进的改革，那么新的机构就会出现。我们之前已经见过。早在上个世纪基金会成立接着商业院校设立以适应资本主义的新情况。最近，我们看到了风险投资增加，这自然对当前经济的转型有核心作用。我认为研究的开展塑造了今天的新体制形式，这就是我的第四个问题，即我们的大学在未来扮演的是什么样的角色？

大多数大学的人会把这个看做一个不言自明的问题。他们会说，大学是未来。我们教导下一代。我们做苦恼的基础研究。很多大学的大设想之一是，他们生活在未来。但试想：当IBM大约两年前呼唤和质问，问道："你知道什么是服务科学吗？"普遍的态度是，"哦，我们什么都知道，我们会解决这个问题，我们将开始教孩子们关于它的知识。"接下来得问题是，"我们能教什么理论？"

这问题实际是大学能否足够快速地前进——他们是否足够灵活来吸收创业经济的新现实？能否满足课堂教授创新的需求，并激发实验室的创新？到目前为止的证据证明，他们不能。在 Kauffman 基金会，美国公司不断向我们报告，他们花费在中国大学基础研究中的资金比他们在美国的多得多。这是一个现实。这是如何发生的？这可能是所有这些组织并没有发生变革。大学还没有进行制度革新以应对新经济的要求。由于大学不是市场主体，从 20 世纪 70 年代开始大学还没有进行同样发生在美国商业上的变革。

现在，我用一个想法来结束演讲。我想追溯为什么经济学家错过了变革，而大学没有足够快的反应，以及为什么专家们，特别是学术专家们，有时会不得不像异教徒那样阅读发明以外的信号——变革正在他们的研究中心外发生。

《Good Capitalism，Bad Capitalism》这本书的一个主题是不应该对美国下注。我们的大学可能不会做出足够的反映。商业学校仍然教授旧经济的东西。但我们在革新，我们前进需要的制度非常有弹性。AT&T 公司这个曾经是世界上最大的公司，但当它倒闭了，在华尔街日报却没有任何关于它的讨论。当然有报道，但没有过多担忧。这种情况在美国经常发生，但它不可能出现在欧洲。如果你在 AT&T 的欧洲力量背后挖掘，他们很可能是一些参与者与外部股东，但它是一个与政府关系非常密切的大家庭。它不会在市场中陷入动荡或改变市场需求。它不会倒闭。没有动机使公司更好。对在欧洲最富有创造性的人来说这基本上是一个抑制和令人不安的文化前提，这是为什么那么多的欧洲企业家来美国实现其野心的主要原因之一。

我们必须开始思考这个不同点——美式思考方式是我们的强项之一。我们教孩子们思考演绎和归纳。然而我们在这里讨论服务和科学时却是独创，这使我想到另一个过时了的美国人特质例子，就是那个曾经被 Charles Perice 所描写过为实用而创新的美国人。我们目前正在进行溯因推理的思考。我们即将进入一个问题的中部然后拖带和牵引并弄清其是如何运作的。这是侦探推理。它在许多方面是天才，不会让这些其他机构瘫痪——它将继续刺激、推动、牵引其他机构形成合适的样子。

创业型资本主义真正的天才方面是它允许个人有大量的自由。它给予他们资金，纠正他们的错误，鼓励失败并从失败中学习，它可以让人们重振，它给予社会运动巨大的自由，它允许人们说很愚蠢的事，而这或许在 10 年后的今天被证明是有史以来最聪明的想法。

这个事件可能是在我们的企业文化和社会文化以及思想文化转变的时刻——甚至在民主文化方面。请不要忘记，这种自由以许多方式使美国人的工作更加深入和独特。这是人们来到这里的原因之一，从外面看我们这么仔细的原因之一。我们正在研究的这种经济转型存在着一种共生的活动，它释放了民主资本主义。它不能存在于另一种经济形式中。经济学家们可能不知道，但我们肯定知道，创业是经济的稳定器，它对我们的未来至关重要。